Hoe verklaar jy dit? #2

Hoe verklaar jy dit? #2

Interessante vrae en antwoorde oor die wêreld en lewe om ons

Saamgestel deur Danny Fourie

Medewerkers:

Hendrik Geyer   Bennie Schloms   Dave Pepler
Jurie van den Heever   Le Fras Mouton   Jannie Hofmeyr
Henk Geertsema   Piet Eloff

DIS DIE EEN

PENGUIN BOOKS

Uitgegee deur Penguin Books,
'n druknaam van Penguin Random House Suid-Afrika (Edms.) Bpk.
Maatskappy-reg.nr. 1953/000441/07
Estuaries Nr. 4, Oxbowsingel, Centurylaan, Century City, Kaapstad, 7441
Posbus 1144, Kaapstad, 8000, Suid-Afrika
www.penguinrandomhouse.co.za

Penguin
Random House
South Africa

Eerste druk 2017

1 3 5 7 9 10 8 6 4 2

Publikasie © Penguin Random House 2017
Teks © RSG 2017

Vooromslagfoto © Samuel Zeller/unsplash.com /
Asierromero - Freepik.com

uitgewer : Marlene Fryer
besturende redakteur : Ronel Richter-Herbert
redakteur : Melt Myburgh
proefleser : Annelene van der Merwe
omslagontwerp : Ryan Africa
teksontwerp : Ryan Africa
setwerk : Monique van den Berg
illustrasies : Johan Koortzen

Geset in 11.5 pt op 15.5 pt Adobe Garamond

Gedruk deur **novus print**, 'n Novus Holdings-maatskappy

MENGSEL
Papier van
verantwoordelike bronne
FSC® C022948
FSC
www.fsc.org

Penguin Random House is daartoe verbind om 'n volhoubare
toekoms vir ons besigheid, ons lesers en ons planeet te verseker.
Hierdie boek is op gesertifiseerde Forest Stewardship Council©-papier gedruk.

ISBN 978 1 77609 203 1 (druk)
ISBN 978 1 77609 204 8 (e-pub)
ISBN 978 1 77609 260 4 (pdf)

VRYWARING

Die hoofstukke in hierdie boek is transkripsies van RSG se *Hoe verklaar jy dit?*-programme wat oor 'n tydperk van 38 jaar uitgesaai is. Eie aan die aard van die medium is daar nooit 'n formele bronnelys met elke radioprogram "uitgesaai" nie. Dit was dus vir die samesteller onmoontlik om 'n volledige oorspronklike bronnelys by hierdie publikasie in te sluit. 'n Aanbevole leeslys is egter aangebring. Die uitgewer het alles in sy vermoë gedoen om die nodige bronne te erken, maar verneem graag van lesers en RSG-luisteraars van addisionele bronne wat ingesluit behoort te word, met die oog daarop om dit in heruitgawes van hierdie boek by te werk.

Wat sonder bewys aangevoer word,
kan ook sonder bewys verontagsaam word.
– Christopher Hitchins (1949–2011)

Alles moet so eenvoudig as moontlik gemaak
word. Maar nie eenvoudiger nie.
– Albert Einstein (1879–1955)

Iewers wag iets ongeloofliks om kenbaar te word.
– Carl Sagan (1934–1996)

Inhoud

1. Hoe het mense in antieke tye datums en tyd bepaal?

In Haggai 2:20 (1933-vertaling) staan die woorde "op die vier-en-twintigste van die maand". Hoe is hierdie tye bepaal? Hoe het mense in die Bybelse tyd met ure, dae, maande en selfs jare omgegaan sonder enige tegnologiese kennis waarmee hulle dit presies kon bepaal? Heel moontlik het hulle die son, maan en sterre gebruik, maar wanneer is daarmee begin? Hoe het die antieke tye se mense datums bepaal en dan by sekere ouderdomme uitgekom?

Ons konsep van tyd kom 'n baie ver pad. In Suid-Afrika, veral aan die Kaapse suidkus, is daar aanduidings dat mense al honderdduisende jare gelede iets van tyd geweet het. Die grotte by Pinnacle Point naby Mosselbaai is sedert 2000 die onderwerp van intense paleontologiese navorsing en lewer die vroegste bewyse van anatomies moderne mense se gedrag. Hierdie navorsing onder leiding van professor Curtis Marean het die inhoud van die grotte, wat tot 164 000 jaar gelede gedateer word, ontleed en merkwaardige "moderne" gedrag van die mense wat daar gewoon het, waargeneem.

Die mense wat destyds daar gebly het, was anatomies modern – hulle het soos vandag se mense gelyk – maar hulle het nie oor moderne tegnologie beskik nie. Tekens van primitiewe tegnologie is wel daar, want hulle het okerpoeier – sogenaamde geskraapte en grondoker – gemeng, wat hulle waarskynlik as 'n pigment vir lyfverf en bepaalde simboliese gedrag gebruik het. In die grotte by Pinnacle Point is die vroegste bewys van hittebehandeling van rots (silkreet) om klipwerktuie te maak, gedokumenteer. Dit veronderstel gevorderde tegnologiese kennis.

Eertydse bewoners van Pinnacle Point het skulpvis uit die see geëet, waarvan sommige slegs tydens volmaan in die laagste laagwater versamel kon word. Dit impliseer dat hulle reeds 'n konsep van tyd gehad het. Uiteraard is dit 'n gegewe dat 'n mens die son en die maan, die dag en die nag, natuurlikerwys as 'n sikliese verloop van tyd aanvaar. Curtis Marean is van mening dat hierdie mense nie deurentyd aan die kus gewoon het nie, maar dat hulle see toe gegaan het om skulpvis te versamel wanneer die volmaan met die stand van die see gekorreleer het.

Dit is duidelik dat van ons voorsate meer as 100 000 jaar gelede al op 'n baie growwe skaal 'n idee gehad het van hoe tyd werk. As 'n mens aan die jagter-gaarders dink wat veel later gekom het, weet ons dat die beskikbaarheid van die wild wat hulle gejag het, aan die gang van seisoene onderhewig was. Die jagters moes geweet het dat daar op gegewe tye van die jaar bepaalde prooi beskikbaar was. Hierdie jagter-gaarders was ook planteters. Daar is al vasgestel dat hulle in die loop van 'n jaar meer as honderd verskillende plante, bessies en vrugte benut het. Die beskikbaarheid van die plante en vrugte is uiteraard ook seisoenaal.

Ongeveer 10 000 jaar gelede het die eerste boere begin om in die Midde-Ooste se "vrugbare driehoek" grassade te oes en uiteindelik te plant. Om te kan oes en plant, moet 'n mens 'n begrip van tyd hê, en ook weet watter tyd die geskikste is vir dié aksies. Die stand van die maan is gewoonlik in ag geneem. Vandag gebruik baie boere nog die stand van die maan om te besluit wanneer hulle moet plant. Van die ouer garde sal verduidelik dat "wanneer die sekelmaan só lê dat hy uitgooi, dan is dit tyd om te plant".

Mense van die antieke tye het van nature 'n begrip gehad van die lang periodes in die natuur en ten opsigte van klimaatwisseling. Soos wat dag op nag volg, so ook is daar langer periodes wat met reëlmaat afgewissel word – natter met droër periodes, warmer met kouer periodes, ensovoorts. Die Stonehenge-ruïne op die Salisbury-vlakte in Engeland, wat ongeveer 5 000 jaar oud is, is min of meer in dieselfde tyd as die piramides gebou. Die konstruksie daarvan is so beplan dat die son op sekere tye van die jaar in 'n spesifieke posisie is sodat dit deur die tempelagtige struktuur skyn.

Ook die Egiptenare het 'n besef van tyd gehad, want hulle het elke jaar gewag dat die Nyl sy walle oorstroom voordat hulle die vrugbare modder omgeploeg en daarin geplant het. Op hierdie manier is die siklisiteit, die idee van herhaling in tyd, min of meer natuurlikerwys gevestig.

Vandag dink ons heeltemal anders oor tyd. Omdat ons nie tyd wil verloor of inboet nie, meet ons dit presies. Tyd word deesdae digitaal gemeet, want tyd is geld, veral op die wêreldmarkte. Daar geld spertye vir 'n verskeidenheid dinge. Douglas Adams (1952–2001), die bekende

Britse skrywer van ruimteverhale, sê hy het altyd spertye gemis en hy skrik nie vir 'n spertyd nie. Hy hou van die "suisgeluid wat die spertyd maak" as dit by hom verbygaan.

In die antieke tye was daar nie 'n presiese meting van tyd nie. Die idee was dat die son in die dag en die maan in die nag skyn. Die langer siklus van die son kon 'n mens dan as 'n tydperk van 'n jaar bereken. Seisoene sou die jaar in vier gelyke dele opbreek, en die maan met sy maandelikse siklus sou verder help dat mense die begrip van 'n siklus sou verstaan. Ons gebruik steeds die woord "maand" vir die maandelikse siklus. Voorts het die verandering in die daglengte – die dag- en nagewening – mense gehelp om tyd te bepaal.

Dit lyk of daar in die antieke tye verskillende kalenders gebruik is. Die Jode het 'n maandkalender gehad, en in Jesus se tyd het die Grieke en die Romeine almal ietwat verskillende kalenders gehad. Die maandkalender in Jesus se tyd was op 'n jaar van 365 dae gebaseer, sowat 11 dae korter as die sonkalender. Mense moes elke drie jaar die kalender aanpas omdat dit heeltemal uit ritme met wat op die aarde aangaan, geraak het. Die Jode het 'n raad (Beth Din) van sewe rabbi's gehad wat getuienis van die boere oorweeg het. Hulle het ook mense gehad wat die stand van die maan waargeneem het totdat daar konsensus bereik is dat dit tyd was om die kalender aan te pas. Die proses het soos 'n verhoor verloop voordat 'n besluit geneem is. Wanneer die tyd aangebreek het om 'n maand by die kalender te voeg sodat dit weer korrek is, is vure op die omliggende heuwels van die stad gemaak.

Die "maande" wat op die Joodse jaarkalender was, is bepaal volgens die feeste wat plaasgevind het, onder andere Joom Kippoer (Groot Versoendag), Pasga (Joodse Paasfees), Roosj Hasjana (Joodse Nuwejaar), Sjavuot (Pinksterfees) en Soekkot-Hosjana Rabba (Loofhuttefees).

Kenners is van mening dat die idee van sewe dae moontlik sy oorsprong in die Bybelboek Genesis kan hê. Daar word na ses dae en 'n sewende rusdag verwys, maar ander kulture wat blykbaar niks met die Joodse kultuur te doen gehad het nie, het ook oor die siklus van sewe dae beskik.

Normaalweg word gesê dat daar nie in die Ou Testament met ure gewerk word nie. Ure kom wel in die tyd van Jesus voor. 'n Mens kan verstaan hoe mense in die antieke tye oor die verloop van 'n dag, wat deur sonlig bepaal word, gedink het. Volgens die beweging van die son verskuif skaduwees byvoorbeeld teen 'n muur en daarvolgens kan bepaal word of dit voor- of namiddag is. Maar soos wat samelewings meer kompleks geraak het, het mense begin besef dat tyd fyner gemeet moes word. Dit is dan hoe die manier waarop tydsindelings vandag gemaak word, tot stand gekom het.

Jurie van den Heever

---

2. Wat is 'n sweepspinnekop?

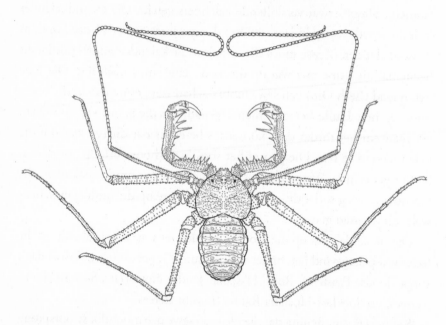

Sweepspinnekoppe (*Amblypygi chelicerata*) is 'n hoogs gespesialiseerde groep in die spinnekopfamilie, en val in dieselfde groep as die pseudo-skerpioene en die sonspinnekoppe. Laasgenoemde groep is egter nie ware spinnekoppe nie.

Hierdie spinnekoppe met hulle lang voorpote wat soos 'n sweep vorentoe gevee word, is nie giftig nie. Hulle is plat en 'n mens tref hulle aan in rotsagtige gebiede waar hulle bedags onder rotse en tussen klippe skuil. Soms vind 'n mens hulle onder boombas wat losgetrek het.

Sweepspinnekoppe is baie effektiewe roofdiere. Hulle kake het ontwikkel om soos groot grypers te funksioneer. Hierdie diere jag snags met hulle lang sweepagtige pote. By 'n soort wat in Durban voorkom, is die lyf sowat 2 sentimeter breed en die "swepe" ongeveer 20 sentimeter lank. Die swepe kan dus 'n wye gebied dek deur voor en langs die spinnekop te swiep of rond te vee. Wanneer die spinnekop aan prooi raak, gryp dié groot kake die prooi onmiddellik vas. Aangesien sweepspinnekoppe baie skerp tande het, sal die prooi baie moeilik uit die kake kan ontsnap.

Baie mense gril vir sweepspinnekoppe, maar hulle vervul 'n uiters belangrike funksie in die natuur.

Henk Geertsema

---

3. Wat is die verskil tussen weerverskynsels soos tropiese siklone, tifone, tornado's en orkane?

Daar is 'n gemeenskaplike faktor by al hierdie weerverskynsels – hulle is almal laagdrukstelsels. Dit is stelsels waar lug konvergeer (by een punt saamkom), natuurlik op verskillende skale en plekke oor die aardbol heen.

Tornado's, of "twisters" soos Amerikaners hulle noem, was al die tema van talle Hollywood-rolprente. 'n Mens sien hoe Amerikaners jaag – óf agter die tornado's aan óf weg van die tornado's af.

Tornado's is 'n stelsel wat gewoonlik uit cumuluswolke en normaalweg oor landoppervlakke ontwikkel. In Suid-Afrika kom tornado's in die binneland voor, soos in die Vrystaat en die Noord-Kaap. Selfs in die Wes-Kaap is daar al tornado's waargeneem wat veral oor die Kaapse Vlakte groot verwoesting gesaai het. Op lugfoto's van die skade kan gesien word hoe materiaal rondgeslinger is. Gewoonlik word materiaal na die buitekante van die tornado geslinger, aangesien dié laagdrukstelsels lug het wat konvergeer, styg en in die bolug rommel na die kante toe slinger.

In Engels word dikwels na orkane as "hurricanes" verwys. In sekere wêrelddele word egter verwys na tifone en tropiese siklone. Afrikaanse wetenskaplikes verkies om van tropiese siklone te praat. Dit verwys na lugdrukstelsels wat hoofsaaklik oor die seegebiede tussen 5 en 20 grade suid van die ewenaar ontwikkel. In die westelike Stille Oseaan is die term tifone ("typhoons") algemeen in gebruik, terwyl daar in Indiese Oseaangebiede na siklone ("cyclones") verwys word.

Mense in die Wes-Kaap beleef ook in die winter siklone, buite-tropiese siklone of middelbreedte-siklone. Laagdrukstelsels aan die Kaap genereer nie dieselfde stormagtige weerstoestande soos wat dikwels binne tropiese siklone oor die Golf van Meksiko ontwikkel en die erge oorstromings daar veroorsaak nie. Plaaslike buite-tropiese siklone kan sowat 1 600 kilometer wyd strek, terwyl die tropiese orkane of siklone ("hurricanes, typhoons") wat in ander lande voorkom, gemiddeld sowat 600 kilometer breed is.

Tropiese siklone kry name sodat hul vordering en die spoed waarmee erge stormweer land toe beweeg, op kaarte gemonitor kan word. Tornado's beweeg só vinnig dat hulle dikwels verwoesting saai voordat hulle 'n naam kan kry. Werwelstorms of tornado's se winde kan 'n spoed van meer as 500 kilometer per uur behaal. Baie beeldmateriaal bestaan van die verwoesting wat tornado's saai en letterlik alles in die pad platvee.

In 'n paar gevalle het tornado's indrukwekkende gevolge teweeggebring. 'n Treintrok van 83 ton, met 117 passasiers aan boord, is in 1931 24 meter hoog die lug in geslinger voordat dit in 'n sloot beland het. In 1970 is 'n 18-ton-staaltrok ongeveer 1 kilometer ver van die spoorlyn af verplaas.

Tornado's bestaan vir 'n baie kort tydjie en dit is moeilik om die roete wat hulle gaan volg, te voorspel. Die area wat hulle dek is nie so wyd nie – soms is die spoor van totale verwoesting 100 tot 150 meter wyd.

'n Verskynsel wat met tornado's verband hou, is die sogenaamde waterhoos ("water hose" of "spout"). Wanneer 'n tornado oor 'n kleinerige dam of poel beweeg, kan die tornado se geweldige suigkrag daardie dam heeltemal leeg suig. Die implikasie is dat die tornado dít wat hy opsuig, aan sy bopunt uit- of wegwerp. Dan is dit moontlik dat dit letterlik

???

paddas en visse kan reën! Aan 'n gewone dwarrelwind in die Karoo kan 'n mens ook sien hoeveel blare en stokkies die lug in opgetrek en uitgestrooi word. Tornado's vind uiteraard op 'n veel groter en intenser skaal plaas.

Dit is moontlik om met 'n barometer waar te neem hoe lank voor die tyd storms van dié aard as gevolg van die daling in lugdruk manifesteer. Diere se reaksie op veranderende weer is intenser as die mens s'n. Insekte en diere het uit die aard van die saak 'n baie fyner aanvoeling vir die verandering in lugdruk, daarom verander hulle gedragspatrone, veral as daar swaar storms op pad is. Indien ons die natuur fyn dophou, sal ons byvoorbeeld haas en erns in die manier waarop voëls in 'n spesifieke rigting vlieg, opmerk, veral as 'n haelbui aan die kom is.

Piet Eloff

---

4. Is dit waar dat braaivleis vinnig teen 'n hoë hitte verseël moet word om te verhoed dat die sappigheid tydens die gaarmaakproses verlore gaan?

In 'n kosprogram op DStv verkondig 'n kok met groot selfvertroue dat die belangrikste ding wat 'n mens tydens 'n steak-braai moet doen, is om die vleis op hoë hitte te seël sodat al die sappe binne bly. Dit is totaal en al onwaar.

Harold McGee se boek, *On Food and Cooking: The science and lore of the kitchen* (1984, 2004), beskryf die oorsprong van dié hardnekkige mite in die kosbedryf. McGee skryf die siening dat 'n mens die oppervlak van vleis kan verseël deur dit vinnig te verhit, toe aan die siening van 'n vooraanstaande Duitse chemikus, Justus von Liebig. In 1850 was Liebig bekommerd oor die manier waarop vleis gaargemaak is. Voor daardie tyd is vleis nie direk in aanraking met die bron van hitte gebring nie. As 'n mens destyds vleis wou braai, is dit dikwels met vetgesmeerde papier beskerm. Toe was mense nie bekommerd oor die verlies van vloeistof uit die vleis nie.

Liebig was egter bekommerd dat belangrike voedingstowwe dalk verlore kan gaan saam met die verlies van vloeistowwe uit die vleis. Hy skryf toe in sy boek *Researches on the Chemistry of Food* (1847) dat 'n mens dit kan voorkom deur die vleis vinnig te verhit sodat sappe binne verseël bly. Hy het dit nie gehad oor die braai van vleis nie, maar oor die kook van vleis. As 'n mens vleis wil kook, aldus Liebig, moet dit eers in kokende water gedompel word. Daarna word die hitte tot 'n stadige geprut verminder. Hy het gesê dat daar by vinnige hitte 'n kors rondom die vleis sou vorm. Daar vorm inderdaad 'n kors as gevolg van die koagulasie (saamvlok) van proteïene op die oppervlak van die vleis. Liebig was egter onder die indruk dat wanneer die kors vorm, daar nie meer water van buite af na die binnekant van die kokende vleis kan kom nie. Op dié manier sou 'n mens die voedingstowwe wat aan die binnekant van die vleis is, bewaar. Liebig se voorstel was dus: skroei die vleis eers by 'n hoë temperatuur en kook dan verder by 'n laer temperatuur.

Dié idee het baie vinnig oor die hele wêreld posgevat. Een van die voorstanders daarvan was die baie bekende Franse kok, Auguste Escoffier (1846–1935). En wanneer een van die groot name in die kookkuns bepaalde opvattings huldig, dan volg die menigtes hom.

In 1930 is eksperimente onder gekontroleerde omstandighede uitgevoer wat bewys het dat Liebig verkeerd was. Wanneer ons vleis in 'n baie warm pan sit, sis en knetter dit voortdurend terwyl die hitte hoog bly. Die gesis is die water wat uit die vleis ontsnap en dan verdamp. Die geknetter word veroorsaak deur water wat met olie in kontak kom. Hoe hoër die temperatuur, hoe groter die waterverlies.

Daardie deel van Liebig se argument om eers die vleis by 'n hoë temperatuur te kook of te skroei om te keer dat vleissappe verlore gaan, was dus ongeldig. Hitte droog die oppervlak van die vleis uit en verhoed glad nie die verlies van water nie. Waar Liebig wel reg was, was toe hy gesê het die vleis smaak soveel lekkerder wanneer dit so vinnig verhit word. Wat natuurlik ook gebeur, is dat die hoë hitte 'n verbruiningsreaksie veroorsaak wat geurige en smaaklike verbindings vrystel.

Twee prosesse is hier tersaaklik. Die een is karamellisering ('n proses wat eintlik nie in vleis so belangrik is nie), wanneer suikers soos glukose en fruktose verhit word. Met verhitting vorm komplekse mengsels wat letterlik uit honderde verskillende verbindings bestaan. 'n Mens kry suur smake daarin (organiese sure), asook soet en bitter smake. Verder ontstaan vlugtige geurstowwe, en natuurlik ook die bruin polimere wat vorm en die kenmerkende kleur aan die proses gee. 'n Polimeer is 'n natuurlike verbinding met 'n molekulêre struktuur wat bestaan uit 'n groot aantal betreklik eenvoudige herhaaldelik aaneengeskakelde eenhede, soos byvoorbeeld stysel, 'n ketting van glukosemolekules, en proteïene, 'n ketting van aminosure.

Die tweede proses wat by vleisbraai ter sprake is, is die Maillard-reaksie: 'n reaksie tussen aminosure en suikers. Dié reaksie is vernoem na 'n Franse dokter, Louis Camille Maillard (1878–1936) wat die verskynsel bestudeer het. Die verbindings wat deur die Maillard-reaksie gevorm word, verskil baie van dié van karamellisering en verskaf nuwe geure en smake aan gebraaide vleis. Nie net koolstof, suurstof en waterstof, die elemente wat in koolhidrate voorkom, is betrokke nie, maar ook stikstof en swawel. Die produkte van karamellisering en die Maillard-reaksie kom ook voor in roosterbrood, in geroosterde koffiebone en in sjokolade.

Soos genoem: Liebig het hom wel misgis oor die verseëling van die vleis om die sappe binne te hou, maar hy was in die kol oor die beter smaak wat deur verbruining en verskroeiing veroorsaak word.

Jannie Hofmeyr

5. Hoekom buig 'n perd se knieë agtertoe en sy elmboë vorentoe? En wat is die verskil tussen 'n esel en 'n donkie?

Hierdie vraag geld nie net vir perde nie, maar ook vir 'n verskeidenheid ander soogdiere en selfs voëls. Hoe verklaar 'n mens vanuit 'n evolusionêre oogpunt waarom dit lyk of dié diere se knieë agtertoe wys en die elmboë vorentoe, terwyl by die mens, wat tog ook 'n soogdier is, die knieë vorentoe wys en die elmboë agtertoe? Dit is nou as 'n mens die agterbene van die perd gelykstel aan die bene van die mens, en die voorbene van die perd aan die arms van die mens. In die geval van voëls is net die twee bene ter sprake.

Die antwoord lê daarin dat dit wat ons by 'n perd as elmboë en knieë vertolk, nie die dier se knieë en elmboë is nie, maar wel sy hakskene (agterbene) en polse (voorbene). Alles vanaf hierdie gewrigte ondertoe tot by die hoewe, verteenwoordig onderskeidelik die agter- en die voorvoet van die dier. Die voet- en handbene (voorvoet) is by perde en baie ander soogdiere vertikaal verleng sodat die hakskeen en pols 'n aansienlike afstand bo die grondoppervlak gelig is en die dier op die punte van die tone (en vingers) loop. Die hakskene en polse is nou só prominent dat dit na knieë en elmboë lyk. 'n Perd se knieë en elmboë sit inderwaarheid bo teen die lyf.

Mens en perd is dus eenders in die opsig dat hulle knieë en elmboë in dieselfde rigting buig. 'n Perd het egter 'n baie lang voetgedeelte (so ook baie ander soogdiere en voëls), met die interessante verskynsel van 'n enkele hoef (een toon).

Die ontwikkeling van die perd is een van die gewildste verhale van die evolusieteorie. 'n Hele reeks fossiele is al ingesamel wat presies wys hoe die perd se ontwikkeling oor die jare heen verloop het. Die voorvader van die perdfamilie was so klein soos 'n groterige huiskat en het vier tone voor en drie agter gehad. Hierdie diertjie het in woude gebly en was 'n blaarvreter. Vandag is sy oorblywende nasate almal grasvreters. In rekonstruksies word die voorvaderlike perdjie altyd met kolle op die lyf uitgebeeld. Die aanname dat hulle kolle moes gehad het, is geskoei op die feit dat diere wat vandag steeds in woude voorkom, se kolle funksioneel is om hulle teen predatore te kamoefleer.

Ongeveer 60 miljoen jaar gelede, in die Eoseentydperk, het daar 'n aangename tropiese klimaat geheers en groot woude was volop. Dit het toe koeler begin word, die woude het gekrimp en die perdvoorvader is gedwing om die woude te verlaat. Op die grasvlaktes buite die woude was predasie 'n groot probleem en daar was dus omgewingsdruk op die dier om groter te word sodat dit vinniger kon hardloop om van predatore te ontsnap.

Die perdvoorvader se dieet moes ook aanpas en die vroegste perde, wat in Amerika ontwikkel het, moes begin gras vreet. Grasvreters het 'n groot en ingewikkelde spysverteringstelsel nodig en dit is dan nog 'n rede waarom die diere groter geword het.

Wat met hierdie ontwikkeling gepaardgegaan het, was 'n vermindering van die aantal tone van die voor- en agterbene. Net een enkele toon het aan elke voet oorgebly en die nael het omvorm geraak tot 'n hoef – dit alles ook om die diere vinniger te laat hardloop. Die feit dat die perd groot geword het en die tone tot een verminder is, het alles te doen gehad met die verskuiwing vanuit woude na die grasvlaktes, asook 'n nuwe dieet en aanpassing by 'n nuwe stel predatore.

Aanvanklik was daar 'n groot aantal spesies in die perdfamilie, die Equidae. Vandag is daar vyf of ses spesies oor, afhangende van wat die taksonome besluit oor hoeveel sebraspesies op aarde is. Die perdfamilie bestaan basies uit die donkie, die perd en dan drie of vier sebraspesies. 'n Esel word nie op die lys genoem nie, want 'n esel en 'n donkie is dieselfde ding. Waar die perd in die Amerikas ontstaan het, is die donkie 'n Afrikadier. Net soos die perd, is die donkie deur die mens mak gemaak. Baie mense dink dat 'n esel 'n muil is, maar 'n muil is 'n kruising tussen 'n perdmerrie en 'n donkiehings. In die Boland is daar in die verlede verkeerdelik na 'n esel as 'n kruising tussen 'n donkiemerrie en 'n perdehings verwys. Die vulletjie van 'n vroulike donkie (donkiemerrie) en 'n manlike perd (perdehings) word ook 'n botterkop genoem.

Le Fras Mouton

6. Hoekom het windturbines net drie vinne, terwyl windpompe 'n hele wiel vol vinne het?

Sal die effektiwiteit van windturbines wat elektrisiteit opwek nie verbeter as daar meer vinne is nie? Indien daar byvoorbeeld ses vinne in plaas van drie is, behoort die effektiwiteit mos te verdubbel en word die wind beter ingespan, soos in die geval van 'n tradisionele windpomp wat baie vinne het? Wat sou die rede wees vir hierdie ontwerp van windturbines?

'n Aantal oorwegings is gelyktydig in berekening gebring tydens die ontwerp van die turbines en die struktuur van die vinne, naamlik koste, effektiwiteit en geraasvlakke. Reeds in 1919 het 'n Duitse fisikus, Albert Betz, uitgewerk dat geen windturbine meer as 59,3% van die kinetiese energie van die wind wat die rotor draai, in meganiese energie kan omsit nie. Dit staan bekend as die Betz-limiet en is teoreties die maksimum energie wat 'n mens uit 'n bewegende lugstroom vir enige windturbine kan onttrek.

Geraasvlakke is 'n groot oorweging by die beplanning van windturbines. Die rotasiespoed – die spoed waarteen die punte van die vinne draai – bepaal die geraasvlakke wat met die vyfde mag van die rotasiespoed toeneem. Dit beteken dat 'n rotor wat twee keer so vinnig soos 'n ander een draai, se geraasvlakke 32 keer (2^5) hoër sal wees.

By tradisionele windpompe wat gebruik word om water te pomp, sal 'n ontwerp wat by *lae windspoed* met hoë wringkrag kan opereer, ideaal wees. Windturbines wat vir die opwekking van elektrisiteit gebruik word, word egter ontwerp om voorsiening te maak vir deurlopend hoë windspoed. Dit is nie 'n ideale ontwerp om 'n ewe getal vinne op so 'n windturbine te hê nie, aangesien die stremming op die turbine daardeur verhoog word. Die tradisionele drievinontwerp bring al hierdie kwessies (koste, effektiwiteit en geraasvlakke) gelyktydig in berekening, en is die resultaat van navorsing wat oor 'n lang periode veral in Denemarke gedoen is.

Hoewel die effektiwiteit toeneem soos wat meer vinne toegevoeg word, volg dit 'n dalende tendens. Wanneer die aantal vinne van een tot twee toeneem, is daar 'n toename van 6 persent in effektiwiteit, terwyl 'n toename van twee tot drie vinne slegs 'n 3-persenttoename meebring. Deur meer vinne by te voeg, word die koste dus verhoog sonder om veel aan effektiwiteit te wen. Met meer vinne teenwoordig word die sleurkrag wat hulle op mekaar uitoefen ook verhoog, wat groter ontwerpseise stel. Die drievinontwerp is dus 'n kompromiskonstruksie wat al hierdie faktore in ag neem.

Hendrik Geyer

---

7. Hoe word sement vervaardig en hoe verskil dit van vulkaniese as?

Die vervaardiging van sement is 'n baie komplekse en interessante proses. Uiteenlopende materiale word in 'n droogoond – eintlik 'n hoogoond as 'n mens die hoë temperature in ag neem – saamgevoeg om uiteindelik sement te produseer.

Een van die belangrikste komponente by die maak van sement is kalsiumkarbonaat (kalk). Daar moet verkieslik minder as 3 persent kalk in die sementmengsel wees. Saam met die kalk moet daar silika, aluminium- en ook ysteroksied wees, wat baie fyn gemaal en gesif word en in 'n roterende hoogoond geplaas word.

Die hoogoond is spesiaal vir die sementmaakproses ontwerp, en is in die vorm van 'n pyp wat tussen twee en 3 meter in deursnee is. Dit kan tot 90 meter lank wees en lê teen 'n effense hoek. Aan die onderkant van hierdie roterende pyp word hitte met behulp van brandende gas bygevoeg en die temperatuur in die pyp wissel tussen 1 480 °C en 1 650 °C.

Wanneer hierdie mengsel van kalk, silika en yster- en aluminiumoksied aan hoë temperature blootgestel word, word al die water en vlugtige stowwe afgeskei, veral die koolsuurgas wat van die karbonate afkomstig is. Vir elke ton materiaal wat bo in die droogoond ingegooi word, kom twee-derdes aan die onderkant uit. Die ander derde van die materiaal is die vlugtige stowwe.

Die oorspronklike materiale wat ingevoeg word, ondergaan 'n chemiese verandering. Hierdie baie warm materiaal vorm konkresies of klinkers, wat afkoel wanneer dit aan die onderkant van die droogoond uitkom. Dit word fyn gemaal tot sement.

Aan die einde van die proses kan gips bygevoeg word om die tyd te bepaal wat dit sement neem om te verhard. Daar word verskeie tipes sement met verskillende verhardingstye geproduseer deur bloot die hoeveelheid gips wat aan die einde bygevoeg word, te reguleer.

Dit verg geweldig baie energie om sement te maak. Om temperature van 1 500 °C te bereik, is baie energie nodig, en dit is een van die redes waarom sement so duur is.

Vulkaniese as word deur veral suurvulkane vrygestel tydens uitbarstings. Wanneer vulkaniese as afkoel en uitsak op die grond, word 'n dik aslaag gevorm. Daar is die baie bekende voorval toe 'n vliegtuig deur 'n vulkaniese aswolk gevlieg het en die vulkaanas binne die vliegtuigenjins so hoog verhit is dat 'n harde glasagtige neerslag gevorm het wat al vier motore laat staak het. Nadat die vier motore gaan staan het, het die vliegtuig stadig na benede gesweef. Die glasagtige materiaal het genoegsaam afgekoel sodat dit gekraak en van die motore losgekom het. Daarna kon die kaptein die motore weer aanskakel.

Vulkaniese as kan suur of basies wees en versprei dikwels ver oor kontinente heen. As van basiese vulkane is vol basiese katione (positief gelaaide ione). Hierdie basaltiese materiaal sif uit tot op die grond. Dit voeg katione tot die grond toe, wat as 'n soort kunsmis beskou kan word. Vulkaniese as, veral van basiese vulkane, maak grond besonder vrugbaar.

Alhoewel lawa en sement albei stol, is dit tegnies nie dieselfde ding nie.

Bennie Schloms

8. Hoe oud word albatrosse?

Toe 'n 65-jarige albatros met die naam Wisdom op 3 Desember 2014 'n eier op 'n Hawaise eiland in die Midway-atol gelê het, was dit groot nuus. Na raming was dit die 36ste eier wat sy in haar leeftyd gelê het.

Wisdom is 'n Laysanse malmok (swartwangalbatros) en wetenskaplikes het haar die eerste keer in 1956 bering. Omdat sy so buitengewoon oud vir haar spesie was en 'n albatros net een lewenslange maat het, word gespekuleer dat Wisdom 'n ander broeimaat moes gevind het.

Albatrosse is 'n klein groepie voëls wat hoofsaaklik in die suidelike oseane voorkom. 'n Mens kry hulle nie in die Noord-Atlantiese Oseaan nie, maar wel soms in die noordelike Stille Oseaan. Dié voëls het van die grootste vlerkspanne op aarde, wat oor van die volmaakste werkverrigting beskik. Van een punt tot die ander is die vlerkspan 3,40 meter. Die vlerke is presies soos dié van 'n sweeftuig gebou – dun en lank. Hulle werkverrigting is so na aan perfek soos wat 'n mens by enige voël kan kry. Vir elke meter wat albatrosse in vlug daal, sweef hulle 22 meter vooruit.

Wanneer 'n albatros opgestyg het, is die metaboliese werkverrigting byna nul. Dit is merkwaardig dat 'n mens nie die metabolisme van 'n albatros wat vlieg en wanneer dit op die water of grond sit, van mekaar kan onderskei nie. In albei gevalle bly die voël se hartklop dieselfde – 'n bewys van hoe gemaklik die albatros in die lug is. Hulle kry dit reg deur dinamies te sweef, wat beteken dat hulle in 'n sinuskurwe op en af sweef, byna soos wipwaens in pretparke. Albatrosse gebruik die wind om momentum en hoogte te bereik en dan duik hulle af en weer op. Sodoende hoef hulle geen spierkrag in te span nie. Die voëls kan soos sweeftuie die versnelling van die wind gebruik, en waar daar groot branders voorkom, teen hellings sweef.

Daar is 22 spesies wat deur die Internasionale Unie vir Natuurbewaring (IUCN) erken word, waarvan ses bedreig word en nege kwesbaar is. Die bedreiging van die voëls is toe te skryf aan indringers op die eilande waar hulle broei. Op afgeleë eilande kom katte en rotte voor, maar die grootste bedreiging word veroorsaak deur die visvangbedryf, en spesifiek waar die langlynmetode in gebruik is. Die albatrosse tel die drywende aas op en word dan met 'n hoek gevang. Hulle versuip feitlik oombliklik. Die IUCN het drie albatrosse op hulle rooilys: die Amsterdamse albatros, die Tristan-albatros en die Galapagos-albatros.

In die ou dae het matrose albatrosse wat gesit en broei het, voor die voet doodgeslaan, waarna die vere gepluk is om komberse mee op te stop.

Albatrosse het 'n baie interessante bouvorm. Hulle het 'n groot, sterk snawel met 'n haakpunt waarmee hulle in vlug kos uit die water kan gryp. Die neusgate is in buisvorms en hulle kan baie goed daarmee ruik. In die erge storms in die suidelike oseane kan hulle 'n vrot drywende dier op 'n afstand ruik en dan daarop afsweef. Hulle sweef soms maande aaneen en drink slegs seewater. Onder hulle oë is orgaantjies wat die seewatersout uitskei. Pikkewyne het soortgelyke organe.

Evolusionêr het albatrosse 'n paar dinge wat teen hulle tel. 'n Parings-ritueel vir 'n wyfie en 'n mannetjie kan soms jare duur voordat hulle begin broei. Hierdie voëls lê een eier per jaar en dan neem dit soms 280 dae voor-dat die kuiken kan vlieg. Dit is die langste versorgingsperiode onder alle bekende voëls. Die mannetjie en die wyfie maak beurte om 280 dae lank kos te soek in die ongenaakbare suidelike oseane.

In die mens se kultuur geniet die albatros mitiese status. Ons dink hier aan die Engelse digter Samuel Taylor Coleridge (1772–1843) se epiese gedig "The rime of the ancient mariner" en aan die uitdrukking 'n "albatros om die nek". Die uitdrukking dateer uit die vroeë dae van die skeepvaart. Indien 'n matroos 'n albatros sou doodmaak, sou dit slegte geluk op die skip afdwing. Die matroos is dan gedwing om die albatros om sy nek vas te maak en hy moes maande aaneen met die voël loop totdat dit afval.

Albatrosse word baie oud. Buiten Wisdom wat hier bo genoem is, is 'n albatros van 57 jaar al aangeteken. Papegaaie kan ook so oud word. Die meeste voëls lewe egter korter as vyf jaar, en by uitsondering 10 tot 12 jaar.

Hulle vlieg normaalweg gemiddeld 1 000 kilometer per dag teen 80 kilometer per uur. Op 'n vlug om kos te soek vir die kuiken, vlieg hulle gemiddeld 16 000 kilometer. Hierdie afstand, net om kos te gaan soek, is met 'n satelliet vasgestel – nagenoeg die afstand van Kaapstad na Stockholm in Swede.

Dave Pepler

9. Kan 'n lieweheersbesie (ladybird) 'n mens byt?

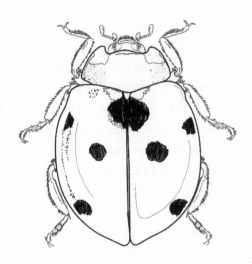

Mense berig gereeld dat hulle deur lieweheersbesies gebyt word. Is dit waar?

Die lieweheersbesie staan ook bekend as die "ladybird beetle" of "lady beetle". "Ladybird" is 'n verbuiging van "Our Lady's bird" waar "Lady" na Moeder Maria verwys. Volgens bygeloof is dit 'n goeie teken as een van hierdie insekte op 'n mens kom sit.

Daar is net een lieweheersbesie wat 'n mens sal byt, naamlik die Oosterse lieweheersbesie (*Harmonia axyridis*) of die sogenaamde "harlekyn-lieweheersbesie". Dié tipe besie is maar eers onlangs in Suid-Afrika (2004) gerapporteer.

Plaaslik is dié besie besig om al die ander lieweheersbesie-spesies te verdryf. Dit is geweldig aggressief en openbaar onder meer kannibalistiese gedrag. Hulle vreet ander lieweheersbesies se larwes of papies, en selfs hul eie spesie se larwes.

Henk Geertsema

10. Hoekom kan Birmese kiaathout vir lang tye in die water lê sonder om iets oor te kom?

In Thailand vloei die Chao Phrayarivier, wat op plekke meer as 'n kilo-meter breed is, deur Bangkok totdat dit in die Golf van Thailand in die see loop. Kiaatboomstompe wat in Birma gesaag word, word met hierdie rivier na die kus vervoer. Dit word deur bote gesleep en op plekke in die rivier word groot eilande boomstompe in die rivier geskep. Die boomstompe word glo vir lang tye daar geparkeer. Sommige van hierdie houteilande is so groot dat 'n mens daarop kan gaan stap. Soms is die eilande heeltemal deur die waterhiasinte oorgroei. Die boomstompe lê baie jare daar sonder dat die hout enigiets oorkom.

Sommige mense beweer dat die hout se hoë natuurlike voginhoud deur die rivierwater uitgewas word voordat dit deur mense gebruik kan word. Dit is nie korrek nie.

Hardehoutsoorte, soos byvoorbeeld kiaat, het 'n redelike gradiëntverskil in voginhoud in die stam. As 'n dwarssegment uit die boomstam gesaag word, sal 'n mens vind dat die buitekant van die segment 'n laer voginhoud het as die middelste deel van die stam. Die onderste deel van die boomstam het weer 'n hoër voginhoud as die hoërliggende deel. Daar is dus 'n merk-bare verskil in voggehalte in verskillende dele van 'n boomstam.

Sou dit in planke opgesaag word, sal krake tydens die drogingsproses ontwikkel wat die planke sal kromtrek, juis vanweë die vogverskille in die stam.

Die rede waarom die boomstompe vir sulke lang tye in die water lê, is om hierdie gradiëntverskil uit te wis. Lang tye in die water bring 'n ewe-redige voginhoud deur die hele stam. Indien die stam dan in planke of balke gesaag word, droog dit egalig uit en dit verhoed dat krake ontwikkel en die planke en balke kromtrek. Hardehoutsoorte is duur en 'n mens kan nie bekostig om van die hout te verloor as gevolg van dié verskille in voginhoud nie.

'n Boomstam se digtheid, soos hierdie kiaatstompe, is baie na aan 1 volgens die digtheidskaal. Die feit dat 'n stomp in water kan dryf, beteken dat die digtheid daarvan net onder 1 is. Dit kan gebeur dat van die stompe se digtheid om een of ander rede 'n bietjie hoër as 1 is, en dan sink hulle in die rivier. Die herwinning van hierdie digte boomstompe vanuit die rivier is 'n lonende bedryf, veral in Kanada waar baie hout met riviere na die kus gebring word. 'n Dokumentêre TV-program het gewys hoe 'n groep mense 'n bestaan maak deur die boomstompe na die wateroppervlak te bring, aan 'n boot vas te maak en dit dan te sleep na waar hulle dit kan herwin.

Die digtheid van gewone houtstof is min of meer 1,5. Die hout sal dus sink omdat dit digter as water is. Dit is egter die lug wat in die selle in die boomstam vasgevang is, wat maak dat dit kan dryf.

Vroeër jare is letterlik duisende der duisende houtstompe met riviere na die kus vervoer. Dit is 'n relatiewe goedkoop manier van vervoer. Deesdae word bome verder weg van riviere geoes en word dit hoofsaaklik met vragmotors vervoer. Waterspuite word dan op die hope boomstompe gesit om dit nat te hou en die gradiëntverskil in vogtigheid op te hef. Na 'n aantal jare is die gradiëntverskil opgehef en kan die hout geprosesseer word.

In 'n droë omgewing kan hout nie in water gegooi word nie. Daar is egter 'n wateroplosbare waks met die handelsnaam Hydro Wax. Sodra 'n stuk hout afgesaag en die koppenente kaal gestroop is, word die koppe met die waks geverf. Dit verseker die egalige uitdroging van die hout sodat dit nie bars of kromtrek nie.

In Afrika is daar 'n paar houtsoorte wat natuurlikerwys so dig is – al is dit droog – dat dit in water sink. Sebrahout (*Dalbergia melanoxylon*) kom in die seisoenaal droë dele van Afrika voor, vanaf Senegal in die ooste tot by Eritrea in die weste, en dit kom selfs in die noordooste van Suid-Afrika voor. Die hout het 'n pikswart kern en roomkleurige saphout. Ebbehout sink natuurlik ook as dit in water beland.

Bennie Schloms

11. Hoe vorm sinkplaatriwwe op 'n grondpad?

In 1962 het Keith Madder van die Universiteit van Melbourne navorsing oor hierdie onderwerp gedoen. Australië se platteland is baie yl bevolk met 'n groot aantal grondpaaie, baie soos in Suid-Afrika. Die toestand van grondpaaie is 'n baie belangrike faktor in die sukses van vervoerstelsels, veral in 'n land soos Australië waar voorrade en slagvee in enorme vragmotors op grondpaaie gekarwei word.

Keith Madder het 'n toestel gebou deur 'n wiel wat om 'n as loop aan 'n lang arm vas te heg. Die ander ent van die arm is aan 'n elektriese motor vasgeheg, van waar die spoed en die banddruk van die wiel beheer kon word. Madder het toe 'n betonpad laat bou waarop die wiel aan die arm al in die rondte laat loop is.

Die betonpad is met 'n verskeidenheid materiale bedek. Splitertjies, rys, fyn sand en growwe sand is byvoorbeeld oor die pad gestrooi om verskillende droë oppervlakke te skep waaroor die wiel laat loop is. Madder het met verskillende snelhede en banddrukke geëksperimenteer.

Hy het gevind dat, as hy die toestel aan die gang kry en die wiele hard pomp, die oppervlakke sogenaamde sinkplaatriwwe gevorm het. Hierdie riwwe het nie ontstaan as die bande papper was nie. Hoe droër die oppervlak was, hoe vinniger het die sinkplaatriwwe ontwikkel. Wanneer die oppervlakbedekking klam of nat was, is die ontwikkeling van riwwe vertraag. Madder het wel besef dat die riwwe onder alle omstandighede ontstaan.

Volgens hom is dit onmoontlik om 'n pad te maak wat perfek glad is. Enige oppervlak wat gemaak word, of dit beton of teer is, het altyd oneweredighede op die oppervlak: Dit sal die wiel se band 'n bietjie opdruk of effens laat spring. Wanneer die band dan weer afkom en aan die oppervlak raak, spat daar stukkies gruis of sand vorentoe en na die kante toe. Op dié wyse word die holtes van die riwwe uitgegrawe.

Indien die spoed waarteen die wiel draai relatief konstant is, gaan die band op 'n uniforme wyse deur die holtes van die riwwe en ontwikkel uniforme sinkplaatriwwe op die pad. Madder het ook gevind dat die riwwe aanvanklik redelik naby aan mekaar ontwikkel, maar daarna beweeg dit verder van mekaar af totdat daar 'n soort optimum konfigurasie ontstaan. Die ingenieurs in Australië het deur meting vasgestel dat sinkplaatriwwe in die rigting waarin die motors padaf ry, migreer.

Wanneer 'n mens op 'n rowwe sinkplaatpad ry en oorbeweeg na die regterkant van die pad (gegewe daar is geen aankomende verkeer nie), dan voel dit of 'n mens bietjie makliker ry. Omdat sinkplaatriwwe aan die verskillende kante van die pad migreer in die rigting waarin die voertuie ry, ry 'n mens aan die regterkant oor riwwe wat effens anders gevorm is. Die enigste manier om aan die sinkplaat te ontkom, is om óf baie stadig te ry, óf om heelwat vinniger te ry sodat 'n mens nie deur al die riwwe ry nie, maar as 't ware oor die kruine daarvan.

Hendrik Geyer, *Hoe verklaar jy dit?* se medewerker, het vroeër reeds daarop gewys dat sinkplaatriwwe op 'n grondpad sal ontstaan, ongeag of dit 'n wiel is wat die voertuig aandryf en of dit 'n losdraaiende wiel is. Hy het uitgewys dat daar selfs sinkplaatriwwe op die metaal van treinspore ontwikkel. Die swaar gewig van die trein laat dieselfde toestand ontwikkel wanneer die wiele effens oor die ongelykhede op die spoor begin bons. Wanneer die trein oor die riffeltjies op die spoor ry, veroorsaak dit 'n geweldige lawaai en gekletter.

Madder het ook gevind dat, indien die koeëllaers uit 'n wiel gehaal word, krapmerke op die koeëllaers sigbaar is wat herinner aan die riwwe op 'n sinkplaatpad. Verder het hy waargeneem dat mense wat teen 'n helling af ski, min of meer dieselfde bons-effek ervaar, en dit verklaar waarom sinkplaatvorming in die sneeu of op ys waarneembaar is.

Toe Madder sy navorsing in 1962 gedoen het, was voertuie met blad-vere nog algemeen in gebruik. As gevolg van dié veersisteem het voertuie toe 'n baie stywe reaksie gehad sodat passasiers gevoel het asof hul longe uitgeskud word. Later het Madder aangevoer dat, toe sekere viertrekvoertuigvervaardigers spiraalvere wat langer kan rek en saampers, begin installeer het, die kwaliteit van ritte verander het. Indien so 'n voertuig op 'n skoongeskraapte grondpad sou ry, sal 'n ander soort konfigurasie van sinkplaat ontstaan omdat die vere anders is.

Daar is basies niks wat gedoen kan word om die vorming van sinkplaat-paaie te voorkom nie. 'n Betonpad sal lank hou en sonder sinkplaatriwwe wees, maar dit is baie duur om te bou. Madder het aanbeveel dat grond-paaie klam gehou word sodat die riwwe stadiger ontwikkel.

Jurie van den Heever

---

12. Hoekom vries water in 'n dam van bo en nie van onder af nie?

Water in 'n dam vries eerste op die oppervlak. Indien dit andersom was, sou dinge baie moeiliker vir die mens gewees het. As water op 'n rivier-bedding of op die seebodem sou begin vries, en die ys stadig boontoe opbou, sou die water wat bedags deur die son op die oppervlak gesmelt word, die enigste beskikbare bron wees.

Tussen vriespunt (0 °C) en 4 °C gebeur daar op 'n molekulêre vlak interessante dinge met water. By vriespunt is die watermolekules wyd van mekaar gespasieer omdat hulle struktuur ligter en minder dig is, maar by 4 °C is die watermolekules dig teen mekaar gepak en beweeg hulle na willekeur en sonder enige struktuur.

Wanneer 'n waterpoel vries, kan ons dit eintlik sien as 'n "dans" tussen die verskillende lae van water in daardie poel. Die oppervlak koel eerste af, word digter en swaarder, en sak dan af na onder. Dit word deur 'n nuwe bolaag vervang wat ook afkoel, digter word en uiteindelik sink namate die lugtemperatuur daal.

As hierdie proses voortduur, sal die hele waterpoel naderhand 'n tem-peratuur van 4 °C hê. Dan is die water so dig as wat kan kom. Die laag wat bo is, as dit verder tot 3 °C afkoel, bly dan bo, want dit is nou minder dig as die water daaronder. As dit lank genoeg op die oppervlak bly, sal dit verder afkoel en kan die struktuur van daardie watermolekules verander en vries.

Die vriesproses vind uiteraard dan stadiger plaas omdat die ys op die oppervlak die water aan die onderkant teen die koue lug isoleer. Dit verklaar waarom 'n waterpoel selde solied vries en hoekom visse nie doodgaan nie. Visse kan nog in die onderste waterlae lewe, al is die bolaag gevries.

Mense wat wil ysskaats moet gewoonlik geduld aan die dag lê en wag totdat die yslaag dik genoeg is – ten minste 5 sentimeter – om daarop te kan skaats.

Piet Eloff

---

13. Hoekom steek eekhorings en ander diere kos weg?

Die opgaar en wegsteek van kos is algemeen bekende dieregedrag, veral by voëls en knaagdiere.

Eleonora se valk (*Falco eleonorae*) maak nes op die eiland Majorka in die Middellandse See. Dié skaars voëlsoort het 'n verstommende gedragspatroon ontwikkel deur in die herfs nes te maak, en nie in die lente nie. Die rede daarvoor is die lang vlug wat die voëls jaarliks in 'n groot groep onderneem wanneer hulle van Europa na Afrika migreer. Hulle maak daarop staat om genoeg kosvoorraad te hê, en omdat die herfsweer nie gematig is nie, is dié valke van die wêreld se grootste opgaarders.

'n Mannetjievalk is waargeneem wat in die loop van die oggend 34 voëltjies gevang en op 'n hoop neergesit het. Of die valk die hele voorraad uiteindelik sou benut, is 'n ope vraag. Hierdie gedrag van diere word beskryf as die stoor of opgaar van voedsel weg van bure en ander diere af.

Daar is verskillende maniere waarop kos op kort termyn opgegaar word. 'n Luiperd sal byvoorbeeld sy prooi in 'n boom ophang. Die karkas sal hoogstens 'n week in die winter hou en selfs korter in die somer. 'n Fiskaal hang sy prooi gewoonlik aan 'n draad of doringtak om, soos die luiperd, vir die volgende twee of drie dae daaraan te eet. Die fiskaal maak daarop staat dat die doringrige omgewing die voedsel sal beskerm.

Omdat krokodille nie kan kou nie en hulle die vleis van hul prooi moet afskeur, laat hulle die prooi in die water lê totdat dit letterlik verrot. Dié rypmaak van kos is nie alleen eie aan krokodille nie. In Suid-Amerika begrawe klein wesels piesangs nadat hulle dit gepluk het, totdat dit ryp raak. Sodra dit ryp is, word dit uitgegrawe en opgevreet.

Diere gaar kos om verskillende redes op, en dit kan op twee maniere gebeur. Dit kan op een plek gelos word, soos byvoorbeeld in 'n boomholte of in 'n gat. Soos by die eekhorings kan kos ook die wêreld vol in gate gelos word. Geen eekhoring se geheue is egter so goed dat die dier presies gaan onthou waar alles gebêre is nie. Eekhorings sal waarskynlik onthou waar hulle die meeste voedsel weggesit het. Van die akkers of grondboontjies sal weldra ontkiem. In evolusie-terme is dit tot voordeel van 'n boom om baie saad te voorsien sodat die opgaarders genoeg daarvan kan rondstrooi.

Die gebruik van "spense" is ook by ander diere soos die hamster bekend. (In Duits beteken die dier se naam, *Hamstern*, "opgaarder".) Wanneer diere voedsel begin opgaar, moet hulle ook die bron teen ander honger diere verdedig. Komplekse gedrag gaan met die opgaardery gepaard. Die dier kan die ligging van 'n "spens" geheim hou, soos wat die eekhoring doen. Maar uiteraard is daar ander oë in die bos wat die eekhoring dophou. Inligting kan ook met die dier se spesie gedeel word – rotte werk byvoorbeeld dikwels saam. Diere steel ook wedersyds en tree sodoende as heropgaarders op.

Eekhorings gaar net kos op wanneer ander eekhorings hulle dophou. Hulle wil hê die ander moet sien waar hulle hul buit begrawe. Eekhorings bluf egter die toeskouers. Sestig persent van die gate wat hulle grawe om hulle kos in te bêre, het niks in nie. Die ander diere wat sit en kyk, sal hulle moeg moet werk om al die gate oop te grawe, net om te vind dat daar geen kos is nie. Allerlei tegnieke en skelmstreke word ingespan om seker te maak dat die kosvoorraad behoue bly.

Insekte volg hulle instink omdat hulle meesal net op direkte prikkels vanuit die omgewing reageer. By insekte soos sprinkane is die opgaar van voedsel onbekend, maar nie by sosiale insekte soos heuningbye, wespe, perdebye, miere en termiete nie. Hulle is meester-opgaarders van voedselbronne. Die voedselbronne hoef nie noodwendig dadelik bruikbaar te wees nie. In die geval van miere sleep hulle plantmateriaal na hulle nes, gewoonlik onder die grondoppervlak, waar swamme die blare verteer, en dit is nie so dat hulle al die kos in die vorm van die swam miselium dade-lik gaan eet nie.

By sosiale insekte verminder die kolonie se getalle in tye van skaarste. Die koningin oorleef gewoonlik, maar die werkers se getalle word minder en dus is daar minder monde om te voed.

Sekere tropiese miere is bekend daarvoor dat hulle heuning in hul agter-lywe versamel. Wanneer hulle dan in die nes gestreel word, braak hulle van die heuning, wat dan 'n voedselbron vir ander miere in die nes is.

Baie sade van 'n verskeidenheid plante in die fynbos het sogenaamde oliekliertjies — strukture wat as elaiosome bekendstaan. Inheemse miere wat redelik groot is, is veral op soek na hierdie sade met elaiosome, en stel as sodanig nie in die sade self belang nie. Elaiosoom-draende sade word dan na die nes gesleep, ondergronds gebêre, en wanneer dit nodig is, word die oliekliere of -swelsels afgevreet. Die heel saad bly oor, lê beskerm in die ondergrondse nes, en sal na 'n veldbrand genoegsame hitte aan die saad verskaf as 'n stimulans om te ontkiem.

Honde is ook diere wat opgaar. Wanneer 'n hond ekstra kos kry, sal hy 'n deel daarvan begrawe. Honde stamp selfs die grond vas met hul neuse om te verhoed dat die reuk ontsnap. Dit is tipiese wolfgedrag. Wolwe begrawe hulle prooi in die sneeu.

Dave Pepler en Henk Geertsema

14. Hoe word daar van rioolafval in die internasionale ruimtestasie ontslae geraak?

Die internasionale ruimtestasie (IR) word deur 'n vloot onbemande ruimtetuie bedien wat as Progress bekendstaan. Hierdie onbemande tuie, wat as deel van die Russiese ruimteprogram ontwikkel is, verskaf voorraad aan die IR en verwyder ook 'n verskeidenheid afvalmateriale. Dit gebeur ongeveer drie tot vier keer per jaar.

Onbemande ruimtetuie is baie meer ideaal om te gebruik omdat daar meer spasie vir voorraad is. Dit is natuurlik ook goedkoper en baie veiliger as om bemanningslede na die IR te stuur. Verder hoef al die sisteme wat ruimtevaarders op 'n ruimtetog aan die lewe moet hou, nie voorsien te word nie.

Gevorderde tegnologie is gebruik om die toilette van die IR te vervaardig. Om rioolafval in 'n gewiglose omgewing te hanteer, moet daar immers innoverende planne in plek wees. Die sleutel tot hierdie planne is dat 'n redelike sterk lugvloei geskep moet word om die afval te beheer.

Die vloeistofkomponent van die afval word hergebruik. Daar is 'n suiweringsaanleg aan boord wat die rioolvloeistof versamel, suiwer en weer as drinkwater beskikbaar stel. Dieselfde metode word gevolg by suiweringsaanlegte in waterskaarsgebiede op aarde. Vaste stowwe word eenvoudig deur die onbemande ruimtetuie na die aarde afgevoer sodat dit nie in die ruimte rondsweef nie.

Hendrik Geyer

15. Wat is 'n Jerusalem-kriek?

Bewoners van die Kalahari noem die Jerusalem-kriek 'n perderunnik of 'n Abrahamsboepens. Die wyfies is gewoonlik groter as die mannetjies en 'n mens kan hulle uitken aan die lang doringagtige uitsteeksel op die punt van die abdomen of die eierboor. Mannetjies het nie so 'n aanhangsel nie.

Die Jerusalem-kriek is baie nou verwant aan die koringkriek. Koringkrieke het egter stekels op die borsgedeelte en hulle pense is ronder, selfs al staan die Jerusalem-kriek in die volksmond as 'n Abrahamsboepens bekend. Omdat koringkrieke daarin spesialiseer om hulleself te beskerm, is die abdomen kort en rond en het hulle die stekels op die borsgedeelte. Die abdomen bevat baie van die lewensbelangrike organe en 'n predator kan baie maklik die onbeskermde abdomen gryp. Daarom het die koringkriek sterk skoppote en skei dit 'n slegte reuk af wat predatore afskrik.

Jerusalem-krieke behoort tot die familie Stenopelmatidae, en staan in Engels as "Jerusalem crickets" bekend. Die ander Afrikaanse naam is sandkrieke. Hulle kom in sanderige gebiede voor, grawe gewoonlik hul neste onder die klippe en is predatories. Alhoewel hulle nie giftig is nie, skroom hulle nie om te byt nie.

'n Mens sien nie baie van die Jerusalem-krieke nie, maar indien die habitat ideaal is, sal hulle nie vanweë lae bevolkingsgetalle bedreig wees nie. Die vanggebied van so 'n predator moet egter redelik groot wees om voorsiening te maak vir baie prooi.

Henk Geertsema

16. Hoe groot word 'n likkewaan en wat is die verskil tussen 'n water- en 'n veldlikkewaan?

Likkewane is die grootste akkedisse wat in Suid-Afrika voorkom. Hulle behoort tot die familie Varanidae, 'n groep van 79 akkedisspesies waaronder die grootste lewende akkedissoorte in die wêreld tel. Behalwe die likkewaanfamilie, is daar 'n hele paar ander akkedisfamilies wat verteenwoordigers in Suid-Afrika het, onder andere Gekkonidae (geitjies), Chamaelontidae (verkleurmannetjies), Agamidae (koggelmanders), Scincidae (skinke), Cordylidae (gordelakkedisse), Gerrhosauridae (pantserakkedisse) en Lacertidae (gewone akkedisse).

Likkewane kom in onder meer Australië, wat waarskynlik die meeste spesies het, Afrika en suidelike Asië voor. Net vyf spesies kom in Afrika voor, waarvan twee ook in Suid-Afrika aangetref word. Oor baie jare is daar vermoed dat slange uit likkewaanagtige voorvaders ontwikkel het. 'n Likkewaan het 'n beweegbare nek, 'n lang lyf en 'n gesplete tong wat voortdurend uitgeskiet word, soortgelyk aan dié van slange. Daarom het natuurkenners aanvaar dat likkewane die onmiddellike voorvaders van slange is. Met die koms van molekulêre tegnieke is meer lig op die saak gewerp, en het nuwe vrae ontstaan oor presies waar slange by akkedisse inpas. Daar word vandag egter as feit aanvaar dat slange akkedisse is wat in 'n stadium óf ondergronds óf in water gelewe het, en sodoende hulle ledemate verloor het. Dit is egter nog nie heeltemal duidelik watter groep akkedisse die slange se sustergroep is nie.

Die woord "likkewaan" kom van die Engelse "leguan" – 'n verdraaiing van die Nederlandse "iguana". Die Nederlandse woord vir hierdie tipe akkedisse is egter onakkuraat, want likkewane het niks met iguanas te doen nie. "Monitor lizard" is 'n meer algemene Engelse benaming en is afgelei van die gewoonte van likkewane om regop op hul agterbene te staan om die omgewing te bespied.

'n Likkewaan, die Komodo-draak, wat op sommige van die Indonesiese eilande voorkom, is die wêreld se grootste lewende akkedis. Dit kan tot 3 meter lank word, gemeet vanaf die punt van die snoet tot die punt van die stert, en tot 70 kilogram weeg.

Die twee likkewaanspesies wat in Suid-Afrika voorkom, is die veld- of kliplikkewaan (*Varanus albigularis*) en die waterlikkewaan (*Varanus niloticus*). Van die twee is die waterlikkewaan die grootste en dit kan 'n lengte van tot 2 meter bereik, maar is gewoonlik so 1 tot 1,4 meter lank. Die veldlikkewaan kan tot 1,3 meter lank word, maar is gewoonlik iewers tussen 0,7 en 1 meter in lengte. 'n Mens kan die waterlikkewaan maklik uitken aan die geel skakerings op die kop en langs die sye. Die veldlikke-waan is meer eenvormig vaal van kleur. Al twee se sterte is lateraal afgeplat.

'n Likkewaan slaan met sy stert wanneer 'n mens dit te naby aan die dier waag, en hulle kan baie seer byt. Alhoewel hulle nie skerp tande het nie, kan hulle byt dat die bloed loop. Wanneer hulle bedreig voel, blaas hulle vir die aanvaller. Indien 'n mens hulle byvoorbeeld uit 'n klipskeur probeer trek, sal likkewane hulleself opblaas sodat hulle in die klipskeur vassit.

Veldlikkewane vreet hoofsaaklik ongewerweldes, maar hulle is nie ongeneë tot enigiets anders, soos eiers, muise en klein skilpadjies, nie. Waterlikkewane bly normaalweg naby die water, maar hulle kom ook ver van die water af voor. Hulle dieet bestaan uit krappe, visse, paddas en ook voëls en hul eiers. Soms werk dié intelligente diere saam om voedsel te kry. Wanneer hulle byvoorbeeld krokodileiers wil steel, sal een likke-waan 'n wyfiekrokodil se aandag aftrek sodat 'n ander likkewaan die eiers uit die nes kan grawe. Hulle is uitstekende swemmers en gebruik hulle lang spaanagtige sterte hiervoor.

Al die likkewaanspesies is eierlêend (ovipaar) en die plaaslike twee spesies lê dikwels hulle eiers in 'n aktiewe termiethoop, of andersins in 'n gat wat in sagte grond gegrawe word. Die eiers kan tot 'n jaar neem om uit te broei.

Le Fras Mouton

---

17. Hoekom traan 'n mens se oë as jy uie sny?

Die ui is 'n wonderlike toevoeging tot ons dieet, maar bring ook traanoogfrustrasie vir baie mense mee.

Saam met salotte, preie, grasuie en knoffel is uie deel van die genus *Allium*. In vandag se kombuis is hierdie plante feitlik onmisbaar, maar dit kan ook groot ongemak en selfs skade veroorsaak. As 'n mens se vel byvoorbeeld langdurig in kontak met knoffel is, brand dit en veroorsaak dit blasies op die vel.

Vandag weet ons baie oor dié plantgenus danksy die navorsing van 'n Amerikaner, doktor Eric Block, en sy boek *Garlic and Other Alliums: The Lore and the Science* (2010).

Plante van die genus *Allium* kom oorspronklik van 'n ongenaakbare omgewing noord van Afghanistan in Sentraal-Asië, waar dit 'n indrukwekkende stel "chemiese wapens" ontwikkel het om hulself mee te beskerm. Hierdie "wapens" is almal chemiese verbindings wat swawel bevat. Gewoonlik het verbindings wat swawel bevat, sterk reuke, en gee dit dus aan die *Allium*-spesies hul kenmerkende geure en smake. Die "wapens" of verbindings bestaan nie in 'n aktiewe vorm in die plante nie. Hulle berg dit op in 'n voorlopervorm en wanneer die plantweefsel gebyt, gesny of gekneus word, is daar gewoonlik 'n ensiem wat die voorlopermolekules omsit in die aktiewe molekules, wat dan vrygestel word. Die swawelverbindings is hoogs irriterend en ontmoedig enige verdere kontak met die plant.

??

Een van die effekte van die verbindings is dat hulle mikrobes kan dood-maak, want mikrobiese infeksie is een van die maniere waarop plante beskadig word. Hulle dien dus ook as afweermiddels vir insekte wat skade aan plante kan aanrig.

Dit is algemeen bekend dat honde of katte nie knoffel gevoer mag word nie, omdat dié spesifieke swawelverbindings die rooibloedselle van die diere beskadig en uiteindelik hul dood kan veroorsaak.

Sommige plante, soos knoffel, veroorsaak irritasie deur direkte kontak. Hulle produseer 'n verbinding genaamd allisien, wat die kenmerkende sterk geur aan die knoffel gee. Die verbinding raak slegs effektief wanneer dit in direkte kontak met die eter of die beskadiger kom. As iemand byvoorbeeld 'n vars oopgesnyde knoffelhuisie teen sy voet vryf, word 'n knoffelsmaak binne sekondes in die mond ervaar, en sy oë raak tranerig. Allisien word dus onmiddellik deur die vel opgeneem en in die bloed deur die liggaam vervoer.

Wanneer uie gesny word, word die oë onmiddellik geaffekteer. Die tranerigheid is die gevolg van 'n klein swawelverbinding wat in hierdie geval nie direk in kontak met die oë is nie, maar wat vlugtig is en deur die lug van die ui na die oë beweeg. Dit staan bekend as die traanfaktor.

Doktor Block het die traanfaktor intussen sinteties in 'n laboratorium geproduseer. Toe hy die eerste keer met dié suiwer traanfaktor in kontak was, het dit vir hom gevoel asof iemand hom met die vuis in die oogkas slaan, so seer was dit. Die verbindings is ontsettend aktief, en wanneer 'n mens uie sny, beland relatief baie min daarvan eintlik in die oë.

Die traanfaktor is ook in 'n onaktiewe vorm in die ui teenwoordig en word deur 'n ensiem, die traanfaktoromsettingsensiem, wat eers in 2002 deur Japannese navorsers ontdek is, geaktiveer. Aangesien 'n ensiem die traanfaktor aktiveer, bestaan daar dus 'n meganisme om 'n ui gene-ties te kan kweek wat nie meer die aktiewe traanfaktor vorm nie. Met genetiese manipulering kan verhoed word dat die ui die omsettingsensiem aktiveer.

So het navorsers in Nieu-Seeland en Japan onlangs 'n eksperimentele ui ontwikkel wat nie die traanfaktorensiem bevat nie. Al die voorloper-verbindings wat swawel bevat, word egter nog in die ui opgeberg. Blykbaar gee dié voorlopers 'n aangename soet uierige aroma aan die plant. Dié voorlopers laat die ui dus nog meer na 'n ui smaak as voorheen – en dit alles sonder trane.

Hopelik sal daar in die toekoms 'n ui op die winkelrak verskyn wat sonder enige newe-effekte gesny kan word. Maar wat kan ons in die tussen-tyd doen totdat dié wonder-ui sy verskyning maak? Uie kan onder lopende water geskil word – dit verhoed tot groot mate die afskeiding van die traanfaktor. 'n Mens moet ook nie die ui sny aan die kant waar die wortels sit nie, want die traanfaktor is daar gekonsentreer. Gebruik ook 'n baie skerp mes, want dan word die weefselskade, wat die produksie van die traanfaktor verhoog, beperk. Hou ook by grofgesnyde uie, omdat dit die oppervlak waar die traanfaktor blootgestel word, beperk.

Jannie Hofmeyr

---

18. Hoekom het olifante vandag so min hare, terwyl mammoete 'n digte pels gehad het?

Soogdiere se hare vervul 'n verskeidenheid van funksies, onder andere, die beheer van hitte-uitruiling tussen die dier en sy omgewing; besker-ming teen die fisiese omgewing, ultravioletstrale, parasiete en mikrobes; beskerming van die oë, gehoorgange en neusgange; kamoeflering teen roofdiere; kommunikasie tussen lede van 'n spesie deur middel van kleur-patrone; waarskuwingseine aan potensiële roofdiere deur middel van helder of kontrasterende kleure; en waarneming van prikkels uit die omgewing met behulp van tashare. Gegewe al hierdie belangrike funksies van hare, sal 'n mens uit die aard van die saak vrae vra indien hare by 'n soogdier-spesie afwesig is of baie yl op die liggaam voorkom.

Met die ontstaan van die eerste soogdiere meer as 200 miljoen jaar gelede, was hulle klein diertjies en alreeds endotermies, dit wil sê, hulle het gebruik gemaak van hitte wat deur metabolisme geproduseer word om 'n hoë liggaamstemperatuur te handhaaf. Omdat hulle so klein was en 'n ongunstige oppervlak-tot-volume-verhouding gehad het, het hulle maklik hitte verloor. Hare is 'n vroeë aanpassing by hierdie groep diere om hitteverlies oor die vel te beperk.

As daar vandag teruggekyk word na die verskillende ontwikkelingslyne van soogdiere, is daar 'n hele aantal soorte wat min of geen hare het nie. Naakte molle is 'n goeie voorbeeld. Hulle bly ondergronds waar dit pikdonker is en hulle het nie nodig om via liggaamskleure met mekaar te kommunikeer nie. Hierdie molle is sosiale diere en wanneer hulle slaap, lê hulle in hopies opmekaar om hul liggaamstemperatuur te reguleer. Ondergronds is die temperatuur ook redelik konstant. Liggaamshare speel geen rol in dié omgewing nie en het dus grootliks verlore gegaan.

In die oseane is daar heelwat soogdiere wat hul hare verloor het om beter te kan swem. In die plek daarvan het 'n dik speklaag ontwikkel om met termoregulering onder die wateroppervlak te help.

Ons sou verwag dat semi-akwatiese diere soos otters min hare sou hê, maar hulle het egter baie digte pelse. Otters se pelse speel 'n belangrike rol deurdat lug tussen die hare vasgevang word, wat die diere in staat stel om te dryf. Die hare is ook waterwerend en sorg dat die vel van die dier nie nat word nie. Wanneer hulle op land is, vervul die hare weer 'n beskermende funksie.

Dan is daar diere wat min of geen hare het nie, soos olifante, renosters en seekoeie. Die rede is ooglopend. Hierdie diere is groot en enige groot dier het 'n probleem – nie soseer om warm te word nie, maar om af te koel. Aangesien hulle liggaamsoppervlak-tot-volume-verhouding so klein is, sukkel hulle om af te koel wanneer hulle warm word. 'n Digte haredos op die lyf sou hulle maklik kon laat oorverhit.

Mammoete, 'n groep uitgestorwe olifante, het tussen 1 miljoen en 10 000 jaar gelede geleef. Sommige van die spesies wat in baie koue omgewings in die Noordelike Halfrond voorgekom het, het 'n digte pels gehad. In hierdie koue omgewings was oorverhitting geensins 'n probleem nie; om die waarheid te sê, dit was voordelig vir hierdie olifante om lang hare te hê deurdat dit hitteverlies oor die vel beperk het, net soos by kleiner soogdiere die geval is.

Waarom het die mens dan so min hare? Die mens is relatief klein en behoort tog nie oorverhittingsprobleme te hê soos olifante en ander groot soogdiere nie.

Ten spyte daarvan dat die mens relatief klein is, het hy die meeste van sy liggaamshare verloor. Soogdiere wat hare het, is in staat om daardie hare te lig of op te pof vir termoregulering. Wanneer hulle skrik en aggressief raak, rys die hare ook. Dieselfde reaksie word by die mens geregistreer deur die verskynsel van hoendervleis, wat 'n oorblyfsel is van die verlede toe die mens nog lang liggaamshare gehad het. Daar word vandag algemeen aanvaar dat die primitiewe mens sy haredos verloor het toe hy 'n aktiewe jagter geraak het. Hy het die vermoë ontwikkel om lang afstande te hardloop in die agtervolging van wild. Oorverhitting sou 'n wesenlike probleem gewees het en dit is opgelos deur die geleidelike verlies van liggaamshare, sowel as die ontwikkeling van 'n groot aantal sweetkliere. Die mens het die meeste sweetkliere van alle soogdiere en kan tot 12 liter sweet per dag produseer. Die kombinasie van 'n kaal vel en sweet stel die mens in staat om baie effektief van hitte ontslae te raak.

Le Fras Mouton

---

19. Maak die lang paringsproses van soogdiere soos wildehonde hulle nie kwesbaar vir aanvalle deur ander roofdiere nie?

Tydens en na paring is honde en wildehonde tot nagenoeg 20 minute lank aan mekaar gekoppel. Dit impliseer dat wildehonde in hulle natuurlik omgewing gedurende paringsessies kwesbaar vir aanvalle deur roofdiere is.

Hierdie soort koppeling kom nie by lede van die katfamilie soos leeus, luiperds en jagluiperds voor nie. Waarom sou dit wees? En wat is die geval met diere soos jakkalse, rooikatte en hiënas?

Wanneer honde paar, swel die basis van die penis sodanig uit dat die reun eintlik in die geslagsopening van die teef vassit. Die rede hiervoor is kortliks om seker te maak dat daar genoeg sperm is wat die eiersel(le) van die teef kan bevrug. Dit is waarskynlik so om te keer dat die teef met ander reuns paar, want by honde leef die sperm ongeveer 11 dae. Wanneer paring plaasvind, rus die sperm in 'n stadium, en wanneer die eiersel(le) dan vrygestel word, kan bevrugting plaasvind. Die reun wat vassit, verseker tot groot mate dat hy die enigste een is wat dan 'n nageslag by so 'n teef sal verwek.

'n Ander reun kan egter ook met dieselfde teef paar en dit is moontlik dat 'n teef 'n werpsel met verskillende pa's kan lewer. Telers van rasegte honde wil só 'n situasie eerder vermy.

By katte werk dit anders, en die swelsel aan die penis kom nie voor nie. Nadat paring by katte plaasgevind het, bly die mannetjieskat egter by die wyfiekat om ander katte af te skrik. Met leeus is dit verskillend omdat hulle in troppe leef. Gewoonlik is daar een dominante mannetjie wat oor 'n tydperk van 24 uur met 'n wyfie paar. Leeus paar baie kere in kortstondige aksies – ongeveer twee minute op 'n slag, en dan weer en weer. Die mannetjie bly by die wyfie om te sorg dat sy sperm die nageslag sal verwek.

Volgens Nicolene Fourie en Alfred Kidd van Onderstepoort gaan die paring by katte gepaard met 'n geweldige gemiaau en geskree omdat die mannetjieskat se penis weerhakies het wat na agter wys. Wanneer die paring begin, is dit nie vir die wyfiekat seer nie, maar wanneer die mannetjie onttrek, krap die weerhakies teen haar weefsel. Die pyn wat daarmee gepaardgaan, gee die gemiaau en geskree af. Dié pynlike proses se stimulasie veroorsaak dat die wyfiekat ovuleer en sodoende word bevrugting verseker. Kopulasie veroorsaak dus ovulasie.

Wildehonde behoort tot die familie Canidae, wat al die hondagtige diere insluit. In Latyn heet dié honde *Lycaon pictus*, wat "geverfde wolf" beteken. Die rede waarom wildehonde ná paring vassit, is dat hulle in troppe saam met baie ander mannetjies leef, en daar op dié manier verseker word dat die betrokke mannetjie se sperm die wyfie bevrug. Die swelsel aan die penis is dus van kardinale belang.

Om terug te keer na die oorspronklike vraag: Verkeer die parende wildehonde in 'n gevaarlike situasie omdat hulle weerloos teenoor roofdiere is? Dit kan wees, maar wildehonde leef in groot troppe, en wanneer gepaar word, is daar baie ander honde wat die roofdiere kan afweer.

By leeus waak die dominante mannetjie dus oor sy sperm en by wildehonde beskerm die trop hulle teen roofdiere. Alleenloperdiere soos luiperds, jakkalse en jagluiperds sit nie tydens die paringsproses vas nie, omdat die kanse baie skraal is dat die wyfie weer 'n mannetjie sal raakloop voordat bevrugting plaasvind.

Hiënas is 'n besonderse geval. Van so ver terug as die Griekse tyd af het mense dit verkeerd gehad toe hulle beweer het dat hiënas hermafrodiete (manlik sowel as vroulik) is. Die rede hiervoor is dat die vroulike geslagsdele vergroot is en die klitoris byna so groot soos die mannetjie se penis is. Vanweë manlike hormone wat die wyfie afskei, is dit ook erektiel. In hiënatroppe is wyfies die grootste, aggressiefste en die mees dominante diere as gevolg van manlike hormone wat hulle afskei. Die mannetjies is heeltemal onderdanig en vreet byvoorbeeld laaste.

Voordat hiënas geboorte skenk, "oorstroom" die wyfie die kleintjies met manlike hormone. Hulle word dus aggressief gebore. Heelwat veranderinge vind dan in die vroulike geslagsdele van die klein hiëna plaas. Die labia vergroei en twee vetkussinkies ontwikkel wat op die oog af soos die testikels van die mannetjie lyk. Die klitoris vergroot en raak erektiel, met die gevolg dat vroeëre waarnemers geglo het dat die diere hermafrodiete is.

Klein hiënas word deur die klitoris gebore, wat kanse op oorlewing verskraal en die wyfie ernstig kan beseer. By geboorte beskik die klein hiënas nie oor die sterk kake waarvoor volwasse hiënas bekend is nie. Navorsers beweer dat klein hiënas selfs sukkel om hondebeskuitjies te eet. Die wyfie-hiëna sorg nagenoeg 24 maande lank na geboorte vir haar kleintjies, totdat hulle sterk kake ontwikkel het. Hierdie versorgingsperiode is besonder lank vir enige soogdier.

Jurie van den Heever

20. Hoe word interessante rotsformasies soos die sogenaamde Wave Rock in Australië gevorm?

Die interessante Wave Rock-rotsformasie kom 296 kilometer oos van Perth in Australië voor. Dié rots naby Hyden is van graniet en het op so 'n wyse verweer dat dit na 'n reusebrander lyk. Dit is 14 meter hoog en etlike honderde meter lank. Die binnekant van die formasie is holvormig en dit lyk soos 'n brander wat enige oomblik wil breek.

Hoe vorm hierdie tipe erosie in gesteentes soos in die geval van Wave Rock? Een moontlikheid is dat die formasie deur winderosie gevorm is. Dit is egter nie heeltemal korrek nie. Wat 'n mens by Wave Rock sien, is die resultaat van chemiese erosie. Water wat op die oppervlak van die rots val en aan die voorkant afloop, benat die onderste gedeelte van die rots. Sodra water in die prentjie kom, vind chemiese erosie of chemiese verwering plaas, waarvan hidrasie en oksidasie die belangrikste erosie-tipes is.

Met die verloop van jare ondergaan die onderste en middelgedeelte van die vryhang chemiese verwering teen die snelste tempo. Die kenmerkende konkawe vorm kom gevolglik tot stand. Die 14 meter hoë rotswand wat lyk soos 'n reusegolf wat op die punt is om te breek, is 'n indrukwekkende verskynsel. 'n Verskeidenheid strepe en kleure loop teen die rotswand af. Die witgekleurde strepe is karbonate, wat saam met die water uit die omliggende kalkgesteentes afkomstig is en teen die wande neerslaan, terwyl die rooi en bruin kleure ysteroksiede is. 'n Skouspel vind plaas soos wat die lig gedurende die dag verander en die kleure op die rotswand daarvolgens aanpas.

Dieselfde tipe erosie kom in Suid-Afrika in die granietgesteentes tussen Saldanha en Vredenburg voor, maar dit is nie naasteby so indrukwekkend soos dié by Hyden in Wes-Australië nie.

Bennie Schloms

21. Hoe werk die Richter-skaal?

Dit maak nie saak waar in die wêreld 'n aardbewing voorkom nie, die Richter-skaal kan naas ander skale met behulp van seismografiese sentrums ingespan word om die kwantitatiewe rangorde van die inherente grootte of sterkte van 'n aardbewing te bepaal. Die Richter-skaal, wat van 0 tot 10 strek, registreer die intensiteit van aardbewings. Dit is nie 'n gewone liniêre skaal nie, maar 'n logaritmiese skaal, wat beteken dat 'n aardbewing met 'n intensiteit van 5, tien keer so sterk is as 'n aardbewing met 'n intensiteit van 4.

Ligte aardbewings wat minder as 4 op die Richter-skaal registreer, word normaalweg nie deur mense gevoel nie, veral nie as iets hulle aandag op daardie oomblik verg of aftrek nie. Van 5 af begin die mens aardbewings fisies ervaar. Skuddings wat hoër as 6 registreer veroorsaak skade aan geboue, en aardbewings van 7 en 8 veroorsaak groot skade aan geboue en strukture.

Die Richter-skaal is in 1935 deur Charles Richter van die Kaliforniese Instituut vir Tegnologie ontwikkel. Dit is 'n wiskundeberekening wat die groottes van aardbewings met mekaar vergelyk. Die intensiteit ("magnitude") van 'n aardbewing word deur die logaritme van die amplitude van die golwe bepaal, wat deur 'n seismograaf opgeneem word.

Seismograwe kan aardbewings waarneem wat te lig vir mense is om te voel. Tydens 'n aardbewing kring die seismiese golwe van die aardskudding vanaf die bron van die aardbewing uit. Hierdie bron word die episentrum van die aardbewing genoem. Data van die seismiese aktiwiteit word dan met 'n formule verwerk om daaraan 'n waarde op die Richter-skaal te gee.

Die aardbewing wat in 1969 by Tulbagh en Wolseley plaasgevind het, het 6,7 op die Richter-skaal geregistreer. In Maart 2011 het 'n aardbewing in Japan 9 op die skaal geregistreer – die hewigste aardbewing die afgelope 100 jaar. Die rede waarom daar relatief min geboue tydens dié aardbewing verwoes is, is dat die episentrum van die aardbewing sowat 130 kilometer weg van die kus van Japan was, en nie onder die eiland self nie. Die episentrum was by 'n subduksiesone waar die een aardkorsplaattipe, naamlik die oseaniese plaat, onder die kontinentale plaat inbeweeg het. Die beweging van die oseaniese plaat onder die aardkorsplaat in vind nie geleidelik plaas nie, maar met rukbewegings wat die oorsaak van aardbewings is, en terselfdertyd word 'n groot hoeveelheid water deur die oseaniese plaat verplaas. Hierdie miljarde tonne water het weg van die subduksiesone in die rigting van die Japanse kuslyn beweeg. Dit het die tsunami veroorsaak wat enorme skade aangerig het, onder andere aan die kernkragstasie Fukushima Daiichi wat teen die kus geleë is.

Bennie Schloms

---

22. Wie en wat is die Florisbadmens?

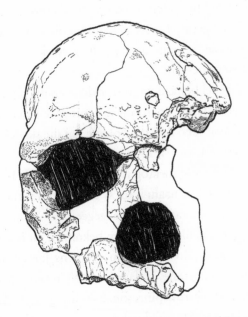

Florisbad is sowat 45 kilometer noordwes van Bloemfontein geleë. Daar is 'n warmwaterbron met baie poele en fonteine in die omgewing. Hierdie plek was reeds in die ossewa-tydperk aan mense bekend vir die helende eienskappe van die water en modder.

Floris Venter, na wie die plek uiteindelik vernoem is, het die gebied bekom en 'n spa begin bedryf. In 1912 het hy die plek en die poele uitgebrei. Kort daarna het 'n aardbewing in Bloemfontein 'n nuwe fontein by die spa laat oopskiet. Terselfdertyd is 'n hele aantal fossiele van oerdiere en versteende klipwerktuie gekry.

Robert Broom, een van Suid-Afrika se beroemde paleontoloë, het in 1913 reeds van die fossiele begin beskryf en aangevoer dat oermense vroeër 'n bestaan in die omgewing gemaak het, en dat daar 'n interaksie tussen oermense en die verskillende diere en plante was.

Professor T.E. Dreyer, destyds van die Grey Universiteitskollege, het die regte verkry om fossiele in die omgewing te soek. Hy en sy assistent, ene mejuffrou Lyle, het daar gewerk, maar die eienaar van Florisbad wou nie van die poele dreineer sodat hulle fossiele kon vind nie, omdat dit sy inkomste sou beperk. Dreyer moes toe voortgaan om in die water na fossiele te soek.

Op 'n dag in 1932 het Dreyer in die water en modder onder in 'n poel gevroetel en iets raakgevat. Toe hy sy hand bo die water lig, het sy vingers deur die oogkasse van 'n oermens se skedel gesteek. Dié vonds staan nou as die Florisbadmens bekend.

Die Florisbadskedel bestaan uit 'n skedeldak en die linkerkantse gedeelte van die gesig. Verskillende anatomiese kenmerke aan die skedel help 'n mens om dit te klassifiseer. Aan die bokant van die skedel waar die regteroog was, is 'n bytmerk van 'n hiëna.

Finansiering vir hierdie soektog is deur kaptein R.F. Helmei verskaf en die skedel se wetenskaplike naam is tot sy eer na hom vernoem. Aanvanklik is die naam *Homo helmei* aan die skedel gegee.

Die staat het uiteindelik die eiendom bekom en dit is aan die Nasionale Museum in Bloemfontein toevertrou. Volgens James Brink, hoof van die Florisbad Navorsingstasie, is daar in 1996 'n ouderdomsbepaling op die skedel gedoen. Elektronspinresonansie het getoon dat dit ongeveer 260 000 jaar oud is. Die Steentydperk word rofweg in 'n vroeë, middel- en laat gedeelte ingedeel. Die vondse by Florisbad dateer uit die Middel-Steentydperk.

In dié tydperk in die mens se geskiedenis het metaalimplemente nog nie bestaan nie. Alle implemente wat uit daardie tydperk dateer, is van klip gemaak. Klippe is teen mekaar gekap om die implemente te vorm. Dit is waarskynlik dat daar veel later ook hout- of bamboesimplemente gebruik kon gewees het.

Vanuit 'n anatomiese oogpunt is die oogbanke van die skedel redelik prominent, wat daarop dui dat dit primitiewer as die moderne mens s'n is. Die voorkop is ook nie vertikaal nie en strek effens skuins na agter. Die kapasiteit van die breinholte is nagenoeg 1 200 cc. Op grond hiervan het sekere paleontoloë die skedel as 'n tipe *Homo heidelbergensis* geklassifiseer. Die *Homo heidelbergensis* is aanvanklik in Duitsland ontdek, en verwante tipes is later ook in Afrika en in Engeland uitgegrawe.

Volgens James Brink moet hierdie vonds eerder as 'n argaïese *Homo sapiens* beskou word. In die genus *Homo* val die mens onder *Homo sapiens*. Daar is egter ouer vorms van *Homo sapiens*, en ná hulle volg die anatomies moderne *Homo sapiens*, wat fisies net soos die moderne mens lyk, maar nie oor die moderne tegnologie beskik het nie. Voorbeelde van hierdie moderner fossiele is onder andere by Klasiesriviermond gevind.

Die skedelwand van die Florisbadmens is dikker as die moderne mens s'n. Die plek waar die kaakspiere op die skedel ontstaan het, is baie prominent. Dit dui op 'n prominente stel kaakspiere, wat weer dui op 'n baie groot en sterk onderkaak. Die tand wat daarmee saam gevind is, dui op oermense wat baie goed kon kou en meestal van rou vleis geleef het. Saam met dié fossiele is heelwat oorblyfsels van ander soogdiere soos seekoeie en waterbokke ontdek. Selfs die letswe, 'n bok wat van Cradock af tot in Sentraal-Afrika voorgekom het, is in die omgewing gevind.

Jurie van den Heever

23. Hoe kry 'n kruipmol met so 'n klein lyfie dit reg om 'n tonnel deur harde grond en plantwortels te stoot?

Daar is twee groot groepe molle wat ondergronds lewe, naamlik die tandmol ("mole rat") en die kruipmol. Tandmolle het vreesaanjaende tande en hulle rig verwoesting in groentetuine aan. Die kruipmol, uitsluitlik 'n insekvreter, is ongeveer 8 sentimeter lank en die diertjie se vel is bedek met blink haartjies wat soos metaal skitter. Hierdie hare is in Europa as voering vir handskoene gebruik.

In die fossielrekord bestaan die kruipmol al 25 miljoen jaar. Niemand kan verklaar in watter stadium diere ondergronds gegaan het nie. Wat oorlewing vir kruipmolle meer uitdagend maak, is die feit dat hulle alleenlopers is wat op hulle eie moet regkom. Dié diertjies gebruik hulle plat kompakte neusies om tonnels onder die grond te maak. Hulle is sterk diere met bonkige, gespierde en wigvormige liggame.

Waar kruipmolle vooruit beur, ontstaan grondhopies. Tuiniers trap gewoonlik die hopies plat. Dit is egter die grootste fout wat 'n mens kan maak, want die mol patrolleer die tonnel en vreet insekte en wurms wat inval, voor die voet op.

Tuiniers het natuurlik 'n probleem met die molle en die hopies grond wat hulle maak. Die tonnels ontsier 'n tuin en slurp al die water op. Kruipmolle veroorsaak inderdaad probleme, maar wanneer iemand eers nader met 'n kruipmol kennis gemaak het, sal daardie persoon groter deernis vir die diertjie hê.

Molle het geen uitwendige oë, ore of 'n stert nie. Hierdie naglewende diertjies grawe twee tipes tonnelstrukture. Die een is 'n spiraaltonnel wat na onder wentel. Hierdie tonnels word nie met die neus uitgestoot nie, maar met die dier se sterk voorpote uitgegrawe. Aan die eindpunt van dié tonnel is 'n kamertjie waar die mol skuil wanneer gevaar dreig. Die tweede tipe tonnel wentel ook af, maar is nie so diep nie. Hierdie tipe tonnel word deur die sindelike diertjie as 'n broeikamer en toilet gebruik. Die toilet is normaalweg diep onder die grond geleë sodat dit nie die mol se posisie aan predatore verklap nie.

Vir 'n lewe onder die grond het 'n mol nie oë of uitwendige ore nodig nie. Hulle temporale bulla of skedel is baie groot, wat hulle baie sensitief vir vibrasies maak.

Ondergronds is die temperatuur baie eweredig. 'n Veldbrand skroei byvoorbeeld die grond tot op 'n diepte van 2 sentimeter, maar dieper ondertoe bly die temperatuur normaal. Molle leef in 'n gespesialiseerde omgewing, want hulle is beskerm teen veldbrande en predatore wat bogronds loop.

Die nadeel vir enkellopende molle is dat hulle blindelings na paarmaats moet soek. Hiervoor is die mol uitsluitlik op reuk en geluide aangewese. Molle het 'n interessante repertorium. Hulle sing soos klein voëltjies, en wanneer 'n mannetjie en 'n wyfie mekaar kan hoor, vind 'n duet onder die grond tussen hulle plaas. Hulle onderskeie tonnels kom dan uiteindelik bymekaar. Ná 'n vreugdevolle, kortstondige ontmoeting kies elkeen weer hulle eie koers. Molle kan waarskynlik baie effektief met behulp van klank en vibrasie kommunikeer aangesien grond 'n goeie geleier van klank – beter nog as lug – is.

'n Kruipmol grawe tonnels van ongeveer 25 meter per dag. Die gesamentlike lengte van tonnels wat gepatrolleer word, is in die omgewing van 250 meter. Indien die tonnels inval of platgetrap word, span die mol 'n ruimtelike geheue van waar die tonnels was, in. Op dié wyse word die tonnels herskep of 'n kortpad na 'n ander tonnel word gegrawe.

Die testis van die mol is abdominaal. Ten tye van hoë vrugbaarheid is dit in 'n skrotum en wanneer dit onaktief is, word dit in die liggaam ingetrek. Molle is endotermies en daarom, afgesien van die grondtemperatuur, hou hulle hul liggaamstemperatuur konstant, en dit verklaar dalk waarom die testis inwendig is.

Mense wat hulle plante teen molle wil beskerm sonder om die diertjies dood te maak, kan kuikensifdraad van sowat 15 sentimeter breed gebruik wanneer bolle geplant word. Die sifdraad word dan ondergronds in 'n randjie om die bedding wat gespit word, gespan. Die molle sal beswaarlik daardeur gaan om by die plant uit te kom.

'n Ander oplossing is om 'n gemeenskap van molwerende plante as 'n buffer tussen die vreetbare gewasse en die buitekant van die tuin te plant. Daar is heelwat getuienis dat "companion plants" soos ons inheemse knoffelplant, *Tulbaghia violacea*, en talle ander plante molle wegkeer.

Kruipmolle is 'n beskermde spesie in die Wes-Kaap en is beperk tot 'n derde van Suider-Afrika.

Watter nut het molle sodat 'n mens hulle eerder moet bewaar as doodmaak? Molle is nie beperk tot hulle tonnels nie. Op 'n stil nag kom hulle uit op die oppervlak en vreet gewone en dopslakke, koringkrieke en miswurms. Die belangrikste nut van kruipmolle is dat hulle die grond belug – weliswaar nie soveel soos tandmolle wat reusehoeveelhede sand omwerk nie. Die Kaapse duinemol werk jaarliks ongeveer 30 metrieke ton om. Die grondvrugbaarheid en gronddeurlugting waartoe hierdie diere bydra, is uiters waardevol.

Dave Pepler

---

24. Hoe kry 'n vlieg dit reg om onderstebo teen 'n plafon te sit?

Baie diere het die vermoë om teen vertikale oppervlakke te loop of selfs onderstebo teen 'n plafon te kan beweeg. Reptiele soos geitjies kan selfs onderstebo teen glas loop. Wanneer ons 'n dier soos 'n geitjie probeer lostrek van 'n oppervlak, moet 'n mens letterlik baie hard trek om hom los te kry. 'n Mens moet baie versigtig wees, want die vel van die diertjie kan maklik afkom.

Ongeveer 60 persent van alle geitjiesoorte het hegkussinkies aan die punte van hul tone, en oor die verloop van geitjie-evolusie het kussinkies herhaaldelik ontwikkel en verlore gegaan. Dit sou verkeerd wees om na hierdie kussinkies as suigkussinkies te verwys, aangesien daar geen verskille in lugdruk by die hegaksie betrokke is nie. Daar word egter gebruik gemaak van sogenaamde Van der Waalskragte. Die hegkussinkies bestaan uit mikroskopiese klein filamente, bekend as setae (enkelvoud: seta), ongeveer 14 000 per vierkante millimeter van die kussingoppervlak. Die punt van elke seta bevat nog 'n verdere 100 tot 1 000 dunner filamentjies, die sogenaamde spatulae (enkelvoud: spatula). Wanneer die hegkussinkie met die substraat kontak maak, ontwikkel daar 'n krag, die sogenaamde Van der Waalskrag, tussen elke spatula en die molekules van die substraat. Alhoewel die krag tussen 'n individuele spatula en die substraat minuskuul is, is die gesamentlike krag tussen al die spatulae en die substraat aansienlik. Omdat die kragte van individuele spatulae so klein is, is dit maklik om die kussinkie weer van die substraat los te maak. Deur die punte van die tone na bo en agter te buig, word die kussinkie se spatulae stelselmatig van voor na agter oor die kussinkie van die substraat af losgemaak. Alhoewel die proses goed gekoördineer is, het dit tog 'n invloed op die spoed waarteen geitjies met hegkussinkies kan beweeg.

Die setae en spatulae in die hegkussinkies op geitjies se tone volg die struktuur van die oppervlak op 'n byna perfekte manier. As 'n geitjie suiers onder die tone sou gehad het, sou dit nie op 'n growwe of oneweredige oppervlak kon vassuig nie.

Insekte soos vlieë en skoenlappers het die vermoë om, wanneer hulle vlieg, skielik te kantel en onderstebo teen 'n plafon te gaan sit. By vlieë werk dit byna dieselfde as by geitjies, behalwe dat die voet van 'n vlieg uit 'n segment en twee kloue bestaan. Tussen die twee kloue is daar 'n vingeragtige struktuur, die empodium. Op die voet van die vlieg is daar fyn haartjies, en die haartjies se basisse skei 'n olieagtige stof af. Dit vorm ook kohesiekragte en klou aan die oppervlak vas. Vlieë kan uitstekend op gladde oppervlakke sit, juis omdat hulle dié vloeistof afskei. Wanneer hulle weer wil vlieg, gebruik die vlieg die empodium om sy voet van die oppervlak weg te druk en vry te wees om te vlieg.

'n Mens sien dikwels klein vliegkolletjies op 'n glasoppervlak en identifiseer dit dan verkeerdelik as vliegmis. Dit is inderdaad nie vliegmis nie. Vlieë neem met hulle monddele – amper soos 'n olifant se slurp, maar baie klam aan die punt – 'n suikerkorrel en gaan sit op 'n gladde oppervlak. Die monddele skei dan 'n vloeistof af wat die suiker laat smelt. Die vlieg verorber dit en wanneer dit wegvlieg, bly die oorblyfsel van die suiker agter. Dit is egter só met bakterieë besmet dat dit verbruin – daarom dat 'n mens dit vir vliegmis aansien.

Le Fras Mouton en Henk Geertsema

25. Wat veroorsaak dat daar 'n besondere groen ronde kol op 'n grasperk is, terwyl die res van die gras nie baie goed lyk nie?

Hierdie groener kolle op 'n grasperk, soms met 'n deursnee van etlike meters, dui gewoonlik op die teenwoordigheid van plantvoedingstowwe. Dit is hoofsaaklik stikstof wat tot dié weliger groei aanleiding gee.

Wat het op daardie kol gebeur wat weliger, groener gras veroorsaak? Daar kan 'n klompie redes wees waarom daar 'n hoër konsentrasie plantvoedingstof op so 'n kol voorkom.

'n Moontlike verklaring is dat daar dalk vroeër 'n ou komposhoop op die ligging van die welige kol was. As gevolg van jare se opeenhoping van kompos wat daar gegooi is, of selfs 'n vullishoop wat daar was, het meer plantvoedingstowwe beskikbaar geraak.

Die groen kol kan ook geleë wees op 'n area waar plantmateriaal voorheen verbrand is. Miskien is die tuin of omgewing ontbos of skoongemaak en van die as het agtergebly, wat 'n hoër inhoud van plantvoedingstof op daardie spesifieke kol sal gee.

'n Derde moontlike verklaring is dat daar dalk lank gelede 'n termietnes was waar die kol groen uitslaan. Termiete dra allerhande organiese materiaal na hulle neste. Met die verloop van selfs honderde jare kon daar gevolglik 'n verhoging in organiese materiaal ontstaan het. Dit kan ook wees dat 'n ou termietnes op die kol gelyk gemaak is toe die huis gebou en die tuin uitgelê is.

Addisionele watervoorsiening as gevolg van 'n lekkende waterpyp onderkant die grasperk kan ook 'n logiese antwoord wees. Die moontlikheid kan getoets word deur te kyk of die grond in die groen kol klammer is as op die omringende gras. Indien dit natter is, is dit waarskynlik te wyte aan 'n ondergrondse lekplek.

Verder kan grondmonsters onderskeidelik in en om die groener kol geneem word vir ontleding in 'n laboratorium. 'n Ontleding sal 'n aanduiding gee van die rede waarom die gras in die groen kol soveel beter groei.

Mense verwys dikwels verkeerdelik na hierdie verskynsel as feetjiesirkels ("fairy rings"). By die verskynsel hier bo gaan dit om kolle op 'n grasperk. Feetjiesirkels kry 'n mens in 'n grasryke area waar daar feitlik geen of min groei aan die binnekant van 'n sirkel plaasvind, terwyl die gras buiteom dié area weliger groei.

In *A Field Guide to Mushrooms in South Africa* (1985) verklaar Hilda Levin dat wat 'n mens by feetjiesirkels sien, eintlik 'n swam is wat op 'n grasperk groei. Namate die swam al hoe groter word, met ander woorde die swamdrade versprei sirkelvormig uit vanaf die sentrale punt, vind 'n mens dat die swamdrade aan die binnekant van die sirkel die organiese materiaal wat daar voorkom, ontbind. Die swam stel dan stikstof beskikbaar aan die swamme wat in 'n sirkelvorm aan die buitekant groei. Hierdie swamdrade raak later so dig dat dit alle ander groei in die middel van die sirkel onderdruk. Die feetjiesirkel is dus 'n swam wat alle groei in die middel van die sirkel inhibeer en die groener sirkel aan die buitekant veroorsaak. Op die groener sirkel aan die buitekant groei daar dikwels selfs sampioene.

Die swamsirkels kan baie groot raak en sommige mense het al gedink dat daar vroeër hutte opgerig was, vandaar die gebrekkige groei aan die binnekant van die sirkel.

In die Marienfluss-vallei in die Namibiese Kaokoveld is waargeneem dat die grondeienskappe in die middel van die sirkel totaal anders is as aan die buitekant. Hierdie verskynsel kan egter nie gekoppel word aan 'n swam wat uitwaarts groei en 'n toksien afskei wat groei in die middel inhibeer nie.

Hoe raak 'n mens van so 'n feetjiesirkel ontslae? 'n Swamdoder behoort te help, maar dit moet verkieslik vroeg, voordat die sirkel te groot raak, aangewend word. Feetjiesirkels is 'n seisoenale verskynsel. As tuiniers nie van die kolle op 'n grasperk hou nie, moet die hele grasperk met 'n swamdoder skoongemaak word. As dit nie pla nie en die sirkel gaan van nature weg, kan dit net so gelaat word.

Bennie Schloms

26. Kan die lastige gejeuk van 'n bytplek van 'n myt afkomstig wees?

'n Persoon wat in die nag deur 'n gogga gebyt of gesteek is, het 'n koevert met drie insekte daarin aan die span van *Hoe verklaar jy dit?* gestuur. Die gejeuk wat op die byte gevolg het, was glo so erg dat die persoon die vel op sy rug stukkend gekrap het. Geen mediese middel het verligting gebring nie.

Volgens die klaer kom die goggas wat hy vermoed hom gebyt het, uit 'n pakkie gedroogde splitertjies wat in Kanada geproduseer is. Al die ertjies in die pakkie het gaatjies in gehad. Die klaer het die pakkie met talle goggas daarin vernietig en hy het die voorraad ertjies by die winkel nagegaan, maar daar is geen besmette pakkies in die winkel gevind nie.

Een van die drie insekte in die koevert is 'n ryskalander (*Sitophilus oryzae*). Sommige van dié spesies is bekend as peste wat voorkom in verpakte of gestoorde voedsel. Dit is nie bekend dat dié kalander ertjies eet nie. Gewoonlik eet hulle graan of rys.

In die koevert is ook 'n nimf van 'n kakkerlak, maar die sleutel tot die gejeuk was die derde insek, die kruideniersmyt (*Acarus siro*).

Wanneer voedselprodukte soos die ertjies in hierdie geval deur insekte beskadig is, dui dit daarop dat die voorraad oud geword het. Enige graankos absorbeer vog, en dit word dan 'n geskikte medium vir swamme om in te ontwikkel. Swamme lok op hulle beurt 'n aantal myte, waarvan die kruideniersmyt gewoonlik een is.

Stofmyte is volop in enige huishouding – in matrasse, meubels, ensovoorts. Daar is selfs spesies wat in die sweetkliertjies op 'n mens se gesig voorkom. Wanneer myte in groot getalle teenwoordig is, kan dit problematies raak. As hulle op 'n mens se vel kom, kan hulle begin byt en 'n sensasie van hipersensitiwiteit veroorsaak. Die kruideniersmyt sal wel byt, maar nie eet nie ("probe feeding"). In die proses okuleer hulle 'n proteïen wat 'n mens se vel laat jeuk en hoe meer jy krap, hoe meer word die proteïen versprei en hoe erger raak die gejeuk.

Apteke hou produkte aan waarop "mytvry" geskryf staan. Dit werk gewoonlik effektief en dit kan op die beddegoed en op die vel gespuit word. 'n Bietjie alkohol of brandspiritus wat op die vel aangewend word, sal ook die myte doodmaak.

Henk Geertsema

---

27. Waarom borrel water as dit kook, en hoekom sal dit langer neem om eiers bo-op Everest te kook as aan die voet van die berg?

Soms voel dit soos 'n ewigheid voordat die water in 'n ketel begin kook, wat 'n mens herinner aan die idioom "A watched pot or kettle never boils."

As 'n mens onderaan 'n ketel op 'n warm stoofplaat raak, voel dit warm en 'n mens kan selfs brand. Terselfdertyd is die water in die ketel nog relatief koud. Hierdie verskynsel hou verband met die vermoë van water om hitte te absorbeer sonder om self te warm te word. Water is 'n uitstekende verkoelmiddel in motors en selfs in verkoelingstelsels by groot kragsentrales.

Dit is algemeen bekend dat groot massas water soos mere en oseane 'n matige invloed op die temperatuur van aanliggende gebiede het. In die somer sal gebiede langs 'n groot watermassa koeler wees, en in die winter aansienlik warmer as dele wat verder geleë is. In woestyne is die dagtemperature geweldig hoog, maar snags koel dit drasties af.

'n Stof word warm wanneer die molekules waaruit dit bestaan, gedwing word om vinnig te beweeg. Dié vinnige beweging word verkry deur hitte toe te voeg. Wanneer hitte tot 'n vloeistof toegevoeg word, sluit die vloeistofmolekules by mekaar aan en swaai vinnig rond, byna soos mense wat by mekaar ingehaak is tydens volksdanse. Die skakels tussen die groepe molekules is redelik sterk, anders sou die stringe molekules maklik opbreek en daardie volume water verlaat. Gevolglik sou die volume van die vloeistof afneem. As vloeistofmolekules nie met sulke sterk skakels verbind was nie, sou dit beteken dat selfs die temperature wat in die Arktiese gebiede voorkom en die water tot bo vriespunt verwarm, ook kon meebring dat die water daar kan "kook" en die waterdamp – wat nie genoeg druk het om borrels te vorm nie – die oppervlak van die water as stoom kan verlaat.

Water is deursigtig en vloei gedurig rond. Wanneer hitte deur 'n stoofplaat toegevoeg word, versprei dit van die bodem af deur die groter volume water. Daarom sal dit 'n tydjie neem voordat die water begin kook.

Die eerste tekens dat die water warm word, is wanneer lugborreltjies stadig na die oppervlak begin styg. Water bevat opgeloste lug en hoe warmer die water is, hoe minder lug kan deur die water geabsorbeer word. Dit verklaar byvoorbeeld ook waarom 'n mens op 'n warm dag sal sien dat visse in 'n visdam effens lusteloos is en naby aan die oppervlak beweeg. Soms lyk dit of hulle na lug bokant die wateroppervlak hap. Dit gebeur wanneer daar minder suurstof in die water beskikbaar is vanweë die hoër temperatuur.

Namate die water warmer word, styg al hoe meer lug na die oppervlak. Die lug begin egter eers borrel as die water kookpunt (100 °C by seevlak) bereik. By kookpunt vorm daar borrels waterdamp in die water wat genoeg druk opbou om die lugdruk aan die bokant binne die ketel te oortref. Daarom begin die water dan styg. Voordat dié punt bereik word, beskik die waterdamp oor te min druk om borrels te vorm, en verlaat die waterdamp die oppervlak van die water as stoom. Die implikasie is dus dat, hoe hoër 'n mens in die atmosfeer opbeweeg (met ander woorde, hoe laer die lugdruk bo jou word), hoe gouer sal water begin kook. Waterborrels sal die lugdruk bokant die wateroppervlak gouer oortref, en dan sal die water begin kook.

As 'n mens op Everest eiers wil kook, sal dit langer duur om hulle hard te kry. Bo-op die berg sal die water by 'n laer temperatuur begin borrel of kook, by ongeveer 70 °C, omdat die lugdruk laer is. Dit sal egter langer neem vir die eiers om by 70 °C hard te word in teenstelling met 100 °C by seevlak.

Piet Eloff

28. As die mens oor 'n tydperk van 80 000 jaar uit *Homo erectus* ontwikkel het, moes daar mos vandag baie meer mense op aarde gewees het?

Daar word beweer dat 'n *Homo erectus*-paartjie oor 'n tydperk van 80 000 jaar teen 'n tempo van 1,00547 per geslag moes groei om 'n bevolking van 6 miljard te bereik. Dit beteken dat elke 1 000 mense 1 005 kinders moes voortbring. Hierdie argument berus daarop dat die bevolkingsgroei baie stadig plaasgevind het vir mense wat niks van gesinsbeplanning en voorbehoedmiddels geweet het nie. Die aanname word gemaak dat mense op gereelde grondslag deur evolusie uitgewis moes gewees het, en dat deskundiges nie weet hoe dit gebeur het nie.

Die aanvanklike vraag is egter nie korrek geformuleer nie. Mense het nie direk uit *Homo erectus* ontwikkel nie. *Homo erectus* het ook nie oor 'n tydperk van 80 000 jaar ontwikkel nie, maar het vanaf 1,9 miljoen jaar gelede tot ongeveer 143 000 jaar gelede bestaan.

Homo erectus was uiteraard nie net een enkele paartjie wat oornag verskyn het nie. Met verloop van tyd het daar 'n groot groep ontstaan wat as *Homo erectus* bekend was. In die algemeen word daar na "bevolkings" verwys. Indien sekere dierebevolkings se getalle daal, is die kanse baie goed dat hulle gaan uitsterf. Die konsep om aan paartjies te dink as een paartjie wat oorsprong gegee het aan alle mense, is nie korrek nie. 'n Mens moet in terme van bevolking en langer periodes dink.

Wat wel waar is, is dat die aantal (oer)mense in ons afstammingslyn relatief min was. Sonder moderne tegnologie en mediese ingryping was die mens aanvanklik nie veel meer nie as 'n organisme wat binne ekosisteme gelewe het en onderhewig was aan die seleksie en die omstandighede wat toe geheers het. Gevolglik het die menslike bevolking nooit baie groot getalle aangeneem nie. In terme van grootte en anatomie is die mens 'n veel groter organisme as die meeste ander diere; dus was die menslike bevolking nooit baie groot nie.

Wanneer oermense in die veld gaan jag het en 'n krapmerk of bytplek opgedoen het, kon hulle baie maklik sterf indien die wond septies sou raak. Dit was nooit so dat die mens vir die grootste gedeelte van sy bestaan geheers het nie. Eers nadat landbou ongeveer 10 000 jaar gelede ontwikkel het en mense in dorpies gevestig geraak het, het die getalle begin toeneem. En ook eers nadat sekere sanitêre gewoontes posgevat het.

Aan die begin van die 19de eeu is seep op groot skaal aktief gebruik en dit het die aantal sterftes direk laat afneem. Die sterftesyfer, die vrugbaarheid van die bevolking – wat saamhang met die aantal jong vroue of jong wyfies in 'n dierebevolking – en die hoeveelheid voedsel wat beskikbaar is, is alles faktore wat meespeel om die aantal mense of diere wat in so 'n bevolking gebore en onderhou kan word, te reguleer.

Tydens die 1850's, toe Charles Darwin geleef het, was sanitasie in die agterbuurte van Londen gebrekkig. Daar was geen behoorlike rioolstelsels nie, en mense het doodgewoon hulle nagvuil in die straat uitgeskiet. Waterpunte is gevolglik besoedel en cholera het dikwels uitgebreek. Toe die sanitasiestelsel verbeter het, het die sterftesyfer drasties afgeneem. Uiteindelik, met die koms van moderne medisyne en die ontwikkeling van antibiotika, het die sterftesyfer nog verder gedaal. Die periodes wat mense siek was, het gevolglik ook gekrimp.

Hierdie faktore het meegebring dat die menslike bevolking geweldig gegroei het. In 1804 was die wêreldbevolking 1 miljard. Dit het 123 jaar geneem, tot 1927, om tot 2 miljard te verdubbel. Daarna, tot in 1987, het dit slegs 60 jaar geneem om meer as te verdubbel tot 5 miljard. Uiteindelik het dit slegs 12 jaar geneem om die laaste miljard mense by die bevolking te voeg.

Lande soos China pas geboortebeperking toe. In Duitsland en Engeland het die bevolking gekrimp sodat dit byna 'n negatiewe groei toon. Die aantal mense op aarde neem egter nie af nie.

Dit help dus nie om van *Homo erectus* alleen te praat nie. Daar moet van die hele spektrum van die mens se evolusie gepraat word soos wat ons dit nou ken. Hierdie spektrum sluit byvoorbeeld die *Sahelanthropus tchadensis* van 7 miljoen jaar gelede in, asook die verskillende spesies wat daarna gevolg het – deur *Australopithecus, Homo erectus, Homo habilis* tot by die mens.

Jurie van den Heever

---

29. Watter proses word gevolg om vegvliegtuie feitlik onsigbaar vir radar te maak?

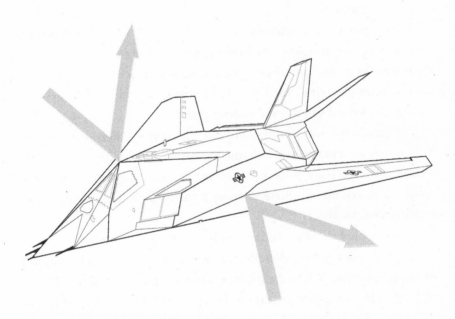

Hierdie onderwerp het breedweg te make met wat in Engels as "stealth technology" beskryf word. In Afrikaans kan dit as radarontduikende teg-nologie omskryf word.

Radartegnologie is veral tydens die Tweede Wêreldoorlog deur die Britte tot 'n hoogs bruikbare metode ontwikkel om vyandelike vliegtuie en skepe se bewegings waar te neem en inligting daaroor te versamel. Die woord "radar" is die afkorting van "radio detecting and ranging", waarvolgens radiogolwe gebruik word om die afstand na, die rigting van beweging en die snelheid van beweging van voorwerpe soos vliegtuie en skepe te bepaal.

Deesdae word 'n horde frekwensiebande vir radars ingespan. Gedurende die Tweede Wêreldoorlog was dit hoofsaaklik in drie tipes frekwensiebande beskikbaar: die hoë, die baie hoë en die ultrahoë frekwensiebande wat onderskeidelik strek van 3–30 MHz, dan 30–300 MHz en uiteindelik 300–1 000 MHz. Dit is bloot arbitrêre indelings om spesifieke tipes tegnologie te kan identifiseer. Golflengtes in hierdie drie frekwensiebande strek in die geval van hoë frekwensie van 10 tot 100 meter, vir baie hoë frekwensie van 1 tot 10 meter en vir die ultrahoë frekwensies van 30 sentimeter tot 1 meter.

Radartegnologie kan radiogolwe uitstuur en dit kan weerkaatste golwe registreer. Uit die inligting wat in weerkaatste golwe opgesluit is, kan 'n mens agterkom wat die afstand na die voorwerp is waarvandaan die weerkaatsing plaasvind, en dan ook inligting aangaande die beweging, rigting en snelheid van daardie voorwerp verkry.

Die tegnologie wat gebruik word om vliegtuig- en skeepsbeweging te monitor, is vir iemand wat radaropsporing wil ontduik ewe belangrik. Twee aspekte speel hier 'n rol: Die een het met vorm of geometrie te make, en die ander een met die mate waartoe 'n spesifieke materiaal radiogolwe weerkaats of absorbeer.

Een van die bekendste radartegnologieprogramme in Amerika is in die 1970's onder groot geheimhouding deur die Amerikaanse lugmag van stapel gestuur, en het uiteindelik tot die vervaardiging van die F117- of Night Hawk-vegvliegtuig en die B2-bomwerper aanleiding gegee. In Augustus 1980 is die voorheen geheime aspekte van dié program vir die eerste keer tydens 'n formele nuuskonferensie belig, beide rondom die geometrie of vorm van hierdie vliegtuie, asook die materiaal wat gebruik word.

Indien radarwaarneming met behulp van die vorm of geometrie van 'n vliegtuig vermy moet word, moet voorsorg getref word dat plat oppervlakke nie aan die rigting waarvandaan die radiogolwe kom, blootgestel word nie. Meer spesifiek, enige plat vlakke wat loodreg op mekaar aansluit, moet vermy word aangesien dit 'n goeie weerkaatser is. Die F117 se stert is byvoorbeeld in 'n V-vorm en daar is geen tradisionele loodregte stertvin op die gewone korter dwarsvlerke nie. In die geval van die B2-bomwerper is daar geen stert nie.

Keuses wat tydens die konstruksie van dié vliegtuie gemaak is, het die aërodinamika in so 'n mate beïnvloed dat die vliegtuie eintlik inherent onstabiel is. Om hierdie rede word die vliegtuie grotendeels deur rekenaars beheer.

Daar bestaan 'n tipe geometrie wat, in plaas daarvan om radiogolwe direk terug te kaats, daarin slaag om radiogolwe te verstrooi. Wanneer piramiedvormige uitsteekseltjies op 'n plat oppervlak aangebring word, soos op die romp van 'n vliegtuig, word dié effek verkry. Verder is verf of epoksi's ontwikkel wat onder andere baie klein ysterkorreltjies bevat sodat dit die radiogolwe absorbeer. Dié balletjies induseer molekulêre ossillasies en dit is eintlik niks anders as 'n omsetting van die elektromagnetiese bewegingsenergie in hitte nie.

Een van die bronne oor die onderwerp verduidelik die effektiwiteit van die B2-bomwerper en die F117 se radarontduiking aan die hand van 'n vergelyking. Volgens dié bron is die oppervlak wat uiteindelik aan radar blootgestel word, so groot soos 'n kolibrie-voëltjie, wat nie eers 'n duim lank is nie.

'n Mens moet ook in gedagte hou dat hierdie vliegtuie self op die gebruik van radar aangewese is vir navigasie en om inligting in te win oor naderende missiele en dies meer. Die enigste keer dat 'n F117 afgeskiet is, was in 1999 in Kosovo. Die vermoede is dat dié vliegtuig deur vyandelike radar opgetel is die oomblik toe 'n luik oopgemaak is om 'n bom neer te laat. 'n Missiel is toe afgevuur en die vliegtuig is neergeskiet.

Op die ou einde bly dit wel onmoontlik om 'n voorwerp totaal en al onsigbaar te maak.

Hendrik Geyer

30. Wat is die lewensiklus van 'n muskiet en kom malaria in Australië voor?

Die duur van die lewensiklus van alle insekte hang van temperatuur af. Omdat die langste ontwikkelingsperiode van die muskiet in water voltrek word, bepaal die temperatuur van water dié insek se lewensiklus.

Nie alle muskiete lê eiers in of op water nie. Sommige muskiete lê hulle eiers op land. Muskieteiers kan maande of selfs jare dormant bly totdat daar 'n vloed kom en die larwes dan uitbroei. Oorstromings veroorsaak nie net allerhande siektes wat met water geassosieer word nie, maar ook siektes wat met insekte geassosieer word, soos malaria.

In tropiese gebiede duur muskiete se lewensiklus ongeveer 10 dae. Volwasse muskiete broei ook in die winter uit, maar as gevolg van die koue toestande word hulle aktiwiteit vertraag en getalle minder. In die lente en die somer is dié insekte op hul aktiefste.

Daar is verskillende afweermiddels vir muskiete beskikbaar. Afgesien van middels wat 'n mens kan aansmeer, is daar elektriese apparate wat onder andere sitronellaolie afskei. Brandspirale kan ook gebruik word – dit sal muskiete verjaag maar nie noodwendig doodmaak nie. Ultrasoniese apparate versteur muskiete se klankpersepsie en laat die insekte aanhou beweeg sodat hulle nie gaan sit nie. Hierdie apparate is nie skadelik vir die mens nie en sal ook spinnekoppe en ander artropodes hinder.

Malaria kom by uitsondering in Australië voor, en dan net in die noordelike tropiese streke. In Nieu-Guinee en Indonesië noord van Australië kom malaria voor.

Muskiete is dikwels spesie-spesifiek en nie almal sal mense aanval of die malariaparasiet, *Plasmodium*, oordra nie. Sekere muskiete leef net van voëls; ander weer net van reptiele of amfibieë soos paddas. In Australië kom selfs muskiete voor wat van visse leef.

Die muskiete van Australië is baie goed bestudeer en interessante lewensgewoontes is onder hulle ontdek. Sekere Australiese muskiete suig byvoorbeeld glad nie bloed nie, want hulle larwes leef van ander muskiete. Op dié wyse kry hulle hul proteïen in.

'n Ander genus in Australië, *Maleia*, se larwes broei in blomme in staande water uit. Die volwassenes word deur miere gevoer, omdat die muskietlarwes tydens hul voeding skynbaar 'n soet stof afskei wat miere aanlok.

Daar bestaan twee soorte malariaparasiete, *Plasmodium vivax* en *Plasmodium falciparum*. Al twee is endemies in Noord-Australië. Malaria breek selde uit; slegs wanneer dit van elders ingebring word. Die hoofdraer van dié siekte is die *Anopheles faranti* wat in Queensland se kusgebiede voorkom.

Henk Geertsema

---

31. Hoekom rys brooddeeg in die yskas?

Deesdae kan 'n mens klaargemengde deeg in 'n winkel koop. Wanneer die deeg oornag in die yskas staan, rys dit. In die ou dae is deeg onder 'n warm kombers toegemaak om te rys. Selfs vandag bedek mense wat pizza of potbrood maak, die deeg onder 'n lap.

Die idee van 'n koel rys- of gisproses bestaan reeds lank. In die 1950's het mense agtergekom dat dit nie nodig is om deeg op 'n warm plek te sit sodat dit kan rys nie, en dat 'n yskas voldoende is.

Al wat gebeur wanneer die deeg in die yskas is, is dat dit baie stadiger rys. Die fermentasieproses waardeur die gisorganismes die suikers en die koolhidrate in die deeg afbreek tot koolsuurgas en water (die koolsuurgas laat die deeg rys), word deur temperatuur beïnvloed. Hoe laer die temperatuur, hoe stadiger is die fermentasieproses. Tog gaan die proses steeds voort. Daarom is deeg wat in 'n yskas rys, heel in pas met die werking van gis.

'n Interessante aspek van die stadige gisproses in die yskas is dat dit nie net gis is wat tot die fermentasieproses bydra nie. Daar is altyd ook bakterieë betrokke. Tydens die fermentasieproses produseer die bakterieë etanol en koolsuurgas, asook organiese sure. Sommige organiese sure is geurstowwe wat die kwaliteit van die deeg verbeter. Bakterieë wat aan die rysproses deelneem, word baie minder deur temperatuur beïnvloed as deur die gis.

Deesdae is dit algemene gebruik om die deeg laataand in die yskas te sit, en dan die volgende oggend daarmee brood te bak. Dié brood smaak blykbaar baie lekkerder as brood wat op die tradisionele manier gemaak is.

Om die koel gisproses 'n hupstoot te gee, kan 'n bietjie meer suiker en 'n bietjie meer gis gebruik word.

Jannie Hofmeyr

---

32. Hoekom praat papegaaie en hoe doen hulle dit?

Een van die bekende praters in die voëlwêreld is die grys Afrika-papegaai. So ook die veelkleurige papegaai van die Amasone, wat dikwels deur troeteldiereienaars ingevoer word. Maar papegaaie is nie die enigste voëls wat praat nie. By parkiete of "budgies" is dit die mannetjie wat makliker praat. Kokketiele kan woorde aanleer en selfs kraaie kan praat.

Die Indiese spreeu of myna wat oorspronklik in KwaZulu-Natal as troeteldiere aangekom het toe Indiese werkers na Suid-Afrika gebring is, kom nou oor die hele land voor. Hulle is 'n algemene gesig in Johannesburg en kan baie goed praat.

Wanneer ons voëls se gedrag op verskillende vlakke bestudeer, kom 'n mens tot die gevolgtrekking dat hulle in die algemeen as instinktiewe diere beskou kan word. Die koekoek is 'n goeie voorbeeld. Hulle lê eiers in ander voëls se neste en dan broei die pleegouers die koekoekkuikens uit en versorg hulle. Die pleegouers herken nie hul eie afstammelinge nie en voer enige kuiken wat in die nes voorkom. Op die Galapagos-eilande bevuil die voëls die gebied om die nes met ghwano (voëlmis) en bou sodoende 'n sirkel of ring om die nes. Alles wat binne die ring is, word gevoer en versorg. As een van die kleintjies deur 'n ander kleintjie uit die nes gestoot word en nie kan terugkom nie, ignoreer die ouers die voëltjie en hy gaan gewoon dood. Wat binne die ring is, word versorg, en wat buite die ring is, word geïgnoreer – 'n goeie voorbeeld van instinktiewe gedrag.

Heelwat voëls in Central Park in New York het al geleer om die luitone van selfone by hul voëlsang in te sluit omdat hulle dié geluide gedurig in hul omgewing hoor.

Voëls het nie stembande nie. Hoe kry hulle dit dan reg om hierdie geluide te maak? Die lugweg (trachea) loop af in die keel en vertak dan Y-vormig in twee pype wat na die longe loop. By die Y-vormige verdeelpunt is 'n struktuur, die sirinks, wat die voëls help om geluide te maak. "Sirinks" is afgelei uit die Griekse woord wat "panfluit" beteken. Verskillende geluide word voortgebring op grond van hoe groot die opening en die lengte van die lugpype is.

By die Y-vormige verdeling is daar 'n kammetjie, byna soos 'n hoenderhaan se kam. Dit is glad, halfmaanvormig en kan beweeg. Rondom die sirinks of stemorgaan is daar spiere wat die grootte van die sirinks kan verander. Die voël blaas lug uit sy longe verby die kammetjie, wat dan begin vibreer. Dit bring luggolwe voort wat verskillende klanke veroorsaak na gelang van die sirinks se vorm en grootte. Wanneer 'n mens 'n pratende voël se bors dophou, val dit op hoe die voël pomp om die geluide uit te kry.

Die mens het 'n ander manier om klank te produseer. In die stemkas, waar die mens se stembande is, kan 'n hele verskeidenheid geluide voortgebring word. Wanneer ons jonk is, is die stemkas redelik hoog op in die keel geposisioneer en kan ons nie lae, diep geluide maak nie. Met puberteit sak die stemkas 'n bietjie af en dan is die volle repertoire van menslike geluide beskikbaar. By primate wat nie kan praat nie maar wat 'n verskeidenheid geluide maak, sak die stemkas nooit laer af in die keel nie.

As tropdiere is papegaaie baie sosiaal en hulle kommunikeer met mekaar. Wanneer 'n mens 'n papegaai aanhou, is die voël uit sy groep geneem. Die mensfamilie word dan die papegaai se sosiale groep. Aangesien ons nie papegaaitaal kan of wil aanleer nie, is die voël se enigste opsie om iets aan te leer om in ons sosiale groep in te pas en te kan kommunikeer. Op hierdie manier leer papegaaie mensetaal aan.

Daar is 'n hele aantal voorskrifte en maniere wat in ag geneem moet word wanneer iemand 'n papegaai wil leer praat. In 1250 het Rumi van Persië reeds riglyne neergelê oor hoe om papegaaie te leer praat. Sy uitgangspunt was dat herhaling die geheim vir sukses is. Hy het 'n spieël voor die papegaai gehou en dan self agter die spieël gestaan en praat. Die papegaai dink dan die beeld in die spieël is 'n ander papegaai wat met hom praat, en uiteindelik begin die voël voor die spieël terugpraat.

Mense word aangeraai om, soos met kinders, brabbeltaal te vermy. Dit is beter om duidelik te praat en dikwels op gegewe tye te herhaal. Die papegaai sal dan met verloop van tyd die woorde begin herhaal, veral as die voël met voedsel beloon word wanneer sekere woorde gesê word.

Nes kinders leer papegaaie vloekwoorde baie maklik aan. Die rede daarvoor is dat vloekwoorde gewoonlik ploffers is – kort, kragtige, harde, gevoelsdraende uitings wat maklik is om aan te leer.

Papegaaie verstaan nie wat hulle sê nie; hulle is instinktiewe diere. Hulle leer die taal aan om in te pas in die mens se sosiale omgewing. Woorde word geuiter om 'n bepaalde effek te hê of om voedsel te kry. Hierdie voëls is anatomies só ingerig dat hulle wel 'n groot verskeidenheid geluide kan maak. Hulle doen dit hoofsaaklik om in 'n nuwe omgewing te kan oorleef.

Jurie van den Heever

---

33. Hoe vind maansverduistering in die dag plaas?

'n Gewone maansverduistering vind in die nag plaas wanneer die aarde tussen die son en die maan inbeweeg en die aarde se skaduwee op die maan val. Dieselfde gebeur as net 'n gedeelte van die aarde se skaduwee op die maan val en die normale halfmaan of sekelmaan sigbaar is.

Wat gebeur as 'n mens helder oordag die son saam met 'n halfmaan sien? Waar kom die skadu op die halfmaan vandaan? Is dit dalk die skaduwee van een van ons planete wat op die maan val, of wat anders kan dit wees?

Wanneer 'n halfmaan, sekelmaan of boggelmaan waargeneem word, is dit nie noodwendig die gevolg van skaduwees wat deur die aarde op die maanoppervlak gegooi word nie. Die aarde wentel om die son en die maan, as satelliet van die aarde, wentel saam met die aarde om die son. Maar tegelykertyd wentel die maan ook om die aarde. In hierdie proses is dele van die maan nie altyd van die aarde af sigbaar nie. Die maan wat sigbaar is, is die lig wat die maan van die son af weerkaats. Daarom sal daar tye wees wanneer die maan om die aarde wentel sodat net die helfte van die maan sigbaar gaan wees. Die maan is dan "in sy kwadratuur". Wat dan gesien word, is nie die skaduwee van die aarde wat die half- of sekelmaan veroorsaak nie.

Maansverduistering kom voor wanneer die maan in die skaduwee van die aarde inbeweeg. Daarvoor moet die aarde tussen die maan en die son wees. Die maan volg ook nie 'n perfekte sirkelbaan nie, maar wel 'n elliptiese baan, en is dus nie altyd ewe ver van die aarde af nie. Soms is dit nader, ander kere is dit verder.

Die maan se elliptiese baan om die aarde is gekantel en lê in 'n vlak wat omtrent 5,15 grade verskil ten opsigte van die vlak van die aarde se baan om die son. As daardie verskil nul was, sou daar elke maand 'n totale sons- en maansverduistering plaasgevind het.

Wanneer die aarde tussen die maan en die son is, gaan die aarde wel 'n skaduwee of umbra op die maan gooi. As die maan egter buite die gebied wat deur die aarde se skaduwee gevorm word, beweeg, sal daar nie 'n maansverduistering wees nie. As die maan egter in die skaduwee inbeweeg, sal 'n maansverduistering plaasvind. Daardie totale maansverduistering duur gewoonlik twee uur. 'n Volle maansverduistering kom egter nie dikwels voor nie en vind gemiddeld een keer in 16 jaar plaas.

Die fases van die maan het dus niks met die skaduwee van die aarde te doen nie. 'n Maansverduistering is iets heeltemal anders en dit wat ons in die dag van die maan sien, is sonlig wat deur die maan weerkaats word.

Piet Eloff

34. Hoe het die seksuele aspek van die mens evolusionêr ontwikkel?

Die mens se seksuele gedrag kan aan die hand van die evolusie verklaar word. Anders as ander soogdiere soos katte en honde wat ongeveer een keer per jaar in estrus kom (op hitte raak), kan koïtus by die mens willekeurig en te eniger tyd plaasvind. Willekeurige koïtus geskied nie altyd met die gedagte om voort te plant nie. Mense het meestal seksuele omgang vir blote plesier, sonder om nageslag te probeer verwek.

By sjimpansees vind ons soortgelyke gedrag. Daar is twee verskillende soorte sjimpansees: die gewone sjimpansee, *Pan troglodytes,* en *Pan paniscus* of die bonobo, ook bekend as die dwergsjimpansee.

Die bonobo se anatomie en seksuele gedrag is baie dieselfde as die mens s'n. By die *Pan troglodytes* is die adolessente wyfies nie seksueel baie aktief nie. Wanneer dié diere in estrus is, is daar uitwendige kenmerke, soos by bobbejane, wat deur die mannetjies raakgesien word. By die bonobo is die adolessente wyfies egter seksueel baie aktief.

Gedurende menstruasie skei wyfiesjimpansees – net soos die mens – 'n eiersel af wat bevrug kan word. Dié sel beweeg van die ovarium deur die fallopiese buis na die uterus. Onder hormonale invloed raak die uterus gereed om die moontlik bevrugte eiersel te ontvang. Indien dit nie gebeur nie, word die weefsel en die wand van die uterus, wat opgehewe raak, weer geabsorbeer en tydens menstruasie saam met die bloed uitgeskei.

Mense en sjimpansees deel die verskynsel van menstruele vloei. As ons na al hierdie verskynsels kyk, is dit duidelik dat die toestand by die mens evolusionêr vanuit die toestand by die dier voortgekom het.

Bonobo's openbaar dieselfde seksuele gedrag as die mens deurdat seksuele toenadering tussen mannetjie en wyfie willekeurig plaasvind. Frans de Waal, primatoloog, beweer dat sjimpansees aggressie gebruik om te paar, terwyl bonobo's paring of informele seks gebruik om aggressie te voorkom. Die wyfiebonobo's domineer die groep en indien daar aggressie in die trop ontwikkel, sal hulle spontaan begin paar en sodoende vrede bring. Wyfies verkeer ook dikwels vrywillig seksueel met mannetjies en lê dan beslag op enige kos wat hulle mag hê. Die hoofsaak is egter dat hulle seksuele gedrag minder instinktief en meer willekeurig in sosiale verband is – soortgelyk aan die meer sosiaal ontwikkelde seksuele gedrag van die mens.

Blykbaar toon dolfyne ook soortgelyke seksuele gedrag. Dolfyne is baie intelligente soogdiere en het, naas die mens, die mees komplekse breine. 'n Wyfiedolfyn kan tussen twee en sewe keer per jaar eierselle afskei wat bevrug kan word. Daarom word hulle as poli-estrus beskryf.

Jurie van den Heever

---

35. Hoekom het skilpaaie so baie bosluise en hoe verloop die lewensiklus van 'n bosluis?

Wanneer bosluise ter sprake kom, dink 'n mens onwillekeurig ook aan myte. Bosluise en myte behoort tot dieselfde groep diere, en die skeiding tussen die twee groepe is byna kunsmatig, maar myte is baie kleiner as bosluise.

Bosluise is een groep van 'n menigte ektoparasiete wat op diere kan voorkom. Daarteenoor kry mens natuurlik ook 'n groot aantal endoparasiete wat weer binne diere voorkom. Baie parasiete is gasheer-spesifiek en kom net op 'n enkele dierspesie voor. Dit is interessant om te kyk hoe die evolusie van die parasiet en die evolusie van die gasheer ooreenstem. Met elke spesiasie-gebeurtenis waar een spesie opbreek in twee, behoort die parasietspesie ook te spesieer en twee spesies te vorm.

Volgens professor Retha Hofmeyr van die UWK, 'n kenner van skilpaaie, het dié diere veral aan die Weskus relatief baie bosluise. Dit lyk of dié verskynsel verband mag hou met die groot aantal soogdiere wat daar in spesifieke areas voorkom, hetsy wild, skape of beeste. Skynbaar kom van dié soogdiere se bosluise ook op die skilpaaie voor. Daar is egter bosluisspesies wat uitsluitlik op skilpaaie gevind word.

Die bekende ploegskaarskilpad of rooipens, *Chersina angulate*, is 'n voorbeeld. Bosluise sit op die skilpad se agterpote waar dit uit die dop kom, maar hulle kan ook in die nate van die skubbe op die skilpad se rug en maag vasheg.

Professor Hofmeyr vertel ook van die argeologiese opgrawings teen die Weskus waarvan die fossiele oor die laaste 10 miljoen jaar dateer. Weten-skaplikes het vir haar versteende afdrukke van skilpaaie gewys en wou weet wat die vreemde merke op die dier se skubbe is. Dit is toe duidelik die merke van bosluise wat tussen die skubbe vasgesuig was.

Groot blou bosluise en die kleiner bruin bosluise word die meeste waargeneem. Wanneer bosluise op 'n dier klim, suig hulle hulleself dik aan die dier se bloed. Dikwels sien 'n mens op 'n hond hoe die bosluis al hoe groter raak en in 'n stadium soos 'n blou ballon lyk voordat dit afval.

Bosluise het 'n moeitevolle lewe. Wanneer die wyfiebosluis vol bloed gesuip is, val sy van die gasheerdier af. Indien sy vroeër gepaar het, word sy nou in die gesig gestaar deur die uitdaging om 'n geskikte plek te vind waar sy haar bevrugte eiers kan gaan lê. Omdat haar pote baie kort is, is sy nie eintlik in staat om met die versadigde liggaam behoorlik te beweeg nie. Sy moet dus in gras val waar sy haar tot onder die plantegroeimat kan inwikkel. Daar lê sy dan gemiddeld 2 000 eiers. Wanneer die eiers uitbroei, klim die larwes, wat drie pare pote het, teen 'n grashalm op. Die pootjies word dan uitgestrek om die vangarea vir 'n verbygaande gasheerdier so groot as moontlik te maak. Maar die grootste gevaar vir die bosluisie is uitdroging; daarom moet die larwes met tussenposes teen die grashalm af grond toe beweeg om in die plantegroeimat weer vog op te tel. Hierdie proses word herhaal totdat 'n gasheer gevind word.

Kry hulle wel 'n gasheer, moet dit die regte een wees, want sommige bosluise het net een bepaalde gasheer in hulle lewensiklus. Ander soorte het twee of selfs drie verskillende gashere in hulle lewens nodig.

Wanneer die bosluis 'n gasheer gevind het en bloed suig, moet dit vervel. Hiervoor moet die bosluis van die gasheerdier afval en beland dit hopelik in die regte omgewing sodat uitdroging vermy kan word. Hierdie proses vind twee of drie keer plaas. As paringstyd aanbreek, moet die mannetjie die wyfie op die gasheer gaan opsoek.

Of dit sal help om bosluise van 'n dier af te trek, is nie seker nie. Ná drie of vier dae sal die bosluise net weer op 'n ander dier gevind word, afhangende van die bosluisbevolking in die area. Siek en swak diere huisves meer bosluise as gesonder diere. Om bosluise van 'n dier af te trek, is in elk geval nie ideaal nie, want die bosluise het 'n hipostoom, 'n soort tong met hakies wat terugwys. Die hipostoom dring die gasheerdier se vel binne en as 'n mens die luis aftrek, bly die hipostoom in die vel agter. Dit veroorsaak verswering. 'n Bosluis sal egter onmiddellik afval wanneer 'n bietjie etielasetaat aangesmeer word.

Daar is ook middele in pilvorm (fention) beskikbaar om bosluise van diere weg te hou. Enige insekmiddels is egter baie giftig vir koudbloedige diere soos skilpaaie. Die basis waarop middels wat help om bosluise van katte weg te hou, werk, is dat dit deur die gasheerdier se liggaamsvet geabsorbeer word. Enige vlooi of bosluis wat deur die vel van die dier byt om by die bloedvaatjies uit te kom, kry dan te doen met 'n gekontamineerde vetlaag.

Een van die algemeenste bosluise wat die mens aanval, is die tampan of hoenderbosluis. Tydens die Grensoorlog in die noorde van Namibië en in Angola, is Suid-Afrikaanse soldate lastig geval deur tampans. Dié bosluise reageer op die koolsuurgas wat deur die mens afgegee word.

Wanneer wetenskaplikes opnames oor bosluise doen, begrawe hulle gewoonlik leë koeldrankblikkies waarin droë ys (bevrore koolsuurgas) gegooi is, met die oop kant na bo. 'n Dag later sal die blikkies vol bosluise wees. Op dié manier kan vasgestel word hoe groot die bosluisbevolking in 'n spesifieke omgewing is.

Tampans is die enigste bosluis wat besonder klein is. Die bontpootbosluise in Namakwaland is bekend daarvoor dat hulle baie vinnig kan hardloop. Dié vinnige bosluis dra Kongokoors oor en kom veral op hase voor.

Le Fras Mouton, Henk Geertsema en Dave Pepler

36. Hoe bepaal 'n mens of oënskynlike oerspore eg is?

Groot donker rotse is volop in die omgewing van Piedras Negras in Angola. Die naam van die dorp – soos die gelyknamige stad in Meksiko – beteken "swart klippe". Versteende spore, wat na mensespore lyk, is in die rotse waargeneem. Is dit werklik mensespore? Het oermense werklik daar geloop? Is die spore deur iets anders as mense gemaak? Of is dit bloot artefakte wat in die rotse versteen geraak het?

Oor die hele wêreld heen het mense nog altyd die gewoonte gehad om allerhande dinge en patrone op klippe uit te beitel. In Suid-Afrika is die San-tekeninge en -gravures tipiese voorbeelde. By Glen Rose in Texas het inwoners gedurende die laat 1920's en die vroeë 1930's reuse-mensespore in die kalksteen gebeitel en dit verkoop. Hulle oogmerk was om by die Bybelse verwysing aan te sluit dat reuse die aarde eens bewandel het.

Naby die Aswandam in Egipte was daar vroeër jare 'n fort, Qasr Ibrim, wat later in 'n kerk omskep is. Pelgrims het reise daarheen onderneem en hul voetspore op die klippe geteken of gebeitel as bewys van hulle pelgrimstog. Dit is maklik om te sien dat hierdie "voetspore", soos dié by Glen Rose in Texas, iets is wat deur mense gemaak is.

Ook die Amerikaanse Indiane het die gebruik gehad om verskillende tekens, onder andere voetspore, op klip te beitel.

Die oudste voetspore, en van die bekendstes in die paleontologie, is die spore by Laetoli in Tanzanië. Met behulp van rekenaars en lasers is dié spore deeglik geanaliseer. Dit is baie duidelik dat hulle nie gemaak of gebeitel is nie. Primate of oermense het in sagte vulkaniese modder getrap en die spore gevorm.

Meer onlangs is werklike voetspore wat 120 000 jaar oud is, by Nahoon in Oos-Londen ontdek. Naby Saldanha aan die Weskus is spore van min of meer dieselfde ouderdom. Francis Thackeray van die Universiteit van die Witwatersrand het 'n artikel gepubliseer waarin 'n stel van 70 voetspore wat in Namibië ontdek is, geanaliseer is. Dit kom suid van Walvisbaai voor in die droë vloedvlaktes van die Kuiseb-delta. Thackeray vermoed dat dié voetspore jonger as 120 000 jaar is. Hulle is volgens dieselfde tegnieke en lasermetodes geanaliseer as dié in Tanzanië, en dit is as werklike mensespore bevestig.

Spore van Karoo-fossiele is volop op die plaas Gansfontein naby Fraserburg. Doktor Billy de Klerk van die Albany Museum het 'n enorme aantal spore van groot plantetende Karoo-fossiele anderkant Graaff-Reinet gekry.

Die spore van Piedras Negras is waarskynlik nie deur mense getrap nie, want dit kom nie ooreen met die spesifieke vorm wat 'n mensespoor laat nie. 'n Mens trap eerste met die voet se hak, dan verskuif die gewig na die buitekant van die voet sodat die middel-linkerkantse gedeelte (van 'n regtervoet) nie eintlik 'n afdruk maak nie. Daarná verskuif die gewig na die bal van die voet voordat daar met die groottoon weggestoot word.

Op 'n foto van die Piedras Negras-voetspore is dit duidelik dat die spore gebeitel is, want die diepte van die spoor is deurgaans dieselfde. Die gedeelte waar die bal van die voet moet wees, is besonder breed, wat toon dat dit nie 'n mensespoor is nie. Daar is ook nie 'n stapgang nie, want normaalweg as iemand loop, volg die spore op 'n spesifieke afstand van mekaar. Na die sykante toe lê dit gewoonlik ook 'n spesifieke afstand van mekaar. In hierdie geval is daar nie 'n stapgang in die spore te bespeur nie. By vyf of ses spore is die tone boonop almal ewe groot en gelyk aan die voorkant.

Jurie van den Heever

---

37. Hoe is dit moontlik dat die fossiel-menshare van ongeveer 200 000 jaar oud, wat by die Wieg van die Mensdom gevind is, so lank behoue kon bly?

Voordat die gefossileerde menshare in die Gladysvale-grot in die Wieg van die Mensdom in Gauteng ontdek is, was die vorige vonds van die oudste menshare wat nog ooit gekry is, in Chili. Die Chileense mummie wat in die tyd van die Chinchorro-kultuur gesterf het, is ongeveer 6 000 jaar oud. Hierdie bevolking het hul dooies almal in mummies verander, maar nie soos wat die Egiptenare dit gedoen het nie. In die Chinchorro-kultuur is die oorledene se liggaam heeltemal oopgesny en die arms verwyder voordat dit gepreserveer en die liggaamsdele dan weer aanmekaargeheg is.

Die hare wat by die Gladysvale-grot gekry is, is ongeveer 200 000 jaar oud en is in versteende hiënamis gevind. Versteende mis staan bekend as koproliete. "Kopros" kom uit die Grieks wat "mis" beteken, en "lithos" beteken "klip". Dié hare kon deur wetenskaplikes geanaliseer word.

Hoe weet die wetenskaplikes dat dit hiënamis, en spesifiek dié van 'n bruin hiëna, was? Hiënas se mis is baie maklik herkenbaar. As 'n mens na die mis van plaasdiere of wild kyk, kan 'n kenner dikwels die boksoort bloot op grond van die soort mis identifiseer. Net so is die bruin hiëna se mis maklik herkenbaar vanweë die samestelling van die mis wat eiesoortig aan hiënas is – selfs in versteende vorm.

Die bruin hiëna figureer in menige Afrika-kultuur as 'n snaakse soort dier. Hiënas is aasvreters en grawe dikwels vlak grafte oop om die oorskot van gestorwenes te eet. Dit is dus nie vergesog om te aanvaar dat die oermense wie se oorblyfsels in die Wieg van die Mensdom gevind is, deur hiënas gevreet is nie. Die oermense is beslis nie gejag nie; die hiënas het waarskynlik op hulle lyke afgekom nadat hulle alleen in die veld gesterf het.

Die geluid wat 'n hiëna maak, word dikwels as 'n "gelag" beskryf. In sommige Afrika-kulture word geglo dat hiënas 'n mensestem kan namaak en sodoende mense as prooi kan naderroep.

Maar hoe het die menslike hare deur die hiëna se spysverteringskanaal gegaan sonder dat dit verteer is? Omdat hiënas letterlik alles vreet – bene, vel en hare – is daar soveel kalsium in die spysverteringskanaal teenwoordig dat dit die preservering van iets soos hare kan bevorder.

Hiënas gebruik gewoonlik 'n spesifieke area as toilet. Sommige mense beweer dat 'n individuele hiëna sy eie toilet het waarheen hy sy lewe lank gaan. In hierdie geval was die toilet in een van die dolomietgrotte in die Wieg van die Mensdom. Wanneer water deur so 'n grot perkoleer, los die kalksteen op en word druipsteen gevorm. Hierdie toestande, saam met die kalsium in die hiënamis, bevorder die preservering van hare in die koproliete.

Daar is ongeveer 40 hare uit die Gladysvale-koproliete gehaal. Navorsers kon geen proteïene in die hare kry nie en kon gevolglik geen DNS-toetse uitvoer nie. Die hare is wel met 'n elektronmikroskoop ondersoek en wetenskaplikes het vasgestel dat die morfologiese struktuur daarvan dié van menshare is. Hulle kan egter nie sê wat die oorspronklike kleur van die hare was nie en of dit reguit of golwende hare was nie.

Die belangrike is egter dat daar menshare ontdek is en dat die anatomie daarvan waarskynlik herlei kan word na die *Homo heidelbergensis* of selfs die primitiewe *Homo sapiens*, wat as anatomies moderne mense bekendstaan. Van hierdie spesies het gelyktydig in die Wieg van die Mensdom bestaan, maar met die data wat wetenskaplikes op die oomblik het, is dit nie moontlik om tussen hulle te onderskei nie. Een navorser beweer selfs daar bestaan 'n skrale moontlikheid dat die hare afkomstig van 'n derde mensespesie in daardie gebied kon voorkom.

Jurie van den Heever

38. Moet 'n mens kalkklippe in 'n reënwatertenk sit om die kalsiuminhoud van die water te verhoog?

Reënwater is baie suiwer en bevat min minerale. Kalsium is baie belangrik vir beenvorming en help met probleme waarmee veral ouer mense te kampe kry, byvoorbeeld osteoporose.

Om kalkklippe in 'n watertenk te voeg sodat die kalsiuminhoud kan verhoog, is miskien ietwat drasties en vereis boonop harde arbeid. Benodig 'n mens werklik 'n kalsiumaanvulling in water wat 'n mens elke dag drink? 'n Moderne Westerse dieet waar volop suiwelprodukte, groente en vrugte ingeneem word, voorsien meer as genoeg kalsium vir 'n normale dieet. Indien 'n kalsiumaanvulling benodig word, kan 'n mens gewoon een of twee teensuurtablette per dag neem. Dit behoort heeltemal in enige mens se behoefte te voorsien.

Die oplosbaarheid van kalksteen in water is relatief beperk. Dit is ook te betwyfel of dit 'n groot impak sal maak op die kalsiuminhoud van die reënwater in die tenk. Mense wat naby die see woon, kry die seesproei wat landwaarts trek en dit beland onder andere op die dakke van huise. Van die soute en minerale in die seesproei beland in die opvangtenk. Reënwater wat naby die see opgevang word, is nie heeltemal suiwer nie – dit bevat heelwat minerale en kalsiumsoute wat die mens benodig.

Bennie Schloms

39. Wat is die verskil tussen mis en wolke?

Mis word gedefinieer as 'n wolk waarvan die basis óf aan die aardoppervlak raak óf baie naby daaraan is. Fisies is daar dus geen verskil tussen wolke en mis nie; hulle voorkoms en struktuur is presies dieselfde.

Wat is dan die verskil tussen wolke en mis? Die wesenlike verskil lê in die manier waarop dit gevorm word, asook die plek waar dit ontstaan.

Wolke is die resultaat van lug wat styg en adiabaties (wat plaasvind sonder om hitte op te neem of af te gee) afkoel. Mis kan op twee maniere vorm – óf deur afkoeling (nie adiabatiese afkoeling nie, anders sou die lug styg) óf deur die toevoeging van vog. Hierdie afkoelingsproses vind plaas as gevolg van geleiding, met ander woorde die koel vogtige luglaag wat aan die aardoppervlak raak, word deur die koue oppervlak afgekoel. As dit genoeg afgekoel word en die lug raak versadig of selfs oorversadig, sal kondensasie plaasvind en 'n lae wolk (mis) sal vorm.

Mis wat deur afkoeling veroorsaak word, kom in 'n paar vorme voor. Stralingsmis is 'n nagverskynsel en ontstaan wanneer die aardoppervlak in die aand vinnig afkoel en die lug wat daarmee in aanraking kom, deur geleiding afkoel tot op die punt waar kondensasie plaasvind. Dit is die tipiese mis wat 'n mens in die Suid-Kaap in die Rûensveld naby Swellendam sien. Hierdie miswolke hou in lae gebiede omdat koue lug afdreineer die vlaktes in.

Adveksiemis kom byna daagliks aan die Weskus voor. Dit is warm vogtige lug wat horisontaal oor die koue Benguela-opwellingsisteem beweeg. Wanneer die warm vogtige lug afkoel, vorm 'n baie diep misbank wat tot 600 meter dik kan wees.

Die enigste soort mis wat wel deur adiabatiese afkoeling gevorm word, is hellingmis ("upslope fog"). Dit gebeur in 'n groot area wat teen 'n geleidelike helling lê. Die lug beweeg geleidelik en stadig teen die helling op. Terwyl die lug opbeweeg, sal dit (adiabaties) afkoel en die hellingmis word dan teen die aardoppervlak gevorm.

'n Mens kry twee soorte mis wat deur die toevoeging van vog gevorm word. Die eerste, stoommis, word gevorm wanneer koue vogtige lug oor damme beweeg of afdreineer in leegtes of valleie in. Wanneer vog uit die warmer water in die vallei of laagte die koue lug in verdamp, raak die lug versadig en oorversadig. Stoom vorm bokant die dam of die water onder in die vallei. Hierdie tipe mis is nie baie dig nie en dit verdwyn ná 'n paar meter omdat die waterdruppeltjies wat gevorm is, eenvoudig in die droër lug wat hoër op geleë is, verdamp.

Laastens kry 'n mens frontale mis wanneer dit reën en daar is relatief koue lug naby die aardoppervlak. Die reëndruppels val deur die koue lug en verdamping vind plaas, met ander woorde, vog word by die koue lug gevoeg. Dit bereik dan 'n punt waar die lug oorversadig raak en 'n mis-laag naby die aardoppervlak vorm.

Piet Eloff

---

40. Hoekom kry 'n walvis nie borrelsiekte soos die mens wanneer dit diep duik nie? Is dit die gevolg van evolusie?

Wanneer mense met 'n duiklong diep onder die water duik, is die druk so hoog dat stikstof in 'n mens se bloed oplos. As duikers te vinnig na die oppervlak terugkeer, word die stikstof te vinnig vrygestel en vorm dit bor-reltjies in die bloed. Dit kan besonder pynlik wees en in sommige gevalle verminking en selfs dood veroorsaak.

Dit gebeur nie by walvisse nie. Hulle het baie groter en baie meer rooibloedselle as ander werweldiere, en hulle spiere bevat 'n pigment, mioglobien. Mioglobien kom in alle soogdiere se bloed voor en die funksie daarvan is om suurstof te bind. Walvisse het egter tien maal meer mio-globien as landwerweldiere.

Wanneer 'n walvis duik, neem die hartslag af sodat daar minder suurstof na die hart en ander organe hoef te gaan, en meer na die spiere. Spiere werk met suurstof en wanneer harde oefening plaasvind, bou afvalstowwe, sarkomelksuur, in die spiere op. Dit is pynlik om daarvan ontslae te raak, en verklaar hoekom 'n mens se spiere seer is die dag ná 'n harde oefensessie. Walvisse het 'n baie groter toleransie vir die opbou van sarkomelksuur en kan dus sonder ongemak diep onder die water duik. Wanneer hulle duik, vou hul ribbekaste plat. Die ribbekas druk die longe plat en forseer die lug uit sodat die bietjie oorblywende lug in die lugweë (die trachea en bronchi) beland. Op dié punt kan die stikstof nie uitbeweeg en in die bloedstroom beland nie, en daarom kry walvisse nie borrelsiekte nie.

Jurie van den Heever

---

41. Waarom brand die son nie uit nie?

Die slegte nuus is dat die son wel besig is om uit te brand. Dit is soos 'n vuur, en as 'n mens die vuur nie aanhoudend stook nie, sal die vlamme die een of ander tyd doodgaan.

Hierdie vuurbal brand nou al onophoudelik vir 5 000 miljoen jaar. Die aarde onderskep net 'n deeltjie van die sonenergie wat uitgestraal word; die res van die hitte en lig straal by die aarde verby en verdwyn verder die ruimte in.

Die son bestaan uit verskeie elemente: 75 persent waterstof, 25 persent helium en ook kleiner hoeveelhede suurstof, koolstof, neon, stikstof, magnesium, yster en silikon. Waterstof in die son se kern is met soveel krag saamgepers dat 'n kernreaksie plaasgevind het. In dié reusehoogoond is die waterstof deur kernfusie in helium omskep – 'n reaksie soortgelyk aan wat in 'n waterstofbom plaasvind.

Aan die een kant is die son besig om brandstof te verbrand, maar deur die kernfusie is dit tegelyk besig om nuwe brandstof te skep. Die son hou hom dus self aan die gang.

Lig en hitte wat die aarde vandag bereik, is miljoene jare gelede in die son se kern geproduseer. Alhoewel die son uit relatief ligte gasse bestaan, weeg dit ongeveer 300 000 keer swaarder as die aarde self. In die tussentyd verloor die son 4 miljoen ton materie elke sekonde.

Wetenskaplikes bereken dat die son genoeg waterstof het om die vuur vir nog 5 000 miljoen jaar te laat brand. Voordat hierdie groot vuur uitgedoof word, sal daar 'n paar veranderinge plaasvind. Die son sal 'n sogenaamde rooi reus word. Sterrekundiges meen die son sal opblaas tot 100 keer die huidige grootte.

Die feit dat die son al hoe groter gaan word soos dit massa en energie verloor, is toe te skryf aan die swaartekrag wat al hoe minder in die son gaan word. Swaartekrag hou alles – die gasse van die son – bymekaar. Soos wat die swaartekrag afneem, sal die son al hoe groter word.

Sterrekundiges bereken dat die naaste planete aan die son – Mercurius, en dan Venus – eerste verswelg sal word. Dan sal die aarde se atmosfeer, wat die mens tans teen baie van die son se skadelike strale beskerm, verdwyn. Oseane sal begin kook en die water sal eenvoudig in stoom verander. Sonder die afkoelmeganismes waaroor die aarde tans beskik, sal die planeet in 'n bal vuur verander. Mars sal die volgende wees wat disintegreer.

Indien die son vandag of môre skielik ophou skyn, sal dit ongeveer 'n miljoen jaar duur voordat die aardoppervlak sodanig afkoel dat dit onuithoudbaar vir die mens word.

Piet Eloff

---

42. Kan vlekvrye staal help om slaai vars en bros te hou?

Die opvatting bestaan dat 'n voorwerp van vlekvrye staal enige blaargroente, byvoorbeeld kropslaai of spinasie, bros hou as dit saam met die groente of slaai in 'n houer gebêre word. Blykbaar word verlepte groente en slaai ook weer bros as dit saam met vlekvrye staal in koue water gesit word.

Dit klink of hierdie opmerkings as feite aangebied word, maar dit is onduidelik wat die bron van die bewerings is. Moontlik het die persoon wat die bewerings maak in die kombuis geëksperimenteer. 'n Baie eenvoudige eksperiment sou wees om byvoorbeeld 'n verlepte blaarslaai in koue water te sit, en dan dieselfde monster weer in 'n ander houer koue water met vlekvrye staal. Dan kan 'n mens sien of enige noemenswaardige effek deur die vlekvrye staal veroorsaak word. *Hoe verklaar jy dit?* het hierdie eksperiment self gedoen en gevind dat geen noemenswaardige effek waarneembaar is nie.

Tog is dit 'n interessante vraag, want dit laat 'n mens wonder wat nou eintlik veroorsaak dat blaargroente lekker vars en bros onder die tand is.

Plantselle verskil van menslike en dierlike selle deurdat hulle – buiten die selmembraan, wat net 'n tipe olielagie om die sel is – 'n rigiede selwand het wat uit verskillende soorte polisakkariede (suikers wat aan mekaar verbind is om 'n ketting te vorm) gemaak is. Alhoewel die selwande rigied is, is hulle buigbaar.

As die plantsel in 'n waterryke omgewing voorkom, suig dit water deur osmose na binne. Daar is 'n gedeelte van die plantsel wat as die vakuool bekendstaan. Die vakuool swel uit en druk dan die sitoplasma – die gedeelte rondom die vakuool – teen die selmembraan en dan teen die selwand vas, sodat die hele sel uitswel. Hierdie waterdruk van binne die sel staan bekend as turgordruk. Dit veroorsaak dat die bultende selle 'n stabiele struktuur aan die plantmateriaal gee sodat dit vol, ferm en bros voorkom. Die turgordruk kan 50 maal hoër wees as die omliggende atmosferiese druk.

As daar te min water is, verloor die plantsel vog en die druk val. Die gemeenskaplike ondersteunende strukture wat die plantselle op mekaar uitoefen, verdwyn. Op dié wyse word die plantselle pap en die plantweefsel verlep.

Aan die een kant is dit waterdruk wat 'n baie besliste effek op plantselle se eienskappe het. Temperatuur is 'n ander baie belangrike faktor. Yskoue water sorg dat die selwand stywer word sodat, as die plant onder druk breek, dit bros voorkom.

Nou is die vraag of vlekvrye staal binne die water waarin plantmateriaal voorkom, sal veroorsaak dat die turgordruk beter in stand gehou word.

Die enigste moontlike manier waarop vlekvrye staal 'n effek op die turgordruk kan hê, is wanneer dit iets in die water vrystel. Al wat vlekvrye staal kan vrystel, is metaalione (gelaaide metaalatome). Dit sal dan slegs in die water voorkom, want vlekvrye staal stel niks in lug vry nie.

Dit is ook waar dat vlekvrye staal nie eintlik veel ione in water afgee nie. Wat dit nog meer onwaarskynlik maak dat dit 'n effek kan hê, is dat die enigste soort chemiese reaksie waarby metaalione betrokke is, oksidasie-reduksiereaksies is. Dit sien 'n mens byvoorbeeld wanneer die slaai gesny word met 'n gewone metaalmes – nie 'n vlekvryestaalmes nie – en verbruining baie gou daarna volg. Verbruining vind plaas as gevolg van oksidasie-reduksieprosesse wat in die plantmateriaal (slaai) voorkom. Dit is gewoonlik fenoliese verbindings wat bruingekleurde polimere vorm.

Metale kan beslis 'n effek op plante hê, maar die idee dat dit enigsins die turgordruk in 'n plantsel in stand kan hou, is hoogs onwaarskynlik.

Al wat 'n mens met verlepte slaaiblare hoef te doen, is om dit vir 'n halfuur in yskoue water te sit en die slaaiblare sal weer van voor af vars wees. Wanneer 'n mens dit wil stoor, interessant genoeg, moet jy die slaai-blare droogmaak. Nadat die slaai in koue water gewas is, kan 'n slaaidroër ("salad spinner") gebruik word om van die water ontslae te raak. Draai die slaai dan in kombuishanddoekpapier toe en verseël dit in 'n plastieksakkie waaruit al die lug gedruk is – dan kan dit letterlik vir weke in die yskas vars bly.

Jannie Hofmeyr

43. Wanneer begin slange hiberneer?

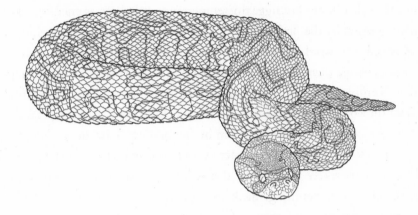

Inwoners wat teen die noordelike beboste hang van die berg in Jonkers-hoek naby Stellenbosch woon, vertel hoe hulle op 'n keer drie pofadders in die lang oprit na hul huis aangetref het. Wat ongewoon van dié ontdekking was, was dat dit in Mei was, toe die dae en nagte reeds koud was. Gedurende die warm somermaande het hulle nooit enige slange gewaar nie, hoewel dit slangwêreld is. Die vraag is nou of die slange nie alreeds in Mei moes begin het om te hiberneer nie?

Baie wanopvattings bestaan oor die term "hiberneer". Die term ver-wys in werklikheid slegs na endoterme (warmbloediges), dit wil sê na soogdiere en voëls. Hibernasie is die proses waarvolgens hierdie diere hul metabolisme in die winter verlaag, maar dit kan ook in die somer gebeur. Die term verwys dus nie noodwendig na die winter nie, maar na enige tydperk wanneer voedselbeskikbaarheid laag is en metabolisme verlaag word om te oorleef. Warmbloedige diere gebruik tot 90 persent van die energie wat hulle uit hul voedsel verkry om 'n konstante liggaamstempera-tuur te handhaaf. Wanneer dit baie koud word en daar te min voedsel is, kan sommige warmbloediges egter probleme ondervind om 'n hoë liggaams-temperatuur te handhaaf. Baie spesies het dus die vermoë om hul metabo-lisme vir 'n tydperk af te skaal, gepaardgaande met onaktiwiteit, 'n daling in liggaamstemperatuur, 'n daling in hartkloptempo en vlakker asemhaling

– alles om energie te spaar. Estivering ("estivation") is ook 'n vorm van hibernasie. Dit vind egter nie in die winter plaas nie, maar wel in die somer wanneer probleme met energievoorsiening ervaar word.

By koudbloediges (ektoterme) soos reptiele en paddas, wat uitwendige bronne gebruik om hul liggaamstemperatuur te beheer, is energie of kos nie noodwendig die probleem nie, maar wel die omgewingstemperatuur. Soos genoem, word die term "hiberneer" slegs gebruik wanneer daar na warmbloedige diere, dit wil sê soogdiere en voëls, verwys word. Vir reptiele, amfibieë en visse is "brumasie" die korrekte term om te gebruik, maar dit word egter nie dikwels gebruik nie. Daar word eerder gepraat van diere wat oorwinter of oorsomer om in die spesifieke seisoene te oorleef.

Dié tipe rusperiode kom nie net by diere voor nie, maar ook by plante, bakterieë en sekere virusse. By al hierdie organismes word daar in die lewensiklus voorsiening gemaak vir tydperke wanneer probleme ervaar word in terme van omgewingsfaktore, wat vereis dat ontwikkeling of aktiwiteit afneem of tydelik tot stilstand kom. Daar is baie min voëls wat hiberneer, slegs een of twee spesies. Baie ervaar wel 'n toestand waarin daar op 'n daaglikse basis 'n afname in fisiologiese aktiwiteit plaasvind. Dié toestand is bekend as "torpor" en kom in die aande voor wanneer die voëls deur dieselfde prosesse as tydens hibernasie gaan om hul energiebehoeftes en metabolisme te verlaag. Torpor verwys na kort periodes van rus, en hibernasie na langer, aaneenlopende tydperke.

Klein soogdiere, veral knaagdiere, ervaar dikwels probleme omdat hulle oppervlak-tot-volume-verhouding nie gunstig is nie en hulle baie hitte oor die vel verloor. Hulle moet dus baie eet om hul liggaamstemperatuur konstant te kan hou, want hulle verloor hitte baie vinnig.

By reptiele is die teenoorgestelde waar. Groter reptiele kry in die winter swaar omdat hulle op koue dae nie vinnig genoeg kan opwarm om aktief te kan wees nie. Kleiner individue het in hierdie opsig minder probleme. Kleiner akkedisse en slange kan verder ook in vlak klipskeure en onder klein klippe skuil, waar hulle vinnig kan opwarm as die son op die klippe of skeure skyn. Groter individue skuil in dieper skeure of onder groter klippe waar die temperatuur langer koud sal bly. 'n Mens sien dus dikwels op 'n mooi wintersdag dat klein akkedissies (en slange) aktief is, terwyl groter soorte onaktief bly.

Dit is nie 'n uitgemaakte saak dat reptiele in Suid-Afrika werklik oorwinter nie. Dit hang van omgewing tot omgewing af en van spesie tot spesie. Op 'n warmer dag in die winter, in sekere toestande, sal groot slange byvoorbeeld aktief kan raak. Slangvangers of herpetoloë vang egter graag in die winter slange omdat daar dikwels 10 tot 12 slange van verskillende spesies saam onder een klip mag skuil, wat tog daarop dui dat hierdie slange vir lang periodes onaktief mag wees.

Gedurende Mei is dit in die Wes-Kaap bedags nog relatief warm en slange hoef nie noodwendig al met oorwintering te begin het nie. Die drie pofadders in die oprit van die Jonkershoek-woning dui nie op 'n skielike verhoging in aktiwiteit by die pofadders nie. Slange kom dikwels op koue aande na 'n teerpad omdat teer wat heeldag in vol son was, die hitte tot lank na sonsondergang kan behou. Dit is dus meer waarskynlik dat die pofadders op die oprit kom lê het om langer warm te kan bly.

Le Fras Mouton

---

44. Hoe het die migrasie van die mens uit Afrika na Europa, Asië, Australië en Suid-Amerika plaasgevind?

Genoeg fossiele, geologiese en genetiese bewyse bestaan om met groot sekerheid te kan sê dat basies al die mensetipes in Afrika ontstaan het. Van hulle het uit Afrika na ander dele van die wêreld getrek.

Die antwoord op hoe die migrasie verloop het wat tot die verandering in velkleur van verskillende mense wêreldwyd gelei het, asook die verskeidenheid in gelaatstrekke, het met klimaatsverandering te doen. Tog is dit 'n meer komplekse saak wat met onder andere woude, grasvlaktes, vitamien D, dieet en haarbedekking te doen het.

Wanneer gekyk word na die mensetipes wat in Afrika, en spesifiek Suid-Afrika, voorkom, kan begin word by die spesies wat onder die genus

Australopithecus ressorteer. Dan is daar *Australopithecus afarensis,* die bekende Lucy, wat verder noord in Afrika voorkom, asook *Australopithecus africanus* en die onlangs ontdekte *Australopithecus sediba.* Die eerste *Australopithecus* wat ontdek is was die skedel van 'n jong kind wat by Taung in die Noord-Kaap gevind en in 1924 deur professor Raymond Dart van die Universiteit van die Witwatersrand beskryf is.

Hierdie primate het op twee bene geloop, alhoewel hulle aangepas was om nog in bome te kon leef. Hulle is redelik naby verwant aan die groep wat uit die woude na die grasvelde van Afrika beweeg het. Klimaatsverandering was die rede waarom sekere primaatgroepe uit die woude na die grasvelde van Afrika beweeg het.

Die klimaat het oor baie miljoene jare verander, die woude het uitgedun, grasvelde het ontstaan en dié afstammelingslyn wat na die mens gelei het, het aangepas om op die grasvelde te oorleef. Hulle was baie weerloos in hierdie nuwe omgewing omdat hulle nie meer slagtande gehad het nie. Hul naels was plat en dit was byna onmoontlik om hulleself teen roofdiere te beskerm.

Onder *Australopithecus* was daar dus 'n groep primate wat sowel in bome as op die grond gelewe het. Die aanpassings wat plaasgevind het in dié groep se skouergordel, boarms, hande, knieë, elmboë en voete toon dat hulle steeds gedeeltelik boomlewend (arboreaal) was.

Die groepe wat op die grasvlaktes geleef het, was aan 'n groter hoeveelheid sonlig blootgestel en hulle het baie maklik warm gekry. Hulle haarbedekking het gevolglik verander. Die hare het nie verminder nie, maar dit het kleiner geword om meer effektief van hitte ontslae te kan raak. Uiteraard is die ultravioletstrale van sonlig nadelig vir 'n baie ligte vel, daarom het die melanien wat reeds in die primate teenwoordig was, slegs in die vel vermeerder. Op dié wyse het 'n donkerder vel ontstaan sodat daar makliker in die warmer omgewing oorleef kon word.

Toe lede van hierdie groep (die mensefamilie of Homonidae) met hulle donker velle vanuit sondeurdrenkte Afrika na die kouer dele van die aarde, met baie minder sonnige dae, migreer het, het die melanien in hulle velle weer verminder. Die rede daarvoor is dat die mens 'n sekere hoeveelheid vitamien D in die liggaam nodig het om die siekte ragitis (aantasting van die beendere) te vermy. Ragitis veroorsaak die vervorming van veral die lang bene in die liggaam. Die liggaam kan egter nie self vitamien D vervaardig nie. Wat wel gebeur is dat sonlig op die vel 'n reaksie veroorsaak wat die voorloper vir vitamien D vervaardig. Dié voorloper help dat vitamien D in die liggaam gesintetiseer word.

Met moderne tegnologie is dit moontlik om die probleem te omseil deur voedselprodukte soos margarien met vitamien D te verryk.

Maar waarom het die Inuïete wat uit Asië tot in die ysige Noord-Amerika getrek het, se velkleur nie ligter geword nie? Die antwoord lê doodgewoon in hulle dieet. Die rob- en walvisvleis waarvan hulle leef het 'n hoë vetinhoud en dit is 'n natuurlike bron van vitamien D.

Heelwat "jonger" fossiele wat uit die *Australopithecus*-groep ontwikkel het, word met vrug deur navorsers ontleed. In hierdie groep kom die *Homo habilis*, die sogenaamde nutsman, wat gereedskap vervaardig het en by wie klipwerktuie gekry is. Uit die *Homo habilis*-groep het die sogenaamde *Homo erectus*-groep ontwikkel, die eerstes wat uit Afrika migreer het na bestemmings in die Ooste. Die fossiele wat oorspronklik daar gekry is, het as die Javamens en die Pekingmens bekendgestaan, maar vandag verwys ons daarna as *Homo erectus*.

Hulle was ook die eerste oermense wat vuur kon beheer. Vuurmaakplekke is in hulle woonplekke gekry. Voedsel is dus gebrand of gaargemaak. Omdat dit meer higiënies is om gaar kos te eet, het dit waarskynlik gesondheidsvoordele ingehou. Gaar vleis se weefsel is losser en dit is makliker om te verteer. Die eerste oermense wat dus vuur kon hanteer, het waarskynlik 'n baie gesonder lewe gelei.

Hierdie oermense se geraamtes slaan baie op dié van hedendaagse Inuïete. Die ouer vorms van *Homo erectus* wat steeds in Afrika gevind word, die sogenaamde werkende mens, *Homo ergaster*, toon dat hulle aanvanklik aangepas was vir 'n leefwyse in 'n baie droë gebied. 'n Goeie voorbeeld is die geraamtes wat naby die Turkanameer in Kenia ontdek is – geraamtes van baie lang, slanke persone soos ons vandag nog onder moderne Keniane kry. Die latere *Homo erectus* wat in China voorkom, se geraamtes stem weer baie met die Inuïete van vandag ooreen en dui op 'n baie kouer klimaat. Dié fossielgeraamtes toon tekens dat die oermense 'n baie robuuste lewe gelei het.

Die verspreiding van die verskillende mensetipes oor die aarde het oor 'n hele aantal duisende jaar verloop. *Homo erectus* is gevolg deur *Homo heidelbergensis* wat aanvanklik in Duitsland ontdek is. Saam hiermee was daar 'n vergroting van die brein van ongeveer 450–500 kubieke sentimeter by *Australopithecus*, tot waar ons vandag is met 'n breingrootte van ongeveer 1 500 kubieke sentimeter.

Teen die tyd dat *Homo erectus* in China beland het, sowat 40 000 tot 25 000 jaar gelede, was een van die groot ystydperke in volle swang. Die seevlak was laer en 'n landverbinding (Beringia) het tussen Asië en wat vandag Alaska is, bestaan. Vandag ken ons dit as die Bering Seestraat. Teen ongeveer 25 000 jaar gelede kon die nasate van die *Homo erectus*-tipe droogvoets Noord-Amerika binnestap. Van daar het hulle geleidelik suidwaarts, tot aan die suidpunt van Suid-Amerika, getrek. Op pad het verskillende kulture uit hierdie groepe ontstaan.

Onderskeidende gelaatstrekke van verskillende groepe mense word ook deur migrasie verklaar. Wanneer bevolkingsgroepe in sekere gebiede afgesonder is, verklein die genepoel en sekere genetiese verskynsels kan dan geaksentueer word. Dit is byvoorbeeld maklik om vandag te sien hoe verskillend Duitsers en Japannese van mekaar lyk omdat hulle ver van mekaar af woon.

Jurie van den Heever

---

45. Is die genetiese kode ook 'n kode soos die morsekode?

In die tyd toe diensplig aan die orde was, is daar na iemand in die vloot wat boodskappe met die morsekode moes kommunikeer, verwys as 'n "sparkie" of 'n "sparker". Die vraag is of die genetiese kode ook 'n kode in dieselfde sin as die morsekode is? En die kort antwoord hierop is ja. Maar dit is interessant om die verskille tussen die twee te bestudeer.

Eerstens moet ons seker maak wat presies 'n kode is, en wat 'n mens alles nodig het om 'n kode te kan skryf.

Twee onafhanklike simboliese wêrelde is in die eerste plek nodig. Dan moet daar 'n tabel wees waarin die korrespondensie tussen hierdie twee wêrelde opgestel is. Op een of ander manier moet simboliese Wêreld 1 geënkodeer word in simboliese Wêreld 2. Verder is daar 'n interpreteerder nodig wat die koderingstabel kan gebruik om een stel simbole na 'n ander stel simbole te vertaal.

Die morsekode is geskep om 'n bepaalde probleem op te los, naamlik hoe om die string letters van die alfabet per elektroniese sein of radiosein van een plek na 'n ander oor te dra.

As 'n mens dus aan die morsekode in die algemene sin van 'n kode dink, moet daar eers bepaal word wat die simboliese wêrelde is. Aan die een kant is die gewone alfabet (ABC), en aan die ander kant staan 'n wêreld waarmee gekommunikeer word. In die geval van die morsekode is dit 'n kombinasie van 'n punt en 'n strepie (grafies voorgestel), of as 'n mens dit uitspreek 'n "dit" (■) en 'n "dah" (▬▬). Wanneer morsekode deur middel van die "dits" en die "dahs" gebruik word, is 'n "A" byvoorbeeld "dit dah" (■ ▬▬), 'n "B" "dah dit dit dit" (▬▬ ■ ■ ■) en 'n "C" "dah dit dah dit" (▬▬ ■ ▬▬ ■), ensovoorts.

Morsekode het 'n spesifieke eienskap, naamlik dat dit 'n een-tot-een-kode is. Vir 'n letter is daar een spesifieke kombinasie van "dits" en "dahs". By die genetiese kode is dit egter nie die geval nie, want hier is daar nie net een kombinasie nie, maar meer as een moontlikheid. 'n Stel van vier by die genetiese kode moet met 'n stel van 20 in kombinasies "vertaal" word. Dit staan bekend as 'n degeneratiewe kode in plaas van 'n een-tot-een-kode.

Net soos wat die morsekode 'n probleem opgelos het, het die genetiese kode bestaansreg omdat dit 'n probleem moet oplos. Die genetiese kode is 'n stel reëls waardeur die genetiese inligting wat in DNS (Wêreld 1) geënkodeer is, gebruik word om proteïene (Wêreld 2) te vervaardig.

Kyk 'n mens na die lewende sel, kan dit bloot as 'n biochemiese fabriek, met die baie spesiale eienskap dat dit sy eie masjinerie kan vervaardig, beskou word. Die masjinerie is proteïene, spesifiek ensieme. Proteïene bestaan uit kettings van aminosure, en 20 verskillende aminosure kom in proteïene voor. Dit is die volgorde van die aminosure in die ketting wat uiteindelik bepaal wat die struktuur en funksie van die proteïene is.

Die probleem vir die sel is dus hoe om die inligting van die aminosuur-volgorde op 'n manier te stoor en te lees. Daar moet een of ander perma-nente geheue in die sel wees wat dit toelaat om sy masjinerie te bou op grond van wat in daardie databank gelees word. Die stoormedium vir hier-die informasie is die DNS (deoksiribonukleïensuur), wat op sy beurt ook 'n ketting van komponente is. Daar is spesifiek vier van dié komponente en hulle staan bekend as stikstofbasisse.

Hier het 'n mens dus ook twee onafhanklike wêrelde – nie simboliese wêrelde nie, maar chemiese wêrelde. Aan die een kant is dit die wêreld van 20 aminosure en in die ander wêreld vind 'n mens die chemiese alfabet met vier stikstofbasisse van DNS. Die genetiese kode is 'n stel reëls wat bepaal hoe die vierletterkode van die DNS in die 20-letterkode van amino-sure, wat die boustene van proteïene is, vertaal word.

Hoe word 'n aminosuur in terme van hierdie vier stikstofbasisse geko-deer? Duidelik kan dit nie 'n een-tot-een-kode wees nie, want daar is nie genoeg stikstofbasisse nie (20 aminosure en net vier stikstofbasisse). Meer as een stikstofbasis moet dus gebruik word om 'n aminosuur te kodeer. Twee stikstofbasisse is ook nie genoeg nie, want daarmee kan net $4 \times 4 = 16$ aminosure gekodeer word. 'n Sekwens van drie stikstofbasisse ('n triplet) gee $4 \times 4 \times 4 = 64$ moontlikhede en is dus genoeg vir die 20 aminosure. Dit maak dit ook moontlik vir meer as een triplet om vir 'n spesifieke aminosuur te kodeer, soms selfs tot vier triplette. So 'n kode staan bekend as 'n degeneratiewe kode.

Die morsekode kan op 'n stukkie papier neergeskryf word en enigie-mand kan dit dan gebruik om 'n boodskap te dekodeer. Daar moet dus iewers in die sel iets soortgelyks wees wat sê 'n gegewe aminosuur het spesifieke kodes in terme van die drielettersekwense. Die genetiese kode-tabel moet dus chemies in die sel geskryf en vasgelê word, wat beteken daar moet 'n stel chemiese verbindings wees, een vir elke triplet, wat die een wêreld aan die een kant kan lees en die ander wêreld aan die ander kant kan verteenwoordig. Chemiese verbindings bekend as oordrag-RNS vervul hierdie rol.

Maar hoe weet die sel watter aminosuur om aan watter oordrag-RNS te koppel? Hoe word hierdie koderingstabel chemies geskryf? Vir elke triplet is daar 'n spesifieke ensiem wat die korrekte aminosuur aan 'n bepaalde oordrag-RNS koppel. Hierdie stel ensieme lê dus die genetiese kode vas. Die molekulêre masjiene wat dan uiteindelik die proteïen vervaardig, bekend as ribosome, lees dan die sekwens van triplette afkomstig van DNS, en gebruik die aminosuur-gelaaide oordrag-RNS om die ooreenstemmende proteïen te vervaardig.

Jannie Hofmeyr

---

46. Hoekom is die hart links in die borskas geleë?

Die posisie van organe in plante en diere is nie toevallig nie. By werweldiere lê die hart gewoonlik na die linkerkant toe, en ander organe is nie presies simmetries in die liggaam geposisioneer nie.

'n Mens of dier ontwikkel in die vroeë fase van embriologie volgens drie asse van simmetrie: 'n voor- en agterkant, 'n bo- en onderkant en 'n linker- en regterkant. Met die linker- en regterkant tree daar gereeld veranderinge in, terwyl die voor- en agterkant en bo- en onderkant redelik vasgelê is. As die kop byvoorbeeld nie aan die voorkant en die stert nie aan die agterkant ontwikkel nie, kan 'n monster die lig sien.

By die oorspronklike, eerste ontwikkeling van werweldiere (soos 'n mens, rot, voël of reptiel) versmelt 'n manlike en vroulike sel, 'n eiersel en 'n spermsel, en vorm 'n sigoot. Die sigoot is 'n enkele sel wat uiteindelik 'n volwasse dier of mens gaan word. Hierna moet die sigoot verdeel om 'n hele aantal selle te vorm. Die selle staan bekend as blastomere.

Werweldiere, soos die mens, bestaan as 't ware uit drie lae, en word die Triploblastaea genoem. In leketaal beteken dit dat die mens 'n buitekant (ektoderm) en 'n binnekant (endoderm) het. Laasgenoemde is basies die spysverteringskanaal van die mond tot by die anus. Tussen die twee lae is die middelste stuk weefsel, die mesoderm. Daaruit ontwikkel willekeurige spiere en rugwerwels, asook 'n hele aantal organe.

Nadat 'n sigoot in selle verdeel het, rangskik die blastomere by komplekse diere hulle in 'n hol balletjie wat uiteindelik tot die volwasse dier of mens ontwikkel. Ontwikkeling geskied effens anders by groter diere soos reptiele, voëls en soogdiere. By die vroeëre vorms soos reptiele is 'n hoeveelheid voedsel ook in die eier teenwoordig. In sulke gevalle word die verdeling van die sigoot sodanig beïnvloed dat daar nie 'n balletjie in die embriologie vorm nie, maar 'n plat skyfie. Dié skyfie bestaan uit 'n aantal lagies blastomere waaruit 'n dier vorm met die drie lae wat hier bo uiteengesit is.

Om dié proses beter te verstaan, kan ons aan 'n klein pizza dink. As 'n mens 'n pizzatjie voorstel met die deeglaag onder, kan die deeglaag as die endoderm, die heel binneste laag van die dier of mens, gesien word. Bo-op die pizza is dalk kaas en salami. Hierdie boonste laag bestaan dan uit die twee soorte blastomere (kaas en salami). Wat fisies moet gebeur wanneer die ontwikkeling plaasvind, is dat die laag wat uiteindelik in die middel gaan lê (tussen die deeglaag en die kaas-en-salamilaag), die boonste laag moet verlaat en tot ruste kom tussen die pizza se deeglaag aan die onderkant en die boonste laag. In die embriologie vorm die mesoderm, die middelste laag, op hierdie manier.

Aan die voorkant van dié plat skyfie kom 'n groot aantal selle in 'n hopie bymekaar. Dit staan bekend as die Knop van Hensen. Embrioloë het onlangs eers ontdek dat wat in die Knop van Hensen gebeur, links- en regshandigheid uiteindelik bepaal.

Die selle wat die Knop van Hensen naby die voorkant in die middel van die embrio vorm, het sweephaartjies of cilia wat in 'n spesifieke rigting roteer. Dit veroorsaak 'n stroom of beweging in die vloeibare gedeeltes van die embrio rondom die Knop van Hensen, en hierdie stroming neig na die linkerkant toe. Die gene wat hierby betrokke is, stuur skynbaar seine na die linkerkant van die dier. Weefsel wat aan daardie kant begin vorm, word dan uiteindelik organe. Dit is na alle waarskynlikheid die rede hoekom die hart gewoonlik aan die linkerkant van die borsholte geleë is.

Embrioloë bevestig dat hulle hierdie beweging na links wat deur die cilia veroorsaak word, by sekere ander organismes waargeneem het. 'n Hoender, 'n wildsbok en 'n hond ontwikkel op dieselfde manier. Dit lyk of dit 'n universele ontwikkeling by werweldiere is.

Daar is ook ander strukture wat in die dier of mens ontwikkel, soos byvoorbeeld die voorloper van die rugwerwels wat in die middel van die liggaam van die dier of mens vorm, en dan eintlik keer dat daar 'n ander invloed op die linkerkant van die liggaam uitgeoefen word.

Dit is fassinerend om te sien wat in 'n embrio gebeur tydens ontwikkeling. Van hierdie ontwikkelinge, nie die cilia nie, kan deur 'n gewone ligmikroskoop waargeneem word.

Linkshandigheid en regshandigheid is dus aangebore. 'n Linkshandige persoon kan egter ook aanleer om regshandig te wees, byvoorbeeld 'n losskakel wat met sy linker- sowel as regtervoet kan skop. In die verlede het onderwysers besluit dat almal in 'n skool regshandig móés wees. Daar is selfs gevalle waar kinders se linkerhand aan 'n tafel vasgemaak is wanneer hulle leer skryf het. Vandag word algemeen aanvaar dat as iemand linkshandig is, die persoon toegelaat moet word om linkshandig te wees. Skêre, gholfstokke en geweerkolwe word ook vir linkshandiges ontwerp.

Jurie van den Heever, Piet Eloff en Bennie Schloms

---

47. Hoe skadelik is gifstowwe in plante vir die mens?

In die Gifberge naby Vanrhynsdorp groei 'n boom waarvan die San gif gekry het om roofdiere met pyl en boog te skiet. Die gif van die Kaapse wolwegifboom se sade is dodelik. *Hyaenanche globosa* is baie bekend in die botanie en kom uitsluitlik in die omgewing van die Gifberge voor. "Hyaenanche" verwys na die gebruik in die ou dae om hiënas, of wolwe soos vroeër na dié diere verwys is, te vergiftig. In die hoogliggende berge naby Beaufort-Wes kan die "wolfhokke" waarin hiënas vroeër jare gevang is, nog besigtig word. Vleis en sade van die *Hyaenanche globosa* is in die hokke geplaas.

Inligting oor hierdie boom is egter skaars, ten spyte van stokou analises wat wel bestaan. In die Rijksmuseum in Amsterdam word 'n foto van die boom bewaar met die volgende teks wat die reisiger Robert Jacob

Gordon in 1780 in Nederlands geskryf het: "Die Kaapse wolwegifboom wat by die Maskamberg groei. Die vrug word met skil en al met groot sorg fyngemaak en dit word gebruik om hiënas mee dood te maak."

Vanaf 1780 tot voor die Eerste Wêreldoorlog was die Duitsers baie bedrywig op die gebied van beskrywende biologie. Daar bestaan ou traktate oor die botanie. Die Duitsers het ekstraksies van *Hyaenanche globosa* gemaak en die gifstof staan as *hiënansjien* bekend. 'n Baie klein hoeveelheid daarvan laat enigiemand dood neerslaan.

Buiten sekere primitiewe waterplante wat kan beweeg, staan plante uiteraard vas in die aarde. Hulle word dus maklik deur diere gevreet en hulle moet hulleself beskerm. 'n Meganiese metode waarvolgens plante hulleself beskerm, is die doring. Oor die hele wêreld heen het plante doringdistels en stekels, maar die meeste plante beskerm hulleself op 'n chemiese wyse.

Tannien is een van die bekendste chemiese beskermingsmiddels in plante. Wanneer 'n akasia byvoorbeeld deur 'n koedoe gevreet word, reageer die boom bykans oombliklik en dit stoot die tannienvlakke op om homself te beskerm. Die koedoe loop dan aan en begin vreet aan 'n volgende boom. As die dier die volgende dag terugkeer, kan hy weer van die boom se blare vreet aangesien die "koors van die boom" spreekwoordelik gedaal het.

Ons moet egter onthou dat van die belangrikste medisyne op aarde van plante afkomstig is. Onder hierdie medisyne tel uiters giftige stowwe wat in klein hoeveelhede as hartstimulante toegedien kan word. Gifplante is allermins taboe; trouens, hulle is besonder interessant vir die wetenskap.

'n Appelpit bevat van die mees komplekse sianiedverwante (sianogenetiese) glukosiede. Een koppie vol appelpitte kan 'n mens baie siek maak en selfs laat sterf. Kassawe, 'n stapelvoedsel in Afrika, moet met 'n heftige gekap en gespoel gesuiwer word van die sianied wat in die plant voorkom. Die pitte van kersies, perskes en pruime smaak bitter as gevolg van komplekse sianiedmolekules.

Te veel neutmuskaat kan 'n mens laat hallusineer en selfs baie siek maak. Die stingel van 'n rabarber is heerlik, maar die blaar is giftig omdat dit oksaalsuur bevat. 'n Kasterolieboom bevat van die giftigste stowwe op aarde. Een pit kan 'n mens doodmaak en tóg eet duiwe dit met oorgawe.

Verskillende organismes, insluitend die mens en die ape, het verskillende fisiologieë wat nie noodwendig almal vir dieselfde planttoksiene aangepas is nie.

Rou uie en sjokolade is baie gevaarlik vir honde en katte, want hulle metabolisme kan dit nie hanteer nie. So is avokado ook vir papegaaie giftig.

Groot versigtigheid moet aan die dag gelê word vir boererate wat nie beproef is nie. As bloekomblare gekou word, soos wat sommige boererate aanbeveel, kan 'n mens daarvan siek raak.

Dave Pepler en Henk Geertsema

---

48. Hoe bepaal 'n mens hoe sterk gifstowwe in plante is?

Die standaardtoets om te bepaal hoe sterk 'n gif is, is die LD50 (Lethal Dose 50)-toets. Dit verwys na die hoeveelheid gif wat in een dosis toegedien moet word om minstens 50 persent van die diere of organismes aan wie dit toegedien word, dood te maak.

Daar bestaan ook skale waarvolgens die sterkte van gif gemeet word, byvoorbeeld Goslin, Smith & Hodge se skaal, wat 'n indeks van 6 het. Nommer een dui byvoorbeeld op 'n gif wat supertoksies vir die mens is – een lek of 'n vingerpunt daarvan kan tot die dood lei. Dan neem die giftigheid geleidelik af tot by 6, waar die gif as nietoksies aangedui word en waarvan 'n mens 1 200 milliliter moet drink om enige effek te ervaar.

Rotte en muise word gebruik om 'n LD50 vir gifstowwe op te stel. Dié toets bepaal hoeveel milligram per 100 gram liggaamsgewig dit sal neem om die organisme dood te maak, asook hoeveel gif in een dosis toegedien moet word om minstens 50 persent van die diere of organismes aan wie dit toegedien word, dood te maak.

Ons moet nie aan die 50 persent van die LD50-toets dink as die eerste 50 persent van 'n aantal diere of organismes nie. Neem die lengte van mense as 'n voorbeeld. Daar is kort mense, dan dié met 'n gemiddelde lengte, en dan die "reuse". Die gemiddelde lengte is gewoonlik die binneste 50 persent van die spektrum en die dwergies en die reuse is die uitskieters wat elkeen ongeveer 25 persent van die totaal uitmaak. As 'n mens 'n insektemiddel toets, word die gemiddelde bevolking om die sentrale punt eintlik getoets, en nie die "uitskieters" nie.

Aangesien die LD50-toets giftigheid vir soogdiere, ook die mens, toets, gebruik navorsers gewoonlik witrotte in 'n laboratorium. Die rotte word 'n hoeveelheid milligram van die gifstof per kilogram liggaamsgewig gevoer. As die rot byvoorbeeld 'n halwe kilogram weeg, ontvang dit 'n halwe milligram gif op 'n basis van 1.

Van tafelsout kan rotte byvoorbeeld tot 300 milligram per kilogram gewig inneem sonder enige skadelike effek. Maar van sianied hoef die dier slegs 3 milligram per kilogram liggaamsgewig in te neem om 50 persent van die rotte in 'n groep dood te maak.

Gif bereik insekte deur die mond of die vel. Gestel 'n boer bespuit sy gewas en daar is 'n 100-persent-bevolking van een of ander plaaginsek. Laboratoriumtoetse het getoon dat die spuitstof 'n LD50 van 1 500 milligram teen soogdiere (die mens) per 1 kilogram liggaamsgewig het, en dat dit dus veilig vir die mens is.

Malation is 'n insektemiddel wat baie algemeen in tuine gebruik word. 'n Mens moet heelwat daarvan inkry voordat dit 'n effek op die liggaam het.

'n Ander gif, paration, se LD50 is 3 milligram per 1 kilogram liggaamsgewig. Paration is dus 500 keer giftiger as malation en word net by uitsondering teen insekte gebruik omdat dit so skadelik vir die mens is.

Die probleem met die herhaaldelike toediening van insektemiddels is dat die "dwergies en die reuse" van insekte uiteindelik oorbly. Die rede hiervoor is dat die gif ontwikkel is om die gemiddelde insektebevolking van 50 persent uit te knikker. Dit is egter veral die insekte van bogemiddelde grootte (die "reuse") wat 'n weerstandsgeen teen 'n insektemiddel ontwikkel. Die volgende generasie insekte, wat deur die "reuse" geproduseer word, word dan gebore met 'n ingeboude weerstand teen die insektemiddel.

Ongelukkig help dit nie net om die dosis in hierdie geval te verhoog nie. Insekte keer altyd sterker terug, daarom moet die insektemiddels elke jaar afgewissel word. Een jaar gebruik 'n mens byvoorbeeld 'n organofosfaat, en die volgende jaar 'n sintetiese piretroïed, en so meer. Nuwe

???

insektemiddels moet dus jaarliks ontwikkel word om die generasie wat deur die "reuse" geproduseer is, uit te wis.

Dit is interessant dat organismes nie weerstandig teen natuurlike produkte raak nie, maar slegs teen mensgemaakte gifstowwe. Die verskil tussen die mens en die natuur is dat die mens sy geskepte produk (gifstof) deurlopend moet aanpas. Die natuur hoef, buiten evolusie, nie aan te pas nie. So bly die gif van die *Hyaenanche* eenvoudig sterk en dit sal aanhou doodmaak, want daar is byna geen organismes of diere wat dié gif ingekry en oorleef het nie.

Dave Pepler en Henk Geertsema

---

49. Hoekom flikker stadsliggies net soos die sterre as 'n mens van ver af daarna kyk?

Hierdie vraag kan gekoppel word aan 'n soortgelyke vraag wat dikwels opduik: Waarom flikker sterre as 'n mens daarna kyk, maar planete in die ruimte nie?

Die onderliggende rede vir hierdie verskynsel by die waarneming van sterre en die stadsliggies is dat dit wesenlik 'n atmosferiese verskynsel is en nie 'n eienskap van die ligbron self nie. Hierdie stelling word gestaaf wanneer die dagboekinskrywings van ruimtevaarders wat in die internasionale ruimtestasie (IR) werk, op Nasa se webwerf onder oë geneem word. Een van die ruimtevaarders het die vreemde situasie beskryf dat wanneer hy vanuit die ruimte na dié onderskeie ligbronne kyk, dan is dit inderdaad so dat stadsliggies lyk of hulle flikker, en dat die sterre vanuit die ruimtestasie geen flikkering toon nie. Die verklaring het dus iets met die aarde se atmosfeer te doen.

Ons moet onthou dat die rigting waarin lig beweeg, beïnvloed word deur die aard van die medium waardeur dit beweeg. As lig van een medium na 'n ander beweeg waarvan die brekingsindeks verskil, dan sal die lig se rigting van voortplanting verander of die lig sal gebuig word. Dit staan bekend as die refraksie van lig. Die mate waartoe refraksie plaasvind, hang af van die onderskeie mediums waardeur lig kan beweeg. Wetenskaplikes kwantifiseer dit deur die gebruik van 'n sogenaamde brekingsindeks wat uitgedruk kan word as die verhouding van ligspoed in 'n vakuum tot die lig se spoed in die medium – hoe groter die brekingsindeks, hoe meer sal lig deur die betrokke medium "gebuig" word. Vir glas is dié faktor byvoorbeeld 1,5.

Die aarde se atmosfeer of lug in die algemeen het dieselfde eienskap, maar op 'n geringer skaal. Die brekingsindeks vir lug by 0 °C en 1 atmosfeer is slegs 1,0003 – met 'n baie klein effek. Wanneer lig van 'n ster af deur die atmosfeer na die waarnemer op aarde beweeg, word die lig se rigting dus effens beïnvloed. As die atmosfeer 'n statiese en homogene struktuur gehad het, sou dit op sigself nie die flikkering kon verklaar nie. Wat wel die geval is, is dat die brekingsindeks van lug onder andere van temperatuur en atmosferiese druk afhanklik is. Mense wat die atmosfeer bestudeer, verwys na selle lug wat vorm, waar elke spesifieke sel min of meer 'n konstante temperatuur handhaaf. Dié selle lug kan uiteraard deur 'n element soos wind beïnvloed word.

In die geval van sterlig word die lig deur 'n medium (lug) voortgeplant. Die lug se brekingsindeks kan, wanneer 'n mens direk na die ster kyk, wissel namate die lugsamestelling tussen die waarnemer en die ster verander. In die medium is daar dus bewegende "sakke lug" wat onder andere onder invloed van wind beweeg. Met elke beweging verander die rigting van die lig effentjies voordat dit die waarnemer se oog bereik. Die eindresultaat hiervan is dat die waarnemer 'n flikkering ervaar.

Wanneer iemand na sterlig kyk, word die ster wat baie ver van die aarde af is, as 'n punt geregistreer – vir alle praktiese doeleindes word die ster as 'n puntbron geïdentifiseer. Dié punt registreer dan ook as 'n punt op die waarnemer se retina. Maar die plek waar dit geregistreer word, word beïnvloed deur die lugbeweging tussen die ster en die waarnemer se oog. Dit beteken dat die puntjie wat registreer, as 't ware "sprongetjies maak" wat uiteindelik na 'n flikkering lyk.

Die rede waarom 'n planeet nie hierdie eienskap toon nie, is dat dit eintlik 'n groter skyf lig is. Anders as sterre, is planete nie so ver van die aarde af dat hulle as enkelpuntbronne beskou kan word nie. Aangesien daar as 't ware verskillende puntbronne op so 'n ligskyf bestaan, en elkeen van hulle 'n klein bietjie flikker, is die somtotaal van die lig wat waargeneem word, relatief stabiel.

Dit is waarom sterre flikker en planete nie. Sterre is puntbronne terwyl planete as kleinerige skywe waargeneem word. Verder beïnvloed die atmosfeer die voortplanting van die rigting van die lig in so 'n mate dat die sterre lyk of dit flikker.

Met stadsliggies is dit presies dieselfde. In stedelike omgewings word die lugsamestelling drasties beïnvloed deur die topografie: teerstrate, groot betonoppervlakke, parke en tuine, ensovoorts. Temperatuur bokant verskillende dele van 'n tipiese stad kan baie verskil. Die temperatuur van die lug kan vertaal word in verskillende brekingsindekse. Wanneer daar lugbeweging is, soos 'n windjie wat waai, registreer 'n ligbron ('n stadsliggie) wat ver genoeg is as 'n punt op die waarnemer se retina sodat dit lyk asof dit flikker. As die ligbron groot genoeg is om as 'n skyf te registreer, sal dit nie na 'n flikkering lyk nie.

Vir 'n persoon wat met 'n versienbril na stadsliggies kyk, sal die meeste liggies nie flikker nie, aangesien die ligbron deur die bril groter is. Die ligbron is dan groot genoeg om as 'n skyf op die retina te registreer en nie na 'n flikkering te lyk nie. Dieselfde effek sal ook met 'n verkyker verkry word.

Hendrik Geyer

50. Hoekom word troetelvoëls en pluimvee se vlerke gepen en hoe word dit gedoen?

Hoatzin

Wanneer 'n mens die vere op een van 'n mak voël se vlerke korter knip sodat dit nie kan wegvlieg nie, word die vlerke van daardie voël "gepen".

Daar bestaan egter ook 'n ander metode om te keer dat voëls weg-vlieg. Wanneer die klein uitsteeksel voor aan die vlerk aan die buitekant afgeknip word, sal die voël ook nie kan wegvlieg nie. In Latyn staan dié uitsteekseltjie bekend as 'n *alula*, wat "vlerkie" of "bastervlerk" beteken. Dit is inderwaarheid die evolusionêre oorblyfsel van die voël se oerhand. Hierdie uitsteeksel is die eerste "vinger" of "duim" van die voël. Alle wer-weldiere het dieselfde struktuur in hul voorste ledemate. 'n Mens het 'n boarm (humerus), 'n onderarm ('n radius en 'n ulna), gewrigsbeentjies, middelhandbeentjies en, einde ten laaste, vingers. Dié voorste ledemaat word op verskillende maniere by die onderskeie werweldiere aangewend.

Twee begrippe, "homoloog" en "analoog", is hier van belang. Wanneer ons van 'n struktuur of ledemaat praat wat homoloog is, beteken dit dat die ledemaat dieselfde genetiese ontstaan uit 'n gemeenskaplike voorvader het (soos die rugwerwels van alle werweldiere), maar dat dit op verskillende maniere aangewend word. Homoloë ledemate deel dus 'n evolusionêre oorsprong, maar het verskillende funksies ontwikkel.

Alhoewel die voorste ledemaat van 'n voël, pikkewyn, olifant, perd of 'n rob al die onderskeie dele wat hier bo genoem is, bevat, lyk die ledemate by elkeen van hierdie diere anders. Die voorste ledemaat van 'n duinemol lyk baie anders as dié van 'n voël, want die duinemol grawe daarmee en 'n voël vlieg daarmee. Om dit reg te kry, word die verskillende dele van die ledemaat op unieke maniere aangepas. Wanneer 'n vlermuis se vlerke van nader bekyk word, sien 'n mens dat die "vingers" verleng is om die vlerkmembrane oop te hou sodat hulle kan vlieg. By voëls is die "vingers" kleiner en die res van die dele is groter en sterker om die voël se kragtige vliegvermoë te ondersteun.

Die term "analoog" verwys na strukture wat dieselfde funksie het, maar wat verskillende genetiese oorsprongê het. 'n Voël en 'n skoenlapper se vlerke kan ter illustrasie vergelyk word. Waar die voël se vlerk spiere, bloedvate, vel en senuwees het, tesame met 'n inwendige skelet, is die skoenlapper s'n 'n struktuur wat net 'n paar sellae dik is, met lugruimtes tussenin, en 'n uitwendige skelet.

"Homoloog" en "analoog" verduidelik dus hoekom daar bepaalde ooreenkomste tussen die verskillende ledemate van werweldiere is. In die Amasone kom daar 'n "primitiewe" voël voor wat die verskynsel treffend demonstreer dat die vlerke uit 'n oerhand ontwikkel het met vingers wat evolusionêr verklein is. Die hoatzin (*Ophisthocomus hoazin*), ook as die stinkvoël of die Canje-fisant bekend, kom in die Orinoco-delta voor. Selfs met DNS-analise is dit moeilik om die presiese taksonomiese posisie van dié eienaardige voël te bepaal en presies vas te stel of dit nader aan die fisant of die duif is.

Hoatzins het 'n rooibruin kuif, en die wetenskaplike naam *Ophistho-comus*, wat "lang hare op agterkop" beteken, is hieraan ontleen. Met die kuif wat so in die lug staan, lyk dié voëls altyd effens verbaas. Hulle is herbivore en een van hulle eienaardige kenmerke is 'n vergrote krop. Plant-materiaal wat geëet word, word in die krop gefermenteer, baie soos die herkouers wat 'n rumen (grootpens of graspens) het. Dit gee aan die voël 'n onwelriekende reuk – vandaar die alternatiewe naam, stinkvoël.

Kuikens van die hoatzin het kloue aan twee van die "vingers" van die *alula*. Voordat hulle begin vlieg, gebruik hulle dit om boom te klim. Oorgenoeg bewyse bestaan dus dat die *alula* eintlik 'n oorblyfsel is van die voël se oerhand, en dat dit as 't ware die "duim" is. As 'n mens die *alula* afknip, kan 'n voël nie vlieg nie.

Passasiers van 'n straler sou al gesien het hoe die voorste rand voor aan die vlerk uitgestoot word net voordat die vliegtuig land. Wanneer die gleuf tussen die vlerk en die voorste rand sigbaar word, verander die aërodinamiese kwaliteit heeltemal. 'n Lugstroom vloei nou deur die gleuf en dit veroorsaak dat die vlerk beter teen 'n lae spoed werk. Die lugstroom verhoog die vlerk se stutvermoë.

Dieselfde effek word verkry wanneer 'n hand by 'n bewegende motor se venster uitgesteek word met die palm na onder. 'n Mens voel hoe die lug teen die voorste rand van die hand druk, maar die oomblik wanneer die palm vertikaal begin draai, is die lug se greep onmiddellik groter. Die hand word dan maklik weggedruk of opgelig.

Dit is ook presies wat voëls met die *alula* – die "duimpie" voor aan hul vlerke – doen. Voor aan die *alula*, wat senuweebediening en spiere het sodat die voël dit kan beheer, is daar drie tot vyf vliegvere. Net voor die voël land of opstyg, word die *alula* gestrek sodat daar 'n gleuf tussen die *alula* en die vlerk ontstaan wat die aërodinamika teen 'n lae vliegspoed verbeter.

Wanneer 'n mens die *alula* afknip, word die voël se vliegvermoë belemmer. Dit is soortgelyk aan 'n vinger wat by die mens afgeknip word. Daarom is dit beter om eerder die penvere te knip, want hulle kan weer groei en die voël sal later weer kan vlieg. Die verwydering van die *alula* is 'n permanente ingryping wat nie herstel kan word nie.

Jurie van den Heever

51. Kan die kole van wingerdstokke wat met onkruid- en insekdoder behandel is, skadelik wees as 'n mens daarmee vleis braai?

Tim Rijpstra, afgetrede professor in houtkunde, verskaf insiggewende inligting oor hierdie vraag.

Wanneer 'n wingerd bespuit word, beland die gifstowwe op die blare en bas van die druiwestok, en uiteindelik ook in die grond. Die meeste van die insektedoders en plantdoders wat gebruik word, is organiese verbindings wat oor 'n tydperk biologies afgebreek word. As 'n mens byvoorbeeld spuitstowwe vir groente aanskaf, waarsku die verkoper om sowat 10 dae voor oestyd die laaste keer te spuit, sodat die gifstowwe kans kan kry om af te breek.

Omdat druiwe 'n kommersiële plant is wat onder andere gebruik word om wyn te maak, sal baie van die spuitstowwe biologies afbreekbaar wees. Daar behoort dus nie groot konsentrasies daarvan in die wingerdhout aanwesig te wees nie.

Gewoonlik berg die binneste deel van 'n stam toksiese afvalstowwe. As 'n mens 'n dwarssnit deur kameeldoringhout maak, is die bruin binneste hout sigbaar. Insekte en kewers vreet nie daaraan nie omdat die binneste hout ontoeganklik is en spore van gifstowwe mag hê. Hulle vreet wel tonnels in die saphout aan die buitekant.

Volgens professor Rijpstra is 'n braaivleisvuur se hitte tussen 300 °C en 800 °C. Enige vlugtige stowwe wat in die hout is, of enige ander bestanddele, sal doodgewoon verdamp of uitbrand. Die kanse is dus skraal dat enige van hierdie gifstowwe in die braaivleisvuur gaan wees.

Selonsrose is bekend vir die giftige stowwe wat dit bevat. In die lewende plant bevat die blare, bas en hout chemiese stowwe en dit is alles giftig. Voorvalle is aangeteken waar mense gesterf het nadat selonsrooshout by 'n braaivleis gebruik is. Blykbaar het die braaiers nie met die selonsrooshout vuurgemaak nie. Hulle het vars takkies afgesny en dit deur die vleis gesteek en oor die vuur gebraai. In so 'n geval, waar die hout nat is, word al die toksiese stowwe in die vleis in gedistilleer.

Sekere houtsoorte is toksies. Houtwerkers en houtdraaiers weet byvoorbeeld dat kiaat, tambotie en olienhout hewige reaksies kan veroorsaak wanneer skaafsels met sweet op die vel in aanraking kom. Sommige houtdraaiers werk ten volle geklee in 'n oorpak met 'n lugversorgde helm, omdat hulle allergies is vir olienhoutskaafsels wat kan veroorsaak dat 'n mens in die intensiewesorgeenheid beland.

As die braaivleisvuur 'n rooiwarm kleur het, is dit redelik warm. Wanneer daar egter meer suurstof bykom, styg die hitte en die vlamme kry 'n oranje kleur. Teen hierdie temperatuur verbrand waarskynlik al die toksiese stowwe waarvoor 'n mens versigtig moet wees.

Professor Rijpstra wys daarop dat, wanneer 'n mens vleis braai en vetdruppels in die vuur val, skadelike stowwe deur die brandende vet vrygestel word wat op die vleis kan beland. Die skadelike stowwe kom dus nie van die hout af nie, maar van die vleis self. Party mense beweer selfs dat kankerwekkende stowwe in verkoolde hout kan voorkom.

Wanneer 'n braaivleisvuur met droë hout gemaak is, is die kanse dat dit toksiese bestanddele kan vrystel, relatief skraal. Wingerdhout behoort dus nie gevare in te hou nie.

Jurie van den Heever

---

52. Hoekom hoor 'n mens nooit van hartkanker nie?

Hoekom hoor 'n mens van kanker in omtrent elke deel en orgaan van die liggaam, van die brein tot die bloed, van die vel tot die been, maar nooit van kanker van die hart nie?

Hartkankers of harttumors is inderdaad baie raar. Byvoorbeeld, uit 'n oorsig van 12 000 outopsies het net sewe gevalle hartkanker opgelewer. Daar is baie interessante artikels op die internet van verskillende organisasies, onder andere die Mayo Clinic, wat baie bekend in die VSA is. Gemiddeld word een geval van hartkanker per jaar by die Mayo Clinic gediagnoseer, terwyl daar in die onkologie-afdeling van Toronto se enorme algemene hospitaal omtrent 12 gevalle per jaar geregistreer word.

Kankers wat in die hart self ontstaan, met ander woorde wat nie iewers van die res van die liggaam kom nie, is baie uitsonderlik. Die meeste hartkankers wat gediagnoseer word, is nie kwaadaardig nie. Dit is kankers van die sarkoomtipe. 'n Sarkoom by 'n volwassene is 'n sponserige jellie-agtige tumor wat, indien dit in die hart voorkom, 'n miksoom genoem word. By kinders staan dit bekend as 'n rabdomioom.

Kwaadaardige harttumors se oorsprong is meestal elders in die liggaam en is dus metastases (verspreiding) van die primêre tumors wat in nabygeleë organe soos die longe en die niere voorkom. As iemand 'n kwaadaardige tumor in die hart het, is die prognose vir oorlewing glad nie gunstig nie.

Is daar 'n verklaring waarom hartkanker so skaars is? Om 'n antwoord te kry, moet ons die volgende belangrike waarneming in ag neem: Anders as by ander organe, is die hart nie in staat om sy weefsel te herstel wanneer dit beskadig word nie. Die rede hiervoor is dat die hartspierselle, wat die meeste van die selle in die hart beslaan, terminaal gedifferensieerd is. Dit beteken dat hartspierselle al baie vroeg in 'n mens se lewe 'n punt bereik waar dit ophou om te verdeel. Verdere hartgroei stop dus, selfs by kinders. Tog word die hart groter soos wat die mens ouer word. Dié groei van 'n mens se hart is nie die gevolg van 'n vermeerdering in die aantal selle nie, maar as gevolg van die feit dat die bestaande selle al hoe groter word.

Hierdie verskynsel verskil van die meeste ander organe, veral die epiteel (dekweefsel van die uitwendige en inwendige oppervlak van die liggaam), wat snelverdelende weefsel is. Die selle verdeel aktief en so 'n orgaan kan baie maklik skade herstel. 'n Uitstekende voorbeeld van 'n orgaan wat hom-self kan regenereer, is die lewer. Tot die helfte van die mens se lewer kan weggesny word, en dit sal letterlik binne twee of drie maande teruggroei. Die hele lewer kan binne die bestek van 'n paar maande vervang word.

Die probleem met aktief regenererende weefsels is dat die abnormaliteit in die selsiklus veel geredeliker tot 'n tumor kan lei as in die hart waar die hartspierselle (kardiosiete) se selsiklus gestop het. In die hartspiere is daar nie meer 'n selsiklus wat moontlik 'n abnormaliteit kan toon wat tot 'n tumor mag lei nie.

Kanse vir abnormaliteite waar 'n selsiklus bestaan, is baie groter.

Die feit dat hartspierselle nie meer kan verdeel nie, is 'n tweesnydende swaard. Aan die een kant kan die hart nie self beskadigde weefsel herstel nie, maar aan die ander kant is dit juis wat keer dat kankers maklik in die hart kan posvat. Dit demonstreer hoe ons begrip van die gedrag van selle sekere toestande kan verklaar.

Jannie Hofmeyr

---

53. Waar kom die see aan sy sout?

Mense wat teen die evolusieteorie gekant is, glo dat die aarde jonger as 10 000 jaar is. Hulle voer die argument aan dat indien die aarde miljoene jare oud was, die see baie souter sou moes wees as wat tans die geval is. Volgens kritici van die evolusieteorie moes die riviere miljoene jare lank rotse verweer het en die soute – nie net gewone sout, natriumchloried, soos algemeen bekend is nie – see toe geneem het en die see baie sout gemaak het. Tog is die see nie baie sout nie. Die meeste oseane se soutkonsentrasie is in die omgewing van 35 tot 40 dele per 1 000 – dus 3,5 persent per volume. In elke liter seewater is daar dus 35 gram soute opgelos.

Daar is verskillende bronne waar die see se sout vandaan kom. Eerstens kom dit van riviere waar rotse deur water verweer word en die soute en chemiese bestanddele na die see afgevoer word. Tweedens bevat die aardkors op die seebodem allerhande minerale en soute wat in die oseane vrygestel word. 'n Derde bron is vulkane onder die see, waarvan die gesmelte rotslawa allerlei soute bevat.

Soute wat in die rotse in die see voorkom, word vrygestel en in die modderlae van die oseaan vasgevang. 'n Onttrekking van sout uit die seewater vind dus hier plaas. Die beweging van die kontinentale plate veroorsaak ook dat stukke seevloer voortdurend onder die aardkors ingevoer word. Soute wat in die sediment vasgevang is, beland in die dieptes van die aarde en word op dié manier uit die see onttrek.

Skulpdiere in die see inkorporeer sekere soute in hulle skulpe. Wanneer dié diere doodgaan, sak die skulpe na die bodem en word dit met sediment bedek. Hierdie soute word dus ook uit die seewater onttrek.

Die rede waarom die see nie souter word nie, is dat daar 'n soutsiklus bestaan wat sout tot die oseaan toevoeg, en dan weer onttrek. Volgens oseanograwe het die soutgehalte in die see oor die afgelope paar miljard jaar sedert die oseane gevestig is, min of meer dieselfde gebly.

Nie al die oseane is ewe sout nie. Die Dooie See is uiters sout en 'n mens kan gewoon ronddryf omdat die water so dig is dat 'n mens nie sink nie. Hoe meer sout in water is, hoe digter raak die water. Die Dooie See is 'n afgeslote watermassa waarvan geen water uitvloei nie. Water verdamp net terwyl die soutgehalte voortdurend toeneem. As gevolg van verdamping is die Atlantiese Oseaan 'n bietjie meer sout as die Stille Oseaan.

Die Baltiese See het 'n baie lae soutgehalte. Normaalweg is seewater se soutgehalte laer wanneer die water vlakker is. Die soutgehalte varieer op grond van die diepte van oseane, maar oor die algemeen is dit 35 dele per 1 000.

Tans is oseane versadig aan kalsiumbikarbonaat (kalk). Gedurende die dag wanneer die seewiere in die oseaanwater fotosinteer (koolsuurgas onttrek en suurstof afskei), los die kalsium weer in seewater op. Snags wanneer al die seediere en die plante in die see respireer (koolsuurgas afskei), is daar 'n oorkonsentrasie van kalsiumbikarbonaat wat as kalsiumkarbonaat (kalksteen) teen die kuste uitslaan. As gevolg van die totale versadiging van kalsiumsoute in seewater, word die proses van oplos en neerslaan voortdurend herhaal. 'n Versadigingspunt vir natrium en magnesium is nog nie bereik nie, want dié soute is meer oplosbaar.

Die Noorweegse avonturier en etnograaf Thor Heyerdahl (1914–2002), het in 1947 sy wêreldbekende Kon-Tiki-ekspedisie op 'n balsavlot van Peru na Frans-Polinesië onderneem. Die boek wat hy oor sy avontuur geskryf het, was 'n internasionale treffer. Volgens Heyerdahl het die bemanning op daardie seereis seewater gedrink. Dit is egter 'n welbekende feit dat seewater vog uit 'n mens se weefsel onttrek, wat tot die dood kan lei.

Heyerdahl sê dat hulle geëksperimenteer het deur een koppie seewater vir elke twee koppies vars water te drink en op dié manier water bespaar het.

Jurie van den Heever

---

54. Hoekom kan 'n mens met minder water meer eiers in 'n outomatiese eierkoker kook?

'n Outomatiese eierkoker het 'n element wat die plaatjie waarop 'n mens water gooi, verwarm. Bokant die plaatjie is 'n rakkie wat 'n maksimum van ses of agt eiers kan akkommodeer. 'n Deksel word bo-op geplaas. Wanneer die koker aangeskakel word, word die plaatjie warm tot op die punt waar die water begin kook. Die eiers hang in die stoom en word gaar.

Hoeveel water moet 'n mens ingooi? Die vervaardiger van die koker gee 'n maatbeker saam met die koker waarop aangedui word hoeveel water per aantal eiers ingegooi moet word om hulle sag, middelmatig of hard te laat kook. Hoe harder die eiers moet wees, hoe meer water moet ingegooi word. Meer water verskaf meer hitte om die eiers langer te kook.

Alhoewel meer water meer hitte verskaf, is daar tog 'n oënskynlike teenstrydigheid wanneer 'n mens vir 'n gekose hardheid die voorgeskrewe hoeveelheid water vir verskillende hoeveelhede eiers vergelyk. 'n Mens sou verwag dat, om meer eiers gaar te maak, 'n mens meer hitte nodig het, en daardie groter hitte deur meer water verskaf moet word. Die maatbeker wys egter dat *minder* water nodig is, wat 'n mens laat wonder hoekom minder water dan nodig is om meer eiers tot 'n bepaalde graad van hardheid te kook.

Die antwoord lê in die konstruksie van die eierkoker. Die feit dat die eiers nie in die water is soos dit tradisioneel gekook word nie, maar in die stoom hang, asook die feit dat 'n deksel op die eierkoker geplaas word, speel 'n sleutelrol in die verklaring vir dié verskynsel. Namate die water binne die koker verdamp, kondenseer dit op die eierdoppe se oppervlak. 'n Sekere hoeveelheid van die stoom ontsnap deur 'n gaatjie in die deksel, maar al die stoom wat op die eieroppervlakke gekondenseer het, drup weer terug in die bakkie en word weer 'n keer tot kookpunt, en uiteindelik tot verdamping, gebring. Daarná vervul dit weer dieselfde funksie.

Om meer eiers gaar te maak, is uiteraard meer hitte nodig, maar hoe meer eiers daar in die eierrakkie hang, hoe groter is die oppervlakte waarteen water kondenseer. Uiteindelik drup meer water dus terug om weer tot die gaarmaakproses by te dra.

As ons hierdie saak wiskundig wil bereken, moet differensiaalvergelykings opgelos word wat onder andere die tempo van verdamping en terugdrup in aanmerking neem. Wanneer hierdie vergelyking opgelos word, is die kwantitatiewe resultaat inderdaad dat vir 'n spesifieke hardheid 'n bietjie minder water nodig is om meer eiers te kook.

Die terugvloei van die gekondenseerde damp het dus 'n groter effek op die proses as die groter volume water wat 'n mens sou assosieer met die hoeveelheid hitte of energie wat benodig word om 'n spesifieke aantal eiers gaar te maak.

Eiers van verskillende groottes sal die grootte van die oppervlakte waarteen kondensasie plaasvind, beïnvloed. As 'n mens dus groter eiers in die houer sit, sal nog minder water nodig wees, want dan is die oppervlakte waarop die stoom kondenseer voordat dit terugvloei, groter.

Hendrik Geyer

---

55. Watter bestanddeel in kattekruid maak katte so uitgelate?

In Engels staan kattekruid bekend as "catnip" of "catmint". Die meeste kateienaars weet presies watter effek kattekruid op dié troeteldiere het. Katte gaan lê op hul rug, miaau en vind die kattekruid onweerstaanbaar. Hulle is uitgelate, kwyl en kap met hulle pote in die lug na denkbeeldige voëls.

Hierdie effek geld nie net vir huiskatte nie, maar word ook waargeneem by groot katte soos leeus en tiere. Die groot katte moet uiteraard 'n hoë konsentrasie van die kattekruid inkry om dieselfde simptome en gedrag as huiskatte te hê.

Nie alle katte word egter hierdeur geaffekteer nie. Twee-derdes van katte ervaar die effek en een uit drie toon geen gedragsverandering nie. Dit is dus duidelik dat daar 'n genetiese komponent aan kattekruid verbonde is, met ander woorde daar is iets wat met die olfaktoriese organe in die neuse van katte reageer en dan 'n effek op die brein het. Die effek hou nie lank nie – ongeveer 10 tot 15 minute, dan is dit uitgewoed. Na sowat twee uur kan die katte weer 'n dosis kry en dan toon hulle presies dieselfde effek.

Wanneer 'n mens die olies uit kattekruid ekstraheer, is die hoofbestanddeel daarvan terpenoïed. Dit is die naam van 'n klas verbindings wat uit die vyfkoolstofmolekule terpeen gemaak word. Die terpenoïed in kattekruid wat die bedwelmende effek op katte het is nepetalaktoon; die naam is afgelei van die Latynse naam vir kattekruid: *Nepeta cataria*. Nepetalaktoon is letterlik 'n sagte dwelmmiddel vir katte. Dit is nie gevaarlik of verslawend nie en die effek daarvan is kortstondig.

Katte kan 'n oordosis kattekruid inkry, waarna hulle tipiese simptome van angs, paranoia en ernstige aggressie toon. Dit is egter van korte duur.

Blykbaar het die nepetalaktoon in die kattekruid 'n beskermende effek teen muskiete en insekte. Ook die mens gebruik dit as 'n afweermiddel teen muskiete.

Mense word ook deur kattekruid geaffekteer. In die sestigerjare tydens die hippie-era is kattekruid as 'n veel goedkoper alternatief vir dagga gebruik. Dit gee die gebruiker 'n lae vlak van bedwelming, maar as dit gerook word, ervaar die gebruiker 'n ontspanne gevoel en selfs oudiovisuele hallusinasies. Tee kan van kattekruid getrek en as kalmeermiddel gebruik word.

Jannie Hofmeyr

56. Sal die seevlak tussen die twee oseane tot 'n natuurlike watervlak herstel as die mensgemaakte strukture in die Panamakanaal verwoes word?

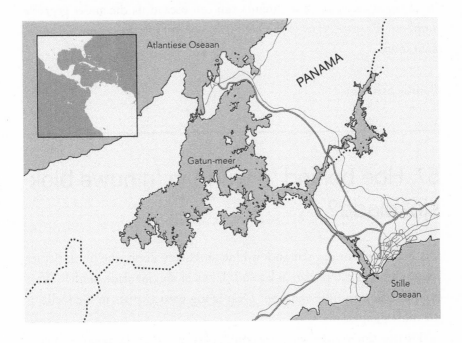

Die Panamakanaal is nie net 'n horisontale waterweg nie. Dit bestaan uit 'n reeks sluise wat die kanaal uiteindelik in twee oseane, die Stille en die Atlantiese Oseaan, laat uitmond. Bote word aan die een kant, byvoorbeeld aan die Stille Oseaan se kant, met behulp van sluise tot op 26 meter bo seevlak gelig, die hoogte van die Gatunmeer. Daarna vaar die bote oor die mensgemaakte meer vir 24,2 kilometer. Aan die Atlantiese Oseaan se kant word hulle weer met behulp van regulering deur 'n reeks sluise laat sak.

Indien die sluise deur sabotasie of iets dergeliks vernietig sou word, sal die grootste gedeelte van die meer, wat as verbindingsmiddel tussen die oseane gebruik word, dreineer. Die landmassa tussen die Stille en die

Atlantiese Oseaan sal dus verhoed dat die twee oseane met mekaar verbind word.

Ingenieurs is op die oomblik besig om die hele sluisstelsel op te gradeer, te vergroot en meer effektief te maak in terme van hul waterverbruik. Groter bote en meer verkeer sal dan deur die Panamakanaal kan vaar.

'n Interessante feit is dat die Stille Oseaan 20 sentimeter hoër as die Atlantiese Oseaan geleë is. Hierdie verskil in seevlak word toegeskryf aan waterdigthede, met ander woorde die soutkonsentrasie in die water. As 'n kanaal op seevlak deur Panama van een oseaan na die ander gegrawe word, sal die water vanweë die hoogteverskil wel van die een na die ander kant loop.

Bennie Schloms

---

57. Hoe beland 'n wurm in 'n nuwe blok sjokolade?

Dit het al gebeur dat iemand 'n blok sjokolade koop, die blink papier afhaal en begin eet, en dan 'n lewende larwe in die sjokolade ontdek. Waar kom hierdie wurmpie vandaan? Daar is tog geen gaatjies in die foelie of die omslagpapier nie?

Hierdie tipe voorval vind gewoonlik plaas wanneer die sjokolade neute bevat. Neute wat in sjokolade gebruik word, word meestal gedroog en in poreuse sakke gestoor. Motte in die omgewing sal dan op die sak eiers lê, en wanneer die eiers uitbroei, boor die larwes deur die sak om by die neute uit te kom.

Verskeie larwes eet gestoorde produkte soos neute en meel. In die ou dae is na die larwes as miet verwys. Wanneer meel drade trek voordat dit gesif word, is dit 'n teken dat daar larwes in die meel is. Die larwes wat meel eet, staan bekend as die Indiese meelmot. Hierdie meelmot kom nie van Indië af nie, maar blykbaar van die Amerikaanse Indiane (Sentraal- en Suid-Amerika).

Sjokolade word nie by 'n baie hoë temperatuur gemeng nie, daarom sterf die larwe of ruspe nie wanneer die neute by die sjokolademengsel gevoeg word nie. Terwyl die sjokolade in 'n vorm gegiet, stol en verpak word, gaan die larwe rustig voort om die neute te eet.

Dit kan ook gebeur dat die motjie, wat baie klein is, wel deur die foeliepapier kruip indien die papier net om die sjokolade gevou is. Die wyfie se ovipositor, haar lêboor, is nie 'n boor in die ware sin van die woord nie, daarom moet sy eiers op die oppervlak van die voedsel lê. Ander insekte boor werklik in 'n vrug in. Die vrugtevlieg boor byvoorbeeld 'n gaatjie in die skil van 'n vrug en lê dan 'n eiertjie net onder die skil. Die Indiese mot se lêboor is egter te sag om deur die foelie te kom.

Die meeste mense het al, sonder dat hulle dit besef het, 'n wurmpie deur 'n appel of 'n lemoen ingeneem, en niks daarvan oorgekom nie.

Henk Geertsema

---

58. Is dit waar dat die menslike liggaam onmiddellik na die dood 'n geringe gewigsverlies ondergaan?

Party mense glo dat die bestaan van die mens se siel wetenskaplik bewys is. Gevolglik ondergaan die liggaam die oomblik wanneer 'n mens sterf, 'n klein gewigsverlies omdat die siel die liggaam verlaat. Dié bewering laat uiteraard verskeie vrae ontstaan. Verminder die liggaam se gewig werklik skielik op die oomblik van afsterwe? Het hierdie verskynsel iets met sielsverlating te doen? Waar presies in die liggaam is die siel gesetel en waarheen vertrek die siel ná die dood?

Daar is inderdaad al 'n eksperiment gedoen om te bepaal of die mens se siel bestaan. In April 1901 het dokter Duncan MacDougall (1866–1920) 'n eksperiment by die Haverhill Hospitaal in Massachusetts uitgevoer. Sy oortuiging as medikus was dat 'n mens se liggaam gewig het en dat die siel deel van die liggaam is en daarom ook 'n materiële bestaan moet hê. Volgens hom moes die siel iets weeg as deel van die mens se totale liggaamsgewig. Alhoewel dokter MacDougall nie tussen gewig en massa onderskei het nie, word vir alle praktiese doeleindes aanvaar dat hy gewig in gedagte gehad het.

Hy het by die Haverhill Hospitaal toestemming van ses sterwende tuberkulose-pasiënte verkry om hulle met hul dood te weeg. 'n Groot skaal, wat oënskynlik tot so fyn as een gram kon weeg, is gebruik. Hy het 'n stut laat maak waarop die bed geplaas is voordat alles op die skaal geweeg is. MacDougall het telkens gesit en wag totdat die pasiënt sterf, en met die sterfte het hy opgemerk dat daar 'n klein gewigsverlies was.

In enige van sy geskrifte, briewe of selfs gesprekke, het MacDougall nooit beweer dat dit die siel was wat die pasiënte se liggame verlaat het nie. Hy het bloot 'n eksperiment gedoen en na sy beste wete 'n verskynsel waargeneem. Sy gevolgtrekking was dat, indien die siel sou bestaan, die eksperiment dalk 'n verklaring daarvoor sou kon bied. Hierdie eksperiment is sedertdien nooit herhaal nie.

Die populêre aanname bestaan dat hierdie eksperiment bewys het dat daar gewigsverlies met die oomblik van dood plaasvind. Die gewigsverlies is gemiddeld 21 gram ('n halwe ons). Daar is al baie beweer dat 21 gram min of meer die gewig van 'n sny brood is, en op dié manier het MacDougall se eksperiment 'n populêre mite geword.

Maar wat het regtig gebeur? Van die ses gevalle wat MacDougall waargeneem het, moes twee buite rekening gelaat word. Een van die pasiënte is dood voordat hy of sy geweeg kon word, en die ander sterfte het nie resultate gelewer nie omdat hospitaalpersoneel wat teen MacDougall se eksperimente gekant was, ingemeng het.

Een van die lyke het 'n duidelike gewigsverlies net na sterfte getoon. Twee het gewigsverlies getoon, maar die gewigsverlies was nie dadelik met sterfte waarneembaar nie, en die gewig het agterna toegeneem. Daar is selfs bespiegel dat 'n persoon met 'n stadige temperament se siel dalk stadig uit die liggaam uitbeweeg. Die vierde lyk het gewigsverlies getoon, maar die gewig het later toegeneem en toe weer afgeneem.

Hierdie sogenaamd wetenskaplike resultate is uiters onbetroubaar. Eerstens was die monstergrootte vir dokter MacDougall se eksperiment te klein. So iets word gewoonlik op 'n baie groter skaal onderneem sodat dit statisties verreken kan word. Die manier waarop MacDougall sy metings gedoen het, was onakkuraat. Dit is waarskynlik die rede waarom hy nooit daarop aangedring het dat sy eksperiment 'n bewys was dat daar 'n siel bestaan nie.

Later is die eksperiment met honde herhaal. Vyftien gesonde honde is blykbaar doodgemaak om die eksperiment uit te voer. Geen gewigsverlies is toe waargeneem nie en daar is aanvaar dat honde nie siele het nie.

Die eksperiment is ook met muise herhaal. In dié geval is gewigsverlies wel waargeneem en die gevolgtrekking was toe dat muise siele het. Een wetenskaplike het verder gegaan en 'n muis in 'n lugdigte glashouer gesit sodat die muis versmoor het. Toe die muis in die glashouer sterf, was daar geen gewigsverlies nie. Die siel het óf al die waterdamp of asem in die glas gehou, óf as dit inderdaad 'n siel was, kon dit nie deur glas beweeg nie.

Daar bestaan gevolglik geen wetenskaplike bewys dat siele bestaan nie. Met sterfte ontsnap daar niks uit die liggaam wat as 'n siel gekonstrueer kan word nie.

Vandag se samelewing word deur die wetenskap aan die gang gehou. Die wetenskaplike manier van toetsing en bevindings word onderskryf omdat al die produkte daarvan daagliks help om die mens se voortbestaan te verseker.

As 'n mens glo dat die liggaam stoflik is en dat die siel 'n niestoflike entiteit is, met al die ander implikasies van geloof daarby, ontstaan die vraag: Hoekom wil enigiemand hoegenaamd die bestaan van die siel wetenskaplik bewys? Geloof hoef nie wetenskaplik bewys te word nie.

Baie mense beweer dat vele dinge onpeilbaar is en dat die wetenskap nog nie op die metafisiese terrein beweeg nie. Soms voel hulle die wetenskap moet glad nie op dié terrein beweeg nie. Hulle reken dat kwessies soos moraliteit, liefde, hoop en die idee van geloof in 'n opperwese buite die bestek van die wetenskap val. Sommige wetenskaplikes is weer van mening dat die wetenskap uiteindelik alles gaan verklaar, ook alles oor liefde, hoop, geloof, nyd, jaloesie, ensovoorts.

Sedert die tyd van Plato word daar al van die siel as 'n niestoflike entiteit gepraat – die stoflike liggaam en die niestoflike siel, 'n asem of damp sonder gewig. Dit het daartoe gelei dat mense van 'n tweeledige bestaan, 'n liggaam en 'n gees, begin praat het.

Wyle doktor Ferdinand Deist, internasionaal bekende teoloog, is lank gelede gevra wat die mens se siel is. Sy antwoord was dat wat in die Bybel as siel vertolk word, iemand se persoonlikheid is. Volgens professor Julie Claassens, teoloog en kenner van die Ou Testament, is die idee van 'n siel in die Bybel eintlik 'n metafoor vir die self. Dit is iets soos 'n persoonlikheid, maar dit is 'n komplekse manier om daaraan te dink.

Jurie van den Heever

---

59. Hoekom word groot oliebronne juis onder die sandwoestyne in die Midde-Ooste aangetref?

Die oliebronne van die Midde-Ooste is van mariene oorsprong, met ander woorde dit het op die bodem van oseane gevorm. Dooie organismes soos seediertjies het op die seebodem in 'n laag van honderde meters dik geakkumuleer. Dié laag is gekompakteer en later met sediment oordek.

Mettertyd het die organismes onder hoë druk en temperature van tussen 120 °C en 160 °C vervloei om olie te vorm. 'n Baie nou venstergebied in temperatuur, die sogenaamde "oil window", is nodig om olie te vorm. As die temperatuur hoër as 160 °C sou styg, sou die olie vervlugtig en 'n gas soos metaangas vorm. Metaangas kom vry algemeen saam met olies in die Midde-Ooste voor.

Nadat die olie gevorm is, beweeg dit uit die skalielae en akkumuleer in poreuse standsteen. Omdat sandsteen groot porieë het, het dit 'n groter stoorkapasiteit vir olie. Hierdie poreuse sandsteen moet uiteraard deur 'n baie digter skalieagtige laag afgeseël word om te keer dat die olie uitloop. Wanneer die olie ontgin word, dring 'n bogrondse boor deur die afdigtingslaag tot binne-in hierdie poreuse sand.

Die sandwoestyn in die Midde-Ooste is 'n relatief onlangse verskynsel en het niks te doen met die oorsprong van olie in daardie streek nie. Woestynsand het baie lank nadat die olie op die bodem van 'n oseaan geakkumuleer het, die hele gebied oordek.

Die hoeveelheid olie wat in die Midde-Ooste beskikbaar is, is nie onbeperk nie en alles sal mettertyd uitgepomp raak. Daar is velerlei spekulasies oor hoe lank die oliebronne nog gaan hou. Kenners is van mening dat dit hoogtens 40 jaar sal duur voordat dit uitgeput sal raak. Soos wat nuwe bronne ontdek word, sal die olievoorraad wêreldwyd egter al hoe langer beskikbaar wees.

Olie word deesdae ook uit olieskalies en teersande ontgin. Hierdie bronne is vroeër jare glad nie vir olieontginning oorweeg nie, want die ontginningsproses was nie ekonomies nie.

Met die uitpomp van olie word ondergrondse holtes gevorm. Die vraag is of die grond nie sal insak as al die olie uitgepomp is nie. Uiteraard vorm lugholtes waar die olie was en insakking is 'n sterk moontlikheid. Grondwater vloei ook in dié holtes in en vervang die olie. Insakking is daarom nie so 'n groot probleem soos wat 'n mens sal verwag nie. Trouens, in baie gevalle word water ondergronds ingepomp juis om die olie na bo te dwing.

Bennie Schloms

60. Waar op aarde word die grootste temperatuurspeling tussen winter en somer ondervind en watter plek is die droogste?

Die plek met die grootste temperatuurspeling tussen die maksimum en minimum dagtemperature en tussen die warmste en koudste maand in die jaar, is Jakoetsk in Rusland. Dié hawestad lê aan die Lenarivier in Oos-Siberië, ongeveer 62 grade noord – byna by die poolsirkel wat 66 grade noord lê.

Hierdie groot temperatuurspeling is toe te skryf aan die feit dat Jakoetsk diep in die land, baie ver van groot watermassas af geleë is. Groot watermassas het 'n matigende invloed op temperature. Dit verklaar waarom 'n mens langs die see nie dieselfde temperatuuruiterstes kry as in die binne-land nie.

In Januarie is die gemiddelde temperatuur in Jakoetsk -43 °C. Tydens die Noordelike Halfrond se somer is die gemiddelde temperatuur vir Julie 'n aangename 20 °C. Die temperatuurspeling tussen Januarie en Julie is dus 63 °C.

Die plek met die laagste reënval is Arica in die noordelike deel van Chili. Ongeveer 0,03 mm reën per jaar word daar gemeet. Oor 59 jaar het hierdie deel van Suid-Amerika 'n totaal van minder as twee duim (50 millimeter) reën gehad. Die bietjie vog wat daar geval het, was waar-skynlik van mis afkomstig.

Arica lê in die Atakama-woestyn aan die weskus van Suid-Amerika. Daar heers soortgelyke toestande soos aan die weskus in Suid-Afrika, met koue seestrome en hoogdrukstelsels.

Van die droogste plekke op aarde is die pole. Alhoewel daar baie ys is, is daar baie min vog in die lug en val daar geen reën nie.

Piet Eloff

61. Kan 'n mens oornag grys word?

Kan mense wat in gevaarlike situasies was of benoude oomblikke beleef het werklik oornag grys word? Of is dit maar net 'n gesegde?

Wanneer verwys word na iemand wat oornag grys geword het, word sekere voorbeelde gewoonlik voorgehou. 'n Bekende een is dié van Marie Antoinette wat in 1793 gedurende die Franse Revolusie onder die guillotine beland het. Die storie is dat sy skielik, in die nag voor haar onthoofding, grys geword het. Nog 'n belangrike voorbeeld wat opgehaal word, is dié van sir Thomas More, die Engelse advokaat, filosoof en staatsman, wat in 1535 deur koning Hendrik VIII onthoof is nadat hy geweier het om die koning tot hoof van die Engelse Kerk te verklaar. Hy is ook veronderstel om die aand voor sy onthoofding spierwit grys te geword het.

Daar is natuurlik baie gevalle wat vroeër gedokumenteer is. In 83 v.C., toe 'n sewentienjarige geleerde aangestel is as hoof van die Joodse akademie, was sy vrou bekommerd dat hy heeltemal te jonk vir die pos gelyk het. Sy het toe soveel spanning op hom geplaas dat hy agttien wit strepe in sy hare gekry het. Maimonides, 'n Joodse rabbi, geneesheer en filosoof, het toe daarop gesinspeel dat dit die gevolg van veeleisende studie was.

'n Tegniese term word gebruik vir die idee van hare wat skielik wit word, naamlik *canities subita*. Dit is uit Latyn afgelei en beteken "skielik grys word".

Hare, nie eens 'n enkele haar, kan oornag wit word nie. Vergrysing is 'n fisieke proses en duur veel langer. Die kopvel bevat duisende haarfollikels en elke follikel produseer een haar. In die follikels se basis kom selle voor wat as melanosiete bekendstaan. Melanosiete produseer die pigment melanien wat kleur aan die hare gee. Daar bestaan twee vorme van melanien en kombinasies daarvan lei tot die verskillende haarkleure wat ons ken.

Die haar self bestaan uit 'n proteïen met die naam keratien. Dit word geproduseer deur selle wat in die haarfollikel voorkom, bekend as keratienosiete. 'n Mens kan aan 'n haar dink as 'n dooie stuk materiaal – dit bevat nie self enige lewende selle nie; dit is bloot 'n suiwer proteïen wat, kan 'n mens maar sê, deur melanosiete met 'n kleurstof ingespuit is.

Grys hare is eenvoudig die gevolg van minder melanien wat in die haar voorkom. Die proses van vergrysing begin gewoonlik tussen 30 en 35 jaar.

Hoekom het wit hare geen melanien nie? Die antwoord lê in die haargroeisiklus. Daar is drie fases waarin hare groei en dit gaan deur 'n siklus wat herhaal word. Die eerste fase is die groeifase of die anageenfase, waarin die pigment geproduseer word. 'n Mens se genetika, asook sekere hormoonvlakke, bepaal die duur van so 'n fase. Hormoonvlakke kan dié fase van die haarsiklus korter of langer maak. Die groeifase word deur 'n rusfase gevolg, die katageenfase. Daarna volg 'n dormante fase (telogeenfase) waarin geen haargroei plaasvind nie.

Intense stres, of selfs sekere geneesmiddels soos dié vir Parkinsonsiekte of chemoterapiemiddels, kan 'n groot aantal haarfollikels gelyktydig in die telogeenfase plaas, en dit lei dadelik tot geleidelike vergrysing. Hierdie toestand staan bekend as telogeen-effluvium. Dit is egter nooit 'n vinnige proses wat oornag plaasvind nie.

Daar is dus geen bewys dat vergrysing 'n oornagproses is nie, maar daar bestaan egter 'n toestand, bekend as alopecia areata-sindroom, wat 0,1 tot 0,2% van die bevolking affekteer. Kenners meen dit is 'n outoïmmuuntoestand en dit word gekenmerk deur 'n skielike verlies aan hare, tipies plek-plek. In rare gevalle val net hare met kleur (gepigmenteerde hare) uit. Indien so iemand 'n mengsel van swart en wit hare het, sal dié toestand veroorsaak dat slegs die swart hare vinnig, binne 'n dag of twee, uitval. Net die wit hare bly agter en dit lyk dan asof die persoon plek-plek "oornag" grys geword het.

Jannie Hofmeyr

62. Hoekom het verkleurmannetjies nie uitwendige ooropeninge nie?

Die meeste akkedissoorte het uitwendige ooropeninge, met trommelvliese in die openinge of effens dieper na binne in die gehoorgange geleë. Uitwendige ooropeninge dui daarop dat hierdie akkedisse klankgolwe uit die omringende lug via die trommelvlies en gehoorbeentjies na die binneoor kan gelei, van waar die impulse dan na die senuweesisteem oorgedra word. Die afwesigheid van uitwendige ooropeninge sou dui op 'n onvermoë om klankgolwe uit die lug op te vang. Hierdie afwesigheid van uitwendige ooropeninge by verkleurmannetjies is vreemd, aangesien koggelmanders, wat baie na aan verkleurmannetjies verwant is, wel uitwendige ooropeninge het. 'n Mens wonder onwillekeurig of dit dalk moontlik is dat die spiere wat die uitskiet van die tong beheer, soveel plek in die kop nodig het dat gehoorgange in die slag gebly het?

Behalwe verkleurmannetjies is daar heelwat ander landwerweldiere wat nie uitwendige ooropeninge het nie. In die meeste gevalle is die afwesigheid van ooropeninge te wyte aan 'n lewe in 'n soliede medium, hetsy in water of in grond. Water en grond is albei goeie geleiers van klank en die klankgolwe hoef nie deur middel van 'n trommelvlies en gehoorbeentjies versterk te word voordat dit na die binneoor oorgedra word nie. Die klankgolwe word sommer direk via die liggaamsweefsel na die binneoor oorgedra en 'n uitwendige ooropening, trommelvlies en gehoorbeentjies is oorbodig. Die platanna is 'n goeie voorbeeld van 'n permanent waterlewende of akwatiese werweldier wat nie uitwendige trommelvliese of ooropeninge het nie. Paddas wat op land lewe, soos skurwepaddas, byvoorbeeld, het weer prominente ooropeninge en trommelvliese.

Baie grawende akkedisse wat permanent ondergronds bly, het ook hul uitwendige ooropeninge en trommelvliese verloor omdat grond 'n goeie geleier van klank is en hierdie strukture dus oorbodig geraak het. Behalwe die verlies van uitwendige ooropeninge, het die oë ook by hierdie akkedisse gereduseerd geraak en dikwels het die diere ook liggaamsverlenging, met 'n gepaardgaande verlies aan ledemate, ondergaan. Moderne slange het ook nie uitwendige ooropeninge nie en dit, tesame met gereduseerde oogspiere en die afwesigheid van ledemate, is getuienis dat slange uit akkedisse ontwikkel het wat ondergronds of in water geleef het. Is dit dan dalk moontlik dat verkleurmannetjies, net soos slange, ook uit grawende of waterlewende akkedisse kon ontwikkel het en die afwesigheid van uitwendige ooropeninge dan so verklaar kan word? So 'n moontlikheid blyk hoogs onwaarskynlik te wees aangesien geen van die verkleurmannetjies se onmiddellike naverwante grawend of waterlewend is nie.

Professor Aaron Bauer van die Villanova Universiteit in Pennsilvanië meen dat die verklaring vir die afwesigheid van uitwendige ooropeninge by verkleurmannetjies opgesluit lê in die feit dat verkleurmannetjies boomlewend is en die meeste van hulle tyd op relatiewe dun takkies deurbring. Aangesien hulle hoofsaaklik op visie ingestel is, is goeie gehoor nie werklik vir hulle van belang nie. As gevaar dreig, sal die dun takkie vibreer en die bedreiging se teenwoordigheid verklap. Die verkleurmannetjie tel die vibrasie van die takkie via die bene op. Daarenteen sal akkedisse wat op klippe lewe nie vibrasies kan voel nie, omdat die klippe waarop hulle sit, so solied is dat vibrasies van die substraat nie sal registreer nie. Dié akkedisse is dus wel op hulle gehoor aangewese en sal uitwendige ooropeninge hê. 'n Mens sou ook verder kon redeneer dat verkleurmannetjies nie nodig het om te hoor nie aangesien hulle in elk geval nie van gevaar af kan weghardloop nie. Met hulle oë wat kan ronddraai is hulle eerder baie sterk op visie ingestel.

Die moontlikheid dat die gehoorgange van 'n verkleurmannetjie moes plek maak vir 'n lang tong en groot spiermassa wat die tong moet uitskiet, is hoogs onwaarskynlik. Die tong van 'n verkleurmannetjie is teleskopies, dit wil sê die segmente gly oor mekaar, en neem relatief min plek in beslag. Verder word die uitskiet van die tong bewerkstellig deur elastiese energie wat in die kollageenvesels van die tongskedes gestoor word en dan in kinetiese energie omgesit word wanneer die tong uitgeskiet word. Dit is nie dat die tong self 'n dik gespierde orgaan is nie.

Le Fras Mouton

64. Hoe word 'n spinnekop se sy vervaardig en hoekom sit 'n spinnekop nie in sy eie web vas nie?

Sonder sy kan 'n spinnekop se bestaan eenvoudig nie voorgestel word nie.

Spinnekoppe se sy word deur spesiale strukture op die dier se agterlyf vervaardig. By die meeste spinnekoppe is daar drie strukture op die voor-, middel- en agterkant van die agterlyf wat met die vervaardiging van sy te doen het. Sommige spinnekoppe het twee groeperings van hierdie "sytepels", terwyl ander vier het.

Die sy is 'n proteïenagtige materiaal wat uit die sykliere kom. Wanneer dit uit die tepel kom, is dit baie vloeibaar. Die vog word egter dadelik uit die sy onttrek en deur die spinnekop geabsorbeer. Hoe droër die sydraad in die atmosfeer word, hoe sterker en meer rekbaar is dit. Op 'n gewigs-basis is spinnekoppe se sydrade net so sterk soos staaldraad – 100 gram sydraad se breekkrag is dieselfde as dié van 100 gram staaldraad. Wanneer 'n spinnerak vernietig word, neem die spinnekop die proteïenagtige sydrade weer in en hy hersirkuleer dit binne 30 minute om weer 'n web te bou.

Spinnekoppe spin ses verskillende soorte sy. Die tepels wat die sy produseer, word die spinneret genoem en dit bestaan uit 'n plaatjie met verskillende porieë. Elke porie is 'n opening van 'n spesifieke syklier.

Die eerste tipe sydraad wat uitgepars word, staan in Engels bekend as 'n "drag line". Dit kan rofweg as 'n trektou of spandraad vertaal word. Die trektou is die sterkste draad wat die spinnekop gebruik om die nes aanvanklik te posisioneer. As spinnekoppe byvoorbeeld deur die wind uit 'n boom gewaai word, hang hulle aan 'n draad – daardie draad is die trektou.

Dikwels beweeg spinnekoppe met behulp van die wind. Jong spinne-koppies word oor wye areas versprei deurdat hulle sydrade spin wat deur die wind opgetel word en die spinnekoppies na 'n ander plek waai.

Sodra 'n spinnekop die trektou gebruik het om die basiese posisie van die web uit te lê, begin hy sy kenmerkende web spin. Die spinnekop loop vrylik oor die spindrade en weef tipiese webpatrone wat geskik is om prooi te vang. Een van die kliere skei gom af wat net sekere drade taai maak. Sommige drade word nie met gom besmeer nie sodat die spinnekop sonder belemmering daarop kan loop.

'n Slapende spinnekop word wakker gemaak deur die vibrasie van gomdrade wanneer prooi daarin vassit. Die spinnekop beweeg baie vinnig oor die gomlose sydrade om die prooi beet te kry, waarna dit getakel en in sydrade toegewikkel word. Vir hierdie doel word 'n ander soort sy afgeskei. Dié sy is baie taai, maar raak baie vinnig droog. Dit is nie net funksioneel om die prooi te immobiliseer nie, maar ook om dit te verseël. Dikwels word die prooi gebêre om later verorber te word.

'n Ander tipe sy wat spinnekoppe produseer, is dié wat hulle eierpakkies bedek. Baie spinnekoppe dra 'n wit eierpakkie saam met hulle. By knopiespinnekoppe kan pragtige strukture op die eierballetjie, wat amper soos 'n gholfballetjie lyk, waargeneem word. Twee tipes sy word hier gebruik. Een tipe omhul die eiers, en die ander tipe staan bekend as die skulptuurtipe sy. Laasgenoemde beskerm die eiermassa teen uitdroging, parasiete en predatore. Perdebye het gewoonlik 'n ogie op die pakkies met spinnekopeiers.

Spinnekoppe se sy het baie gebruike. Vanweë die stabiliteit daarvan word sydrade byvoorbeeld in teleskoopvisiere van gewere gebruik. Die mense van Papoea-Nieu-Guinee gebruik spinnekopspinsels as visnette omdat die sy so sterk is.

Sy, ook onderwater, is uiteraard nie tot spinnekoppe beperk nie. Buiten sywurms is daar baie insekte wat van sy gebruik maak. Selfs mierleeus en die kokerjuffers is meesters omdat die larwes onderwater sydrade spin om hul prooi mee te vang.

Een van die unieke spinnekoptipes is die bolasspinnekop. 'n Bolas is 'n tipe wapen wat gegooi word. Dit word veral deur Suid-Amerikaanse beesboere gebruik om beeste mee te vang. 'n Bolas is 'n lang riem met gewigte aan die eindpunte. Wanneer dit na 'n bees gegooi word, span die riem om die bene en die dier val neer.

Bolasspinnekoppe heg 'n ronde balletjie van taai stof aan 'n nie-kleefdraad wat uit die lug hang. Wanneer die vibrasie van die prooi gevoel word, begin die spinnekop die bal vinnig heen en weer swaai. Die prooi vlieg in die balletjie vas en bly daar sit. Die bolasspinnekop hys die draad dan vinnig na bo sodat daar geen teken van 'n web is nie.

Die breekweerstand of treksterkte van spinnekopwebbe is verstommend. Sommige mense beweer dat die webbe van die "golden orb"-spinnekoppe, die goue webspinnekoppe wat in KwaZulu-Natal voorkom, sterker as titaan is. Die Amerikaanse DuPont-maatskappy wat kunsvesel vervaardig, stel intens belang in die samestelling van sydrade, aangesien hulle nog nie daarin kon slaag om iets soortgelyks kunsmatig te vervaardig nie. Hulle het egter 'n metode ontwikkel om die goue webspinnekoppe lewend te "melk". Nagenoeg 300 meter sydraad word uit 'n spinnekop onttrek. As die wyfiespinnekop opdroog, word sy gevoer sodat sy weer kan begin spin.

Die aanwending van die sydrade is veeldoelig, veral in die mediese wetenskappe waar dié stabiele drade in chirurgie, oogsnykunde en vir hartomleidings gebruik word. Dit word ook in koeëlvaste baadjies gebruik omdat dit sterk genoeg is om 'n koeël te stop.

Bio-ingenieurswese stel baie in spinnekoppe belang, nie net in die web se vorms as vangmetode nie, maar ook in die materiaal.

Henk Geertsema en Dave Pepler

---

65. Waarom wil mense altyd vreemde disse eet?

Die mensdom is van nature nooit tevrede met slegs stapelvoedsel op die spyskaart nie.

The Guardian het onlangs berig van 'n toename onder die Franse in die eet van die ortolan-voëltjie (*Emberiza hortulana*). Die ortolan is so groot soos die plaaslike huismossie, ongeveer 16 sentimeter lank, en dit weeg sowat 20 gram. In Frankryk word dié voëltjies in groot getalle gevang en dan in 'n donker kamer aangehou. Die donkerte veroorsaak dat hulle aanmekaar eet, byna soos die ganse waarvan pâté de foie gras gemaak word. Foie gras is 'n gesogte kossoort wat van die lewer van 'n eend of gans wat spesiaal vet gevoer is, gemaak word. Nadat die ortolans 'n week lank trommeldik gevoer is, word dit in brandewyn versuip sodat die longe vol brandewyn kan wees wanneer dit heel gaargemaak word. Blykbaar is die smaak so hemels dat 'n servet oor die smulpaap se kop gegooi moet word sodat geen dampe ontsnap wanneer die voëltjie genuttig word nie. Wyle president François Mitterand het blykbaar op sy sterfbed om ortolan gevra en dit gekry.

Die ortolan-gereg is sekerlik een van die buitensporigste kossoorte. Hoekom wil 'n mens 'n jong kalf slag, wat skaars regop kan staan, net omdat sy vleis sag is? Voëlnessies – waarom sal 'n mens 'n mossienes uithaal, dit in water kook en dan die sop eet? Waarom is die Franse so lief vir tuinslakke eet? Wanneer slakke voorberei word, word die spysverterings-kanaal met meel skoongemaak. Daarna word die diertjie gaargestoom of -gekook, en dan met sterk knoffelbotter geëet.

So was daar deur die hele geskiedenis van die mensdom 'n eienaardige versugting na vreemde disse. In die Romeinse tydperk was nagtegaaltonge baie gewild as gereg. Inwoners van Rome het duisende nagtegale gevang en vir hul tonge doodgemaak – 'n delikate versnapering. Baie voëls deur die geskiedenis heen, bekroon met skoonheid en simboliek, het hul lewens as kulinêre lekkernye afgesluit.

'n Mens kan alles van 'n haai eet, behalwe sy snoet. Tog word haaie vir hul vinne gevang. Vinne word van haaie afgesny terwyl hulle nog lewe. Die haaie word dan in die water teruggegooi om te vrek.

En hoekom is stink kaas so gewild? Engeland spog tans met die wêreld se stinkste kaas, bekend as "Stinking Bishop". Die stank van die kaas is soortgelyk aan die reuk van 'n kadawer. Dié kaas het 'n skil en kom uit die dae van die cistersiënsiese monnike van Dymock in Engeland. Dit word in gefermenteerde peersap gewas en 'n stink, skerp, oranjekleurige en taai skil ontwikkel namate die Brevibakterium dit van binne af ryp maak. By kamertemperatuur word die "Stinking Bishop" loperig in 'n mens se bord. Sommige mense beskryf dit as 'n spektakulêre suiweleksperiment.

Stokou visse word gedood om hul eiertjies uit hulle te haal wat gepekel en as kaviaar opgedien word. Kaviaar smaak na sout en nie veel meer nie.

Waarom is die mens dan in hierdie ekstreme disse of kossoorte geïnte-resseerd? Mense is waarskynlik op soek na enige iets wat die gewone ophef en die lewe meer interessant maak, byna asof daar 'n groot verveling by die mensdom ingetree het. Nuwe dwelmmiddels wat ontwikkel word, byvoorbeeld tik, het dit ten doel om die alledaagse te probeer ophef.

Die mens doen in elk geval vreemde dinge wat deel van die alledaagse lewe geword het. Batteryhoenders wat op 28 dae slaggereed is, word geëet. Dié diere moet na 28 dae geslag word, anders gaan hulle onderontwikkelde bene nie meer hulle liggaamsgewig kan dra nie. Voerkrale waar beeste vir die mark gereed gemaak word, is streng genome ook 'n abnormale, teennatuurlike manier om voedsel te voorsien.

Groot bedrae geld word vir sushi betaal. In Januarie 2017 het 'n blouvintuna van 212 kilogram 'n prys van meer as 640 000 Amerikaanse dollar by die Tsukiji Vismark in Tokio behaal. Dié vis wat langs die kus van Japan gevang is, is deur die eienaar van 'n sushi-restaurantgroep gekoop te midde van wêreldwye oproepe om die vangs van tuna, wat op die rand van uitsterwing is, te staak.

Mense is van mening dat dinge wat skaars is noodwendig beter is of lekkerder moet smaak. Daar behoort eerder aan die welstand van die aarde gedink te word. Dinge wat vir die mens lekker is, kan moontlik bedreig word. Die Yslanders het hul eerste wetgewing oor walvisjag in 1703 ingestel omdat hulle daarvan bewus was dat die Noorweërs te veel van dié soogdiere gevang het. Tot vandag toe beskerm Yslanders hulle walvisse en hulle vang slegs 200 per jaar vir eie gebruik. In die suidelike oseane vind jaarliks walvisslagtings plaas deur veral die Japannese.

Baie noordelike nasies eet die bedreigde puffin-voël. Dié koddige voëltjies is besig om uit te sterf as gevolg van aardverwarming. Hulle het geleef van die palingvissie, maar sedert die seetemperatuur om Ysland die afgelope 50 jaar met een graad toeneem het, het die palingvissie verdwyn. Ten spyte daarvan dat puffins se getalle afgeneem het, eet mense hulle.

Beskaafde mense maak ingeligte besluite oor wat hulle eet. Eet 'n goeie tamatie, 'n lekker stuk skaapvleis wat van 'n plaas af kom, 'n dier wat met respek behandel is. Moenie 'n wilde dier wat op die rand van uitsterwing staan, eet nie. Ook nie die eiers van pikkewyne nie. Eet ratelvriendelike heuning.

Dave Pepler

66. Waarom koel vloeistof of kos wat in 'n mikrogolfoond verhit is vinniger af as wanneer dit in 'n konvensionele termiese oond verhit word?

Dit is inderdaad so dat iets wat in 'n mikrogolfoond verhit is, vinniger afkoel as iets wat in 'n termiese oond verhit is. Om dié verskynsel te verstaan moet 'n mens na die verskillende tipes verhitting deur dié kombuistoebehore kyk.

'n Mikrogolfoond is, soos die naam sê, nie 'n oond wat op grond van hitte kos of vloeistof warm maak nie, maar op grond van elektromagnetiese straling wat spesifiek in die mikrogolfgebied voorkom. Wat dié oond doen, is om sekere molekules wat die straling kan absorbeer, vinniger te laat beweeg. Watermolekules absorbeer hierdie tipe straling die beste, terwyl vette, olies en soliede kos dit minder absorbeer. Die houer waarin die voedsel of vloeistof in die mikrogolfoond geplaas word, se molekules word nie deur die straling beïnvloed nie.

Hierdie tipe verhitting word diëlektriese verhitting genoem. Dit is hoofsaaklik die watermolekules wat vinniger beweeg as gevolg van die absorpsie van die straling. Die watermolekules verkry dus meer termiese energie (word warm). Hierdie "warm" watermolekules bots nou met die ander molekules in die kos of vloeistof en dra van die termiese energie na die ander molekules oor en die hitte versprei so stadigaan deur die kos.

Wanneer kos uit die mikrogolfoond gehaal word, is dit oneweredig verhit. Areas wat meer water bevat is warmer as ander, maar 'n rukkie nadat die kos uitgehaal is, versprei die hitte na die ander molekules en ook na die houer waarin die kos of vloeistof is. Sodoende word die energie wat in die warm watermolekules opgeberg is, deur die hele houer en die kos versprei. Daarom koel dit ook vinniger af.

In 'n konvensionele oond vind daar slegs termiese verhitting plaas, 'n proses wat baie stadiger as diëlektriese verhitting is. Maar, in teenstelling met mikrogolfverhitting, is al die molekules wat in die kos, water en die houer voorkom, ewe warm wanneer 'n mens die kos uit die oond haal. Geen energie hoef tussen warm en koel molekules te versprei nie, en die kos bly dus langer warm.

Jannie Hofmeyr

---

67. Wat is die naam van die komeet wat in 1965 oënskynlik baie naby aan die aarde verbybeweeg het?

Die naam van die komeet wat op 18 September 1965 waargeneem is, is Ikeya-Seki. Dit is deur twee Japannese amateursterrekundiges, Kaoru Ikeya en Tsutomu Seki, ontdek, en hulle het dit klaarblyklik binne 15 minute van mekaar aangemeld. Daarom dra die komeet die naam van hul gekombineerde vanne.

Ikeya-Seki met sy lang komeetstert was ook in Suid-Afrika 'n aanskoulike gesig in die naghemel. Dit is een van 'n groep komete wat Kreutzsonskrapers of "sungrazers" genoem word. Die eerste deel van die naam verwys na die Duitse sterrekundige, Heinrich Kreutz (1854–1907). Kreutz het 'n hele klompie komete waargeneem wat almal op hul kortste afstand van die son, die perihelion, getrek het. Omdat hulle so naby aan die son was, het die komete besonder helder vertoon. Die afleiding wat Kreutz gemaak het, was dat al dié komete hul oorsprong in 'n reuse-oerkomeet gehad het wat by geleentheid in sy omwenteling om die son uitmekaar gebreek het in 'n klompie kleiner komete.

Al hierdie komete het baie lang dun elliptiese bane gevolg. Hulle gaan draai ver buite die melkwegstelsel in die sogenaamde Oort-wolk, waar heelwat komete hulle oorsprong het en asteroïede en kleiner hemelliggame versamel is.

Wanneer komete ons sonnestelsel onder die invloed van die son se swaartekrag binnedring, beweeg hulle tipies tot naaste aan die son wat immers die aantrekkende hemelliggaam is wat hul bane bepaal. Soos die komeet die son nader, kan dit egter per geleentheid toevallig ook baie naby aan 'n planeet verbygaan, of in 'n ekstreme geval selfs met 'n planeet bots.

'n Stuk van 'n komeet het heel waarskynlik in 1908 in die omgewing van Tunguska in Rusland met die aarde gebots. Dié afleiding kan egter nie met sekerheid bevestig word nie, maar een van die mees waarskynlike verklarings van wat destyds gebeur het, is dat 'n voorwerp uit die ruimte met 'n deursnee van tussen 60 en 200 meter die aardoppervlak getref het. Die energievrystelling wat tydens dié voorval plaasgevind het, was duisend keer kragtiger as die atoombom wat bo Hirosjima ontplof het. Hierdie ontploffing het ongekende skade aan die landskap aangerig. Daar word bespiegel dat dit waarskynlik deur 'n fragment van 'n relatiewe klein komeet, komeet Encke, veroorsaak is. In sy baan om die son draai Encke nooit verder as Jupiter nie en hierdie baan word dikwels direk deur die binneplanete versteur.

Om te voorspel wanneer komete sigbaar gaan wees, is moeilik. 'n Komeet se baan moet eers bepaal word en daar moet vasgestel word of dit inderdaad ellipties is, anders as sommige komete wat 'n hiperboliese of paraboliese baan volg en dan net een keer by die son verbykom. In die geval van Halley se komeet, wat op 28 Julie 2061 weer sal verskyn, was dit wel moontlik. In die geval van komeet Ikeya-Seki lyk dit of die komeet eers oor 1 000 jaar weer sigbaar sal wees.

Hendrik Geyer

68. Wat is die verskil tussen konyne en hase?

Hase en konyne stam uit die groep Lagomorpha, en daar bestaan definitiewe verskille tussen die twee. Die moeder van alle konyne op aarde is die Engelse konyn, *Oryctolagus cuniculus*. Dit is dié spesie wat as gevolg van oorbevolking 'n plaag in Australië en Robbeneiland geraak het sodat dit in 'n stadium op groot skaal uitgedun moes word.

Die anatomie van hase sowel as konyne is aangepas sodat dié diere vinnig kan hardloop. Hulle agterbene is baie sterk en kangaroeagtig. Die pote het groot naels of kloue, en dit is met 'n stewige haarlaag bedek. Hulle het groot ore en oë sodat hulle enige bedreiging vinnig kan waarneem. Haas- en konynvleis is besonder gewild by mens en dier.

Hase is groter as konyne en hulle ore steek dikwels bo 'n grasveld uit, terwyl konyne minder opsigtelik is. Ook by hierdie diere se kleintjies is daar groot verskille. In Afrikaans bestaan daar nie woorde vir hase en konyne se kleintjies nie, maar in Engels word na 'n klein hasie as "leveret" verwys, en na 'n klein konyntjie as 'n "kitten".

Klein hasies is baie goed ontwikkel by geboorte. Hulle oë en ore is oop, hulle het 'n haarbedekking en kan reeds vinnig beweeg. Dit is die gevolg van evolusionêre ontwikkeling wat hulle in staat gestel het om van predatore te ontsnap. Dieselfde geld vir 'n springbok en 'n wildebees, waar die kleintjie na geboorte reeds baie vinnig kan beweeg.

Net soos in die geval van ander spesies, steek konyne hulle kleintjies weg om hulle teen gevare te beskerm. Die klipkonyn het byvoorbeeld nie 'n nes nie, maar die aand voor die geboorte van die kleintjies grawe die wyfie 'n gat so groot soos 'n teekoppie, trek dan haar penshare uit en voer die nes daarmee uit sodat dit kompleet na 'n voëlnes lyk. Die volgende aand skenk sy geboorte aan twee of drie kleintjies. Hulle oë en oorkanale is dan nog toe en daar is geen haarbedekking in sig nie. Een keer per dag, gewoonlik na middernag, gaan druk die klipkonynwyfie haar tepels in die nes in sodat die kleintjies gevoed word – die enigste voeding van die dag.

Die klipkonynwyfie se melk is baie ryk, met ongeveer 10 persent vet en 15 persent proteïene. Geen spoor of merk na die nes word deur die wyfie agtergelaat nie. Alhoewel die kleintjies net een keer per dag melk kry, groei hulle blitsvinnig, en drie weke na geboorte kan hulle saam met die wyfie van die nes af wegbeweeg.

Oewer- of rivierkonyne openbaar presies dieselfde gedrag ten opsigte van hulle kleintjies en voeding. By hulle word die nes in die sandwal van 'n rivier uitgegrawe. Voorheen is geglo dat oewerkonyne bedreig is, maar hulle word nou in dorpe soos Robertson en Laingsburg, in die ou rangeer-werf, opgemerk. Hulle is dus nie meer Afrika se skaarsste soogdier nie.

Klipkonyne en rivierkonyne lewe teen vertikale oppervlakke – die klip-konyn teen koppies en die rivierkonyn teen rivierwalle. Die rede hiervoor is dat die diere se sighorison van waar moontlike predatore waargeneem kan word, naby is. Indien hulle op die vlakte gelewe het, was die horison baie ver en sou hulle nie vinnig oor die horison kon verdwyn wanneer gevaar dreig nie. Klipkonyne gebruik vertikale oppervlakke om vinnig van gevaar te ontsnap. Die dier sal op 'n klipwand afstorm en dan soos 'n bal van die klip af weghop. 'n Gechoreografeerde dansie word uitgevoer om die jagter van stryk te bring voordat die dier, wat weet presies op watter klip hy teen 'n hoek van 40 grade moet spring om uiteindelik teen 60 grade weg te hop, ontsnap. As hy uiteindelik deur die veld wegspoed, is dit feitlik onmoontlik om hom in te haal.

In die omgewing van Brandvlei staan die kliphaas onder die plaaslike bevolking bekend as die pishaas. Wanneer dié haas gekook word, ruik dit blykbaar na die urine van 'n merrie.

Hase en konyne is nagdiere en as hulle deur 'n jakkals, 'n hond of 'n mens gejag word, is een van hul tegnieke om tot op die laaste oomblik te bly sit en nie voor die tyd te begin hardloop nie. Die idee is om die jagter te laat skrik as daar skielik padgegee word.

Die verbrokkelde habitat skei hase en konyne van mekaar en elimineer die kompetisie om voedsel tussen hulle. Hase word in die vlaktes gevind, waar hulle gras vreet, terwyl die koppiediere van bossies lewe. Die bossie-dieet verskaf die intense geur waarvoor hulle vleis bekend is.

Klipkonyne se getalle is in sekere gebiede aan die afneem as gevolg van toenemende aktiwiteit van jagters en weidingsdruk soos wat boere al hoe meer diere aanhou. Die probleem van toenemende jakkalse moet ook nie onderskat word nie.

Dave Pepler

---

69. Is 'n gewone sonsondergang nie ook maar 'n sonsverduistering nie?

Dit is 'n gegewe dat die aarde om die son wentel en die maan om die aarde. Uiteraard sal die maan, wanneer dit om die aarde wentel, in 29,5 dae noodwendig een of ander tyd tussen die son en die aarde beland. Die maan sal dan 'n lang tregtervormige skadu na die aarde se kant toe werp. Dit beteken nie dat daar elke keer wanneer dit gebeur 'n sonsverduistering plaasvind nie.

'n Algehele sonsverduistering is die gevolg van omstandighede soos wanneer die maan in of naby die snypunte is wat die aardbaan om die son, en die maan se baan om die aarde, maak. Dan sal die maan se skadukeël die aarde bereik.

As die maan in sy elliptiese baan om die aarde naby die planeet is, sal die skadu oor die aarde 'n algehele sonsverduistering tot gevolg hê. Die maksimum tydsduur van dié sonsverduistering sal ongeveer 7,5 minute wees, en die area wat donker is sal nooit meer as 290 kilometer breed wees nie. Slegs 'n klein area word deur hierdie algehele sonsverduistering geaffekteer omdat die maan aansienlik kleiner as die aarde is. Die deel wat in die halfskadu lê, strek tot 3 220 kilometer weerskante van die strook van algehele verduistering. Met ander woorde, 'n gedeeltelike sonsverduistering kan oor 'n baie groter deel van die aarde waargeneem word. Dit staan bekend as 'n ringvormige sonsverduistering. As die maan in sy baan verder weg van die aarde is, beteken dit dat daardie skadukeël nie die aarde bereik nie. Slegs daardie wyer gedeelte word waargeneem, en wel as 'n ringvormige sonsverduistering.

Die reaksie van voëls en diere tydens 'n algehele sonsverduistering is opvallend. Hulle reageer asof hulle slaaptyd vroeër as normaalweg aangebreek het.

'n Maansverduistering, aan die ander kant, vind een maal in 29,5 dae plaas. Dit gebeur wanneer die aarde tussen die maan en die son lê. In hierdie geval sal die aarde 'n skadukeël vorm en as die maan binne daardie skadukeël beweeg, het dit 'n maansverduistering tot gevolg. As die maan egter net gedeeltelik in daardie skadukeël val, vind 'n gedeeltelike maansverduistering plaas. In teenstelling met 'n sonsverduistering, kan dié maansverduistering oral op die aardoppervlak waargeneem word.

Maansverduisterings dien as bewys dat die aarde nie 'n plat vlak is nie, maar wel bolvormig.

Piet Eloff

---

70. Wat gebeur wanneer 'n mens se ore toeslaan?

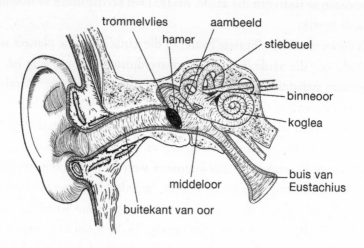

Soms slaan mense se ore toe en hulle "hoor" 'n weergalmende klank, byna soos 'n simbaal. Het dié sensasie iets te doen met die aambeeld- en stiebeuelbeentjies in 'n mens se ore?

Die antwoord is dat dit niks daarmee te doen het nie. Dit het wel te doen met die verbinding tussen die oor en die neusholte: die buis van Eustachius, vernoem na die sestiende-eeuse Italiaanse anatomis, Bartolomeo Eustachi.

Hierdie buis het 'n baie belangrike funksie. Normaalweg is dit toe, maar dit kan oopmaak om klein hoeveelhede lug deur te laat sodat die druk tussen die middeloor en die atmosfeer, wat deur die trommelvlies geskei word, kan normaliseer. Die trommelvlies se funksie is om die klankgolwe wat deur die oor waargeneem word, te gelei. Hiervoor moet die trommelvlies baie beweeglik wees.

As 'n mens verskille in druk binne en buite die oor kry en dit word nie gebalanseer nie, druk die trommelvlies vas teen die een kant van die oor. Dit beperk die beweging van die trommelvlies en lei tot tydelike gehoorverlies. 'n Mens kry dikwels so 'n ervaring wanneer 'n vliegtuig opstyg of gaan land. Die gevoel dat 'n mens se ore toegeslaan het, verdwyn dan wanneer 'n mens sluk, kou, gaap of een of ander beweging maak. Dikwels gaan dit gepaard met 'n sagte klikgeluid. Uiteraard is dit belangrik dat die druk tussen die atmosfeer en die middeloor heeltyd normaliseer.

Daar bestaan 'n toestand bekend as die oop buis van Eustachius ("the patulous eustachian tube") waar die buis langer as normaalweg oop bly. Dan ervaar die persoon die verskynsel outofonie, wat hoogs geamplifiseerde, selfgeproduseerde klanke is. Gewoonlik is dit die persoon se eie asemhaling, stem of hartklop wat van binne af direk op die trommelvlies vibreer omdat die buis oop is en daar vrye toegang tot die trommelvlies is. Dit veroorsaak die sogenaamde emmer-op-die-kop-effek en sommige mense kan dit as 'n weergalmende simbaal ervaar.

Jannie Hofmeyr

71. Wat is builepes en kan 'n mens dit in Suid-Afrika opdoen?

In Augustus 2013 het 'n berig verskyn oor 'n vyftienjarige skaapwagter wat in Kirgistan van builepes (ook bekend as die pes, Swart Dood of Swart Plaag) gesterf het. Daar is veronderstel dat die siekte oorgedra is deur 'n vlooibyt. Blykbaar het die seun van die knaagdiere wat in sy omgewing voorkom, gebraai en geëet. Die knaagdiere, wat as groot marmotte beskryf kan word, was met die pes besmet. Net soos ander knaagdiere – rotte, muise en eekhorings – is marmotte draers van die pes. In die VSA is prêriehonde besmet met dié siekte.

Sedert die Middeleeue toe die pes groot getalle sterftes veroorsaak het, het die siekte deurentyd in geïsoleerde gevalle voorgekom. In 2013 is builepesbakterieë byvoorbeeld in eekhorings in Kalifornië gevind, en in Madagaskar is 45 gevalle van infeksie en 23 sterfgevalle aangeteken. Drie mense is in 2010 in Peru dood, waarna die pes na Bolivia versprei het. In dieselfde jaar is 13 mense in die noorde van Uganda dood en vyf gevalle van die pes en een sterfte het in Tibet voorgekom. Hier in Suid-Afrika is teenliggaampies van die pes in 2016 in 'n rot in Mayibuye, 'n informele nedersetting oos van Johannesburg, gevind. Oor die hele wêreld heen is daar dus plekke waar die Swart Dood voorkom.

Tydens die pes wat in die Middeleeue voorgekom het, is na raming 30 tot 60 persent (tussen 75 en 150 miljoen mense) van die bevolking in Europa uitgewis. Dié tragedie het so 'n geweldige invloed op die same-lewing gehad dat die hele geskiedenis van die moderne samelewing in 'n mate daardeur beïnvloed is. Van 1346 tot 1353 was die pes op sy ergste. Die siekte het regoor die wêreld versprei en die wêreldbevolking van sowat 450 miljoen tot tussen 350 en 375 miljoen mense verminder. Dit was natuurlik lank voordat dit bekend geword het dat die plaag deur bak-terievirusse oorgedra word. Vandag kan ons met ons hedendaagse kennis iets aan die saak doen.

'n Bakterie genaamd *Yersinia pestis* is die oorsaak van die pes, en dit manifesteer in drie vorms ná infeksie. Die eerste is builepes ("bubonic plague"), waar die bakterie in die mens se limfnodes vermeerder. Limfnodes kom deur die hele liggaam voor, maar veral onder die arms, ken en naby die bobene. Die funksie van limfnodes, 'n baie belangrike deel van ons immuunsisteem, is om witbloedselle te stoor wat die patogene (wat siekte veroorsaak) afweer. As die builepes die limfnodes bereik, veroorsaak dit infeksie en die limfkliere swel op en vorm groot knoppe op die oppervlak van die liggaam. Dit staan bekend as "buboes" en die simptome wat daarmee gepaardgaan, is skielike koors, swakheid, bloeding onder die vel en in ander organe. As dit nie behandel word nie, kan die bakterie na die bloed versprei en 'n bloedvergiftigende vorm (die tweede vorm) van die pes veroorsaak. Dit veroorsaak dat die punte van die vingers, tone en neus swart word. As dit nie behandel word nie, versprei dit na die longe en kry die pasiënt die longontstekingsvorm (die derde vorm) van die pes.

Buiten vlooibyte kan die pes ook oorgedra word deur die inname van voedsel of deur in aanraking met die liggaamsvloeistowwe van geïnfekteerde diere te kom. Selfs gekontamineerde lugdruppels kan draers van die bakterie wees.

Vlooie doen die siekte op deur 'n geïnfekteerde knaagdier te byt. Gewoonlik kom daar twee groepe van die knaagdiere voor: dié wat bestand teen die bakterie is, en die ander wat nie bestand is nie. Wanneer die vlooi die geïnfekteerde dier byt, vermeerder die bakterie in die vlooi se spysverteringskanaal totdat die kanaal verstop. As die vlooi die volgende keer aan 'n organisme of mens byt, braak dit letterlik die bakterieë uit in 'n poging om van die opgehoopte blokkasie ontslae te raak. In een oomblik beland miljoene bakterieë in die ontvanger se bloedstroom.

Die knaagdierbevolking wat bestand is teen die bakterie kan die bakterie oor generasies heen aanhou huisves. Knaagdiere wat wel vatbaar vir die siekte is, verminder algaande totdat hulle verdwyn en net die bestande bevolking oorbly.

Vandag beskik die wêreld oor 'n wye verskeidenheid antibiotika wat teen bakterieë ingespan kan word. Die *Yersinia* van die builepes word spesifiek deur streptomisien, 'n baie algemene antibiotikum, doodgemaak. Wanneer builepes vroeg gediagnoseer word, is dit behandelbaar. In die VSA is daar glad nie meer 'n entstof daarteen beskikbaar nie, en daar word ook nie voorsien dat 'n kommersiële entstof binne die afsienbare toekoms ontwikkel sal word nie.

As hierdie bakterie egter teen die antibiotika bestand word, kan die pes weer uitbreek. In 1995 is so 'n weerstandige vorm inderdaad in Madagaskar gevind.

Een van die belangrike aspekte van komplekse sisteme is dat, wanneer die mens iets aan die sisteem probeer verander, sy aksie dikwels onbedoelde gevolge het. Toe builepes tydens die 1900's in Australië uitgebreek het, waarskynlik nadat skepe dit van Asië gebring het, het groot probleme ontstaan. Die owerhede het in daardie stadium geweet dat rotte die pes dra; gevolglik is besluit om die rotbevolking uit te dun. Burgers kon 'n beloning kry as hulle rotte doodmaak. Ironies genoeg het die rotbevolking egter vermeerder omdat geldgieriges met die knaagdiere begin teel het om belonings in te palm.

Jannie Hofmeyr

---

72. Hoe gebeur dit dat sommige mense oë van verskillende kleure het?

Van voor af gesien bestaan 'n mens se oog uit die wit van die oog (sklera), die gekleurde gedeelte (iris) en 'n gaatjie (pupil) in die iris. Lig val deur die pupil op die retina, van waar 'n boodskap na die brein gestuur word dat 'n mens iets sien.

Omdat die iris 'n spesifieke bou het, kan die grootte van die pupil varieer. Die iris sit in die oog soos 'n dun ronde skyfie met 'n gat (die pupil) in die middel, byna soos 'n laserskyf, wat die opening van die pupil beheer.

Die iris bestaan uit twee lae. 'n Groep ineengevlegte gepigmenteerde vesels wat aan spiertjies verbind is, vorm die voorste laag, bekend as die stoma. Hierdie vesels is konsentries (al in die rondte) en radiaal (min of meer soos die speke van 'n wiel) gerangskik. Dit is aan twee stelle spiertjies verbind, die sphincter pupillae (sluit- of ringspier) en die dilator pupillae (rekspier). As die sphincter pupillae saamtrek, vernou die pupil en dit laat minder lig deur. As die dilator pupillae saamtrek, verslap die iris, die pupil word groter en meer lig gaan deur.

Aan die agterkant van die iris is daar twee lae epiteelselle. Die epiteelselle is gevul met pigment (kleurstof) en staan ook bekend as die pigmentepiteel van die iris. Die oogkleur is die kleur van die iris, wat bruin, groen, grys of blou kan wees. Dit kan ook neutbruin wees, wat 'n kombinasie van ligbruin, groen en goud is. Die pigment in die iris is so dig dat lig slegs die oog deur die gaatjie van die pupil binnegaan.

Oogkleur is 'n poligenetiese, fenotipiese eienskap. Poligeneties beteken dit staan nie onder beheer van 'n enkele geen nie – daar is al vasgestel dat oogkleur beïnvloed word deur tot soveel as 15 verskillende gene. Fenotipies beteken dat dit deel van die fisiese liggaam is, want elke mens se liggaam is sy fenotipe.

Die verskynsel dat 'n mens se oë kleurverskille toon, staan bekend as heterochromie (veelkleurigheid). Totale heterochromie kom voor wanneer die irisse van kleur verskil. Wanneer daar gedeeltelike heterochromie teenwoordig is, is die kleurverskille in net een iris. Dié kleurverskille word deur 'n oorvloed van of gebrek aan pigment in die iris veroorsaak, en kan die gevolg van oorerflikheid, 'n siektetoestand of 'n besering wees. Ná beserings kan bloed wat in die iris agterbly ook kleurverskille veroorsaak.

Lee van Cleef (1925–1989), bekend vir sy rolle in "spaghetti Westerns" soos *The Good, the Bad and the Ugly* en *For a Few Dollars More*, is met een blou en een groen oog gebore. Hierdie verskynsel het algemeen in sy familie voorgekom. Dit is dus geneties van aard. Regisseurs van die rolprente waarin hy opgetree het, het hom deurgaans bruin kontaklense laat dra. David Bowie (1947–2016), die Britse sanger, se kleur in sy oë het ook verskil, maar dit was as gevolg van 'n besering.

Verskillende kleure in 'n mens se oë kan ook die gevolg van Horner se sindroom wees. Die kenmerk van dié sindroom is dat mense baie slap ooglede het, en dat die pupil baie sterk saamgetrek is. 'n Ander oogtoestand wat vernoem is na die Nederlandse oogkundige wat die toestand ontdek het, is Waardenburg se sindroom. In hierdie geval word die verskillende oogkleure dikwels gekoppel aan die feit dat die persoon ook aan doofheid ly.

Daar bestaan 'n hipotese wat die verskillende kleure van iemand se oë verklaar, maar dit is nog nie amptelik 'n teorie nie. Sekere wetenskaplikes vermoed dat wanneer 'n baba in die baarmoeder 'n sekere virusinfeksie opdoen, dit kan veroorsaak dat 'n mutasie plaasvind wat met die vorming van die oë te doen het. So 'n mutasie kan een van die oë affekteer en die kleur sal dan verskil.

Medikasie kan ook kleurverskille veroorsaak. Stowwe wat as prostaglandien bekendstaan kom in werweldiere soos die mens se liggame voor. Dié stof word uit vetsure vervaardig en reguleer die sametrekking en verslapping van gladdespiervesels, soos byvoorbeeld in die oog en die baarmoeder. Sintetiese prostaglandien is deur die mediese wetenskap ontwikkel en veroorsaak 'n newe-effek wat mense se oogkleur affekteer.

Daar word dikwels gesê dat die oë nie blou of groen pigment bevat nie. Die oogkleur wat waargeneem word, hang af van die struktuur van die iris, die pigment, die selle wat teenwoordig is, en dan die verstrooiing en die weerkaatsing van lig. Dit het te doen met die verskynsel wat Rayleigh se verstrooiing genoem word, naamlik dat korter golflengtes lig meer verstrooi.

Jurie van den Heever

---

73. Hoekom beweeg die borrels in 'n lagerbier na bo, terwyl die borrels in 'n swartbier of stout na onder beweeg?

Hierdie waarneming slaan bierdrinkende fisici en studente, ook bekend as "fizzici", lank reeds dronk. Drie Iere van die Universiteit van Limerick, William Lee, Eugene Benilov en Cathal Cummins, het intussen met 'n verklaring vorendag gekom.

Volgens die drie Ierse "fizzici" lê die antwoord op hierdie raaisel in twee faktore. Eerstens gaan dit oor die grootte van die borrels en tweedens – die belangrikste faktor – die vorm van die glas. Blykbaar is daar lank reeds vermoed dat die grootte van die borrels 'n effek kan hê, maar eers in 2008 het twee navorsers van die Universiteit van Michigan, Youxue Zhang en Zhengjiu Xu, bevestig dat die grootte van die lugborrels 'n sleutelfaktor in die verskynsel is.

'n Glas Guinness lyk drasties anders as 'n gewone lager in terme van die skuimlaag bo-op. Guinness het 'n dik wit laag skuim omdat die borrels baie kleiner is as die borrels van 'n gewone bier. Die borrels se grootte bepaal hoe vinnig hulle na bo beweeg. Omdat Guinness se borrels baie kleiner en ligter is, beweeg dit baie stadig na die oppervlak. Die opwaartse dryfkrag is swakker hoe kleiner die borrels is.

Die Iere het vervolgens hul navorsing op die verskynsel van borrels wat afwaarts in swartbier of 'n stout beweeg, gerig. Hulle bevinding was dat as bier om een of ander rede vinniger in die teenoorgestelde rigting vloei as wat die borrels beweeg, word die borreltjies geforseer om saam met die bier te beweeg.

Maar wat kan moontlik 'n afwaartse vloei van bier in 'n glas veroorsaak? Op hierdie vraag het die Ierse navorsers 'n geloofwaardige antwoord verskaf. Hulle sê 'n mens moet as volg daaroor dink: Wanneer iemand 'n drankie wat gas bevat in 'n glas skink, vorm daar baie borrels op die bodem. Omdat die borrels op die bodem ligter as die vloeistof is, sal dit in 'n silindervorm opwaarts deur die vloeistof beweeg. Indien die vorm van die glas silindries is, gaan niks die opwaartse beweging van die borrels stuit nie.

Glase waarin 'n mens tipies bier en ook Guinness skink, het nie 'n silindriese vorm nie. Hulle is gewoonlik nou onder en tot halfpad silindries. Dan dy die glas uit en raak wyer na bo. Hierdie vorm het blykbaar die bepalende effek dat, sodra die borrels wat van die bodem af opwaarts beweeg, in die boonste, wyer gedeelte van die glas kom, daar aan die rand van die vloeistof baie minder borrels is as wat daar in die sentrale kolom is. Hierdie kolom borrels in die middel het 'n effek op die borrels aan die kant.

Soos wat 'n borrel deur vloeistof beweeg, is daar 'n sleurkrag op die vloeistof werksaam. Dié krag trek vloeistof met elke borrel saam. Borrels wat van die onderkant silindries opwaarts in die glas beweeg, trek dus vloeistof saam. Die vloeistof kan uiteraard nie bo by die bierglas uitborrel nie; dit moet iewers weer terugval. Al plek waar dit kan terugval, is teen die kante van die bierglas, in die wyer gedeelte.

Die borrels wat in die terugvloei langs die kante bo in die glas voorkom, is baie ligter. Soos genoem, wanneer die vloeistof vinniger as die borrels beweeg, trek dit die borrels saam. Die vloeistof wat dus nou na benede beweeg, trek die borrels saam. Met 'n Guinness, wat 'n donker bier is, kan die middelste borrels nie gesien word nie. Al wat sigbaar is, is die borrels naby die glas se rand. Dit is juis hierdie borrels wat besig is om afwaarts te beweeg.

Daar bestaan maniere waarop 'n mens kan toets of dit 'n goeie verklaring is. Een daarvan is om 'n omgekeerde glas te ontwerp. Van die "fizzici" het 'n "anti-pint"-glas gemaak, wat bo nou en onder wyd is. Hulle het voorspel dat die borrels in dié geval in die onderste wyer gedeelte altyd opwaarts sou beweeg, en dit was inderdaad die geval. Soos dit goeie wetenskaplikes betaam, het hulle selfs 'n wiskundige model daarvan gebou en die vloei van borrels op 'n rekenaar gesimuleer.

Jannie Hofmeyr

---

74. Hoekom hardloop baanatlete antikloksgewys om die baan?

Baanatlete het nie altyd antikloksgewys om 'n atletiekbaan gehardloop nie. Toe atletiekbane in die negentiende eeu uitgelê is, het atlete kloksgewys om die baan gehardloop, maar in die geskiedenis is daar in albei rigtings om die bane beweeg.

Tydens die moderne Olimpiese Spele in Athene in 1896 en in Parys in 1900, het baanatlete kloksgewys gehardloop. Ná 1906 het die meeste lande aanvaar dat atlete antikloksgewys om die baan moet hardloop. By die Londense Olimpiese Spele in 1908 is daar amptelik aanvaar dat die binnebaan aan die linkerkant sal wees. Dit is vandag nog die geval.

In amateuratletiek is die rigting waarin atlete kon hardloop, vir 'n baie lang tyd aan die diskresie van deelnemers oorgelaat. Tot 1948 het die Universiteit van Oxford hulle atlete kloksgewys om die baan laat hardloop, en Cambridge het dit nog langer gedoen.

Verskillende redes vir die antikloksgewyse beweging om die baan word aangevoer. Atlete beweer dat hulle meer stabiel voel wanneer hulle om 'n linkerdraai oorhel (die Engelse term is "banking"). Rugbyspelers wat op regtervleuel speel, redeneer dieselfde en verkies daardie posisie bo linkervleuel.

Sommige mense hou gewig as 'n rede voor. Met die hart wat aan die linkerkant van die liggaam sit, is die gewig aan daardie kant. Gevolglik is dit makliker vir 'n atleet om die draai na links te neem. Ander beweer weer dat die sterker regterbeen die dryfkrag agter 'n atleet is, daarom is dit makliker vir 'n atleet om links om 'n draai te gaan. Natuurkragte wat met sentrifugale reaksie te doen het, word ook as redes voorgehou. Wanneer 'n atleet links om 'n draai gaan, sal die regterbeen daardie sentrifugale reaksie wat die atleet natuurlikerwys om die draai na die buitekant toe (regs) wil skuif, kan weerstaan omdat dit die sogenaamde sterker been is.

Coriolis-kragte kan ook 'n rol speel. Hiervolgens veroorsaak die rotasie van die aarde 'n interessante verskynsel op vrylik bewegende voorwerpe – voorwerpe in die Noordelike Halfrond word na regs gedeflekteer en in die Suidelike Halfrond na links. Anders gestel: Hierdie krag is antikloksgewys in die Noordelike Halfrond en kloksgewys in die Suidelike Halfrond. Die uitwerking van Coriolis-kragte is egter nie noemenswaardig op 'n atletiekbaan nie, omdat dit hoofsaaklik 'n effek het op items wat in 'n suid-noord- of noord-suid-rigting beweeg. Atletiekbane is so ontwerp dat die twee pylvakke van oos na wes en wes na oos is. Daar is baie min noord-suid-beweging, moontlik net op die koppe van die ovaalvormige baan.

Verder word beweer dat ons van links na regs lees omdat 'n mens 'n beweging makliker van links na regs volg. As daar deur 'n verkyker na voëls in vlug gekyk word, is dit makliker om die voëls van links na regs te volg, as van regs na links.

Blykbaar het 'n beduidende aantal atlete tydens die Olimpiese Spele van 1896 oor erge pyn gekla nadat hulle kloksgewys om die baan gehardloop het. Daarom is daar by die Internasionale Olimpiese Komitee se vergadering van 1913 besluit om die hardlooprigting na antikloksgewys te verander. Sedertdien is dit wêreldwyd gestandaardiseer dat baanatlete antikloksgewys om die baan sal hardloop.

By die Spele word daar ook relatiewe lang afstande op die ovaal baan afgelê en mense wonder of die draaibeweging van die aarde nie 'n atleet kan bevoordeel of benadeel nie. Daar is twee lang kante van die ovaal baan en hulle lê onderskeidelik in 'n oos-wes- en wes-oos-rigting. As die atleet aan die een kant saam met die draaibeweging van die aarde gaan en vinniger sou hardloop, maar aan die ander kant van die baan terugkom, dan moet enige kragte wat die atleet sou bevoordeel, uiteraard gekanselleer word.

Piet Eloff

---

75. Hoekom word 'n mens soggens wakker net voordat die wekker lui?

In aansluiting by die vraag in die opskrif: Het 'n mens 'n ingeboude wekker? Die antwoord: Ja, mense het inderdaad 'n ingeboude wekker en na baie jare verstaan ons uiteindelik hoe dit werk.

'n Mens se liggaam beskik oor verskeie interne biologiese klokke, en die bekendste hiervan is die sirkadiese klok. Dié klok werk soos die liggaam se tydhouer oor 'n periode van ongeveer 24 uur en beheer die mens se wakker- en slaapsiklus.

Die sirkadiese klok word beheer deur die suprakiasmatiese kern, 'n groep senuweeselle of neurone in die brein. Heelwat fisiologiese funksies, soos bloeddruk en liggaamstemperatuur, staan onder beheer van dié kern, asook – belangrik vir hierdie onderwerp – die mens se sin vir tyd.

'n Kenmerk van die suprakiasmatiese kern is dat dit van voorspelbaarheid en roetine hou. As 'n mens elke aand op dieselfde tyd gaan slaap en soggens op dieselfde tyd wakker word, lê die liggaam hierdie gedrag in 'n patroon vas.

Daar is 'n molekulêre meganisme wat by die sirkadiese klok betrokke is. 'n Proteïen genaamd Period (PER) kom in alle selle voor, en die aantal PER-molekules in 'n sel styg en val gedurende elke 24-uur-siklus. 'n Mens se selle gebruik die vlak van PER as 'n indikator van tyd. Op grond daarvan ontvang die liggaam instruksies wanneer om te slaap en wanneer om wakker te word.

Soos by baie beheermeganismes is daar 'n groot aantal komponente betrokke. Dié molekulêre netwerk is 'n geweldig komplekse sisteem waarin PER 'n bepaalde funksie vervul. Bedags word die styging van PER-vlakke aangedryf deur twee ander proteïene met die name Clock en BX1. Soos wat die PER-vlakke styg en in die aand 'n maksimum bereik, neem die werking van Clock en BX1 af. Snags is daar 'n terugvoermeganisme wat veroorsaak dat die hoë PER-vlakke die ander twee proteïene se werking tot stilstand bring. Dan val die vlak van PER vinnig en begin 'n mens vaak raak. Tydens hierdie vaakwordfase word die biologiese proses vertraag, 'n mens se bloeddruk daal en die hart klop stadiger.

Ongeveer een uur voor 'n mens veronderstel is om wakker te word, begin PER-vlakke styg en die liggaam stel dan streshormone, soos kortisol, vry. Soos wat hierdie proses aangaan, slaap 'n mens al hoe ligter totdat jy wakker word.

Die antisipasie van die tyd wanneer 'n mens wakker moet word, blyk die sneller te wees vir die afskeiding van hormone wat normaalweg vry-gestel word wanneer die liggaam in stres verkeer. Hierdie hormone berei 'n mens voor op die stres van wakker word.

Wetenskaplike getuienis bevestig die aanname dat wakker word 'n stresvolle proses is. Navorsers aan die Universiteit van Lübeck in Duitsland het 'n eksperiment gedoen deur 15 vrywilligers vir drie aande in 'n labo-ratorium te laat slaap. Een nag lig hulle toe vir een groep in dat hulle die volgende oggend sesuur wakker gemaak gaan word, en vir die ander klomp lieg die navorsers dat hulle negeuur wakker gemaak gaan word. Almal is om sesuur wakker gemaak. Treffende resultate is aangeteken. Dié wat geweet het dat hulle sesuur wakker sou word, het al om halfvyf begin streshormone produseer. Die ander klomp wat sonder die voorbereiding van die hormonale afskeidings wakker geword het, was egter heelwat meer deur die blare.

Daar bestaan dus wetenskaplike getuienis dat die liggaam 'n nota maak

van wanneer 'n mens die dag wil begin en stelselmatig voorberei vir ont-
waking. Dalk verklaar dit waarom 'n mens wakker word voor die wekker
lui, want die wekker se geluid is kras en veroorsaak stres. Dit lyk werklik
of daar 'n meganisme in ons liggame is wat dié stres wil vermy.

Tot onlangs was die rede waarom die konsentrasie van PER in die aand
val en in die oggend styg, onbekend. Wat is dit wat Clock en BX1 soggens
weer aanskakel om die PER-vlak te verhoog?

In 2011 is hierdie vraag deur twee navorsers van die Salk-instituut
in La Jolla, Kalifornië, opgeklaar toe hulle 'n nuwe proteïen, JARID1A,
ontdek het. Hulle het bewys dat dié proteïen die PER aanskakel voordat
'n mens wakker word. Die navorsers het dit getoets deur muis- en mens-
selle geneties te modifiseer om minder van hierdie proteïen te produseer.
Sodoende kon hulle bewys dat PER nooit tot normale vlakke styg as
die proteïen nie teenwoordig is nie. Hulle het tydens eksperimente met
vrugtevlieë gesien dat die insekte nooit geweet het wanneer om te slaap of
wakker te word nie. Bedags, met die lae vlakke van PER, het die vrugte-
vlieë ook geen tydsbesef gehad nie.

Jannie Hofmeyr

---

76. Hoe lank neem dit vir plastiek om tot niet te gaan?

Dit lyk asof plastiekafval 'n ewig toenemende substansie op aarde en in
die aarde se waters is. Plastiek is 'n baie stabiele materiaal wat baie stadig
afbreek en die enorme hoeveelhede wat die mensdom jaarliks vervaardig,
akkumuleer dus in die omgewing.

In sekere omgewings neem dit werklik astronomiese afmetings aan.
'n Mens sou dink dat die grootste rommelhoop in die wêreld op land
sou wees, maar dit is inderwaarheid in die noordelike Stille Oseaan tus-
sen China en Noord-Amerika, waar seestrome 'n stadige kolk vorm en
die materiaal langsaam insuig. Die area in die see wat hoofsaaklik deur

plastiek in verskillende stadia van afbreking besoedel is, is so groot soos Suid-Afrika.

Plastiek is 'n organiese verbinding wat uit koolstof en waterstof bestaan. Dit word van petroleum en natuurlike gas vervaardig. Dit is dus 'n stof wat in beginsel deur bakterieë afgebreek sou kon word, maar omdat plastiek semisinteties is, is dit 'n vreemde stof vir bakterieë.

Die woord "plastiek" kom van die Griekse *plastos* wat "vorm", "fat-soeneer" of "boetseer" beteken, met ander woorde 'n materiaal wat kan vervorm. Daar is basies twee vorms van plastiek: termoplastiek, waarvan die samestelling geen chemiese verandering ondervind wanneer dit verhit word nie, en termostollende plastiek, wat smelt en dan eenmalig in 'n vaste vorm stol en solied bly. Termoplastiek kan dus oor en oor gesmelt en vervorm word, maar termostollende plastiek behou sy vorm nadat dit die eerste keer geset is. Die algemeenste tipes vervormbare plastiek is termoplastieke soos politeen, polistireen, die alombekende PVC (poli-vinielchloried) en teflon.

Termoplastiek is buigsaam en vervormbaar omdat dit 'n verbinding bekend as 'n plastiseerder bevat. Plastiseerders kan gevaarlik wees, dus word daar doodseker gemaak dat dit nie uit die plastiek kan lek nie. Van. dié plastiseerders is verbied omdat dit allerhande negatiewe biologiese effekte het, byvoorbeeld die sogenaamde ftalaat, DEHP ("2-ethylhexyl phtha-late"), wat algemeen in PVC voorgekom het.

Die natuurlike afbreekbaarheid van plastiek word deur ultravioletlig bewerkstellig, maar dit is 'n uiters stadige proses. Aan die einde van die dag sal dit hoofsaaklik bakterieë wees wat plastiek vernietig; sekere bakterieë groei selfs op die plastiek.

Daniel Burd, 'n sestienjarige Kanadees, het in 2009 'n landwye kompe-tisie in Waterloo, Ontario, gewen vir die kweek van 'n bakterie wat plastiek baie effektief afbreek. Hy het plastiek gemaal en dit toe in 'n gisekstrak geplaas wat bakteriële groei bevorder. In die proses het hy bakterieë begin selekteer wat die plastiek afbreek. Na 'n reeks seleksiesiklusse het hy met 'n bakteriële mengsel vorendag gekom wat ongeveer 43-persent-degradasie van plastiek binne ses weke kan veroorsaak. 'n Mens sou dink dit moes iewers in 'n biotegnologiese laboratorium gebeur het, maar in hierdie geval het 'n skoolseun fantastiese eksperimente gedoen. Uiteraard het so 'n eksperiment allerlei biotegnologiese implikasies – 'n mens moet byvoorbeeld versigtig wees dat die bakterieë nie 'n mens se huis begin verteer nie. Indien die bakterieë egter beperk kan word tot 'n area waarin die plastiek voorkom, is daar potensiaal vir sukses.

Ongelukkig is daar geen manier waarop mense van plastiek in hul huise ontslae kan raak nie. Dit kan hersirkuleer word as daar 'n herwinningsisteem in plek is. Plastiek moet nie gebrand word nie, aangesien die gasse wat vrygestel word, toksies kan wees. Verder stel dit 'n enorme hoeveelheid koolsuurgas in die lug vry, wat die koolstofvoetspoor geweldig vergroot. Die beste oplossing is om plastiek te herwin.

Daar is baie plekke in die wêreld waar plastiekvervaardiging beperk word en waar plastieksakke verbied is. In Suid-Afrika is die dun weergawe van plastieksakke verbied omdat die dikker sakke makliker herwin kan word.

Bioafbreekbare plastiek bestaan al lank, want baie van die semisintetiese plastiek is op sellulose-asetaat gebaseer, en baie bakterieë kan sellulose-asetaat afbreek.

Daar is al beweer dat 'n mens 'n Blou Bul-steak of enige van die gemarineerde vleise in 'n plastieksak net so op 'n rooster kan braai. Dit is beslis 'n gevaarlike ding om te doen aangesien daar plastiseerders in die plastiek is. Wanneer die plastiek verhit word en smelt, kan toksiese gasse en verbindings vrygestel word en in die vleis beland.

Jannie Hofmeyr

77. Waarom word dagga in sommige lande gekweek vir die vervaardiging van vesel, biobrandstof en boumateriaal, maar nie in Suid-Afrika nie?

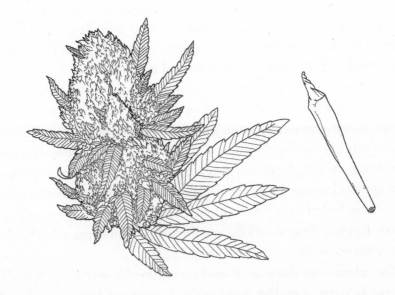

Hemp of industriële hemp, meer bekend as dagga, kom tipies in die Noordelike Halfrond voor. Dit is 'n variëteit van die *Cannabis sativa*-plantspesie wat spesifiek gekweek word vir die industriële gebruik van sy afgeleide produkte. Daar is 'n verbod op die kweek van hemp in Suid-Afrika; trouens, van enige cannabis- of daggaplante.

Heelwat stemme klink op ten gunste van die kweek van veral hemp in Suid-Afrika, aangesien dit nuwe werksgeleenthede kan skep, veral op grond wat as minderwaardig vir landboudoeleindes beskou word. Dagga groei op enige plek, selfs tussen die krake van teer en teen 'n muur waar daar geen water is nie.

Waar Marco Polo se syroete deur sentraal-Kazakstan loop, staan die plantegroei as sogenaamde "feather grass" of veergrassteppe bekend. Vir honderde en selfs duisende kilometer groei daar niks behalwe een spesifieke grasspesie nie. Op 'n afstand lyk dit of daar 'n groen baan deur die landskap loop. Hierdie groen baan is 'n daggaheining weerskante van Marco Polo se pad. Volgens Russiese gidse is dié plante al eeue lank daar. Dagga was goed bekend aan die vroeë reisigers – as 'n vesel en 'n stut teen koue nagte.

Die aktiewe bestanddeel van dagga wat mense bedwelm, is tetrahidrokannabinol. Dit is 'n sterk hallusineermiddel wat sedert oertye aan die hele wêreld bekend is. Aanduidings bestaan dat dagga reeds 6 000 tot 7 000 jaar gelede oral in die wêreld as 'n droommiddel gebruik is. Sjamane of heilige manne van prehistoriese en afgeleë stamme het hierdie middel klaarblyklik ingespan om 'n droomtoestand te betree.

Dagga se uitwerking op die brein is nie heeltemal bekend nie. Dit is wel bekend dat klank versterk word en dat mense met nuwe aandag na musiek luister wanneer dagga ingeneem word. Wêreldwyd word dit as dwelm gebruik en in baie lande is die gebruik daarvan gewettig. Die motivering om die gebruik van dagga te wettig is dat dit nie prakties verbied kan word nie, en dat dit minder skadelik as alkohol en nikotien saam is. 'n Nuwe bedryf word boonop geskep in die proses om die middel te beheer. Een van die newe-effekte van die gebruik van dagga is 'n ontembare eetlus wat as die "munchies" bekendstaan.

Die gebruik van dagga as 'n vesel is waarskynlik ouer as die gebruik daarvan as 'n dwelmmiddel. Aanduidings bestaan dat dagga as vesel wyd gebruik is. Mummies wat so lank gelede as 8000 v.C. geleef het, se kledingstukke is gedeeltelik van daggavesel gemaak. Daggavesel is plooibaar, langslewend en so sterk soos sy. As dit met vlas en katoen gemeng word, sorg dit vir een van die gewildste weefstowwe in die wêreld.

Twee soorte vesels word aangetref, naamlik 'n binne- en 'n buitevesel. Eersgenoemde is die hardste en sterkste, maar dit is nie goed om mee te weef nie. Die binnevesel is houtagtig en word as beddegoed vir diere gebruik. Dit word ook as molm in landerye gebruik om water te bespaar. Die buitevesel is sag en plooibaar en word veral gebruik om baie goeie tou van te maak. Dit is egter by uitstek geskik vir die weef van hoëkwaliteitkledingstowwe.

Olie wat uit daggasade gepers word is baie bekend aan duiweboere.

Hulle voer die pitte van sterk dagga vir hulle duiwe sodat hulle verbete kan vlieg. Moontlik kry die duiwe die "munchies" en wil hulle so gou moontlik by die bestemming aankom om mieliepitte te eet. Dagga word ook aan perde gegee om hulle vurig te stem. Die olie van hierdie sade is van die volledigste voedselolies op aarde en is uiters voedsaam en heilsaam. Dit bevat al die omegasure en 'n uitgebreide versameling van aminosure. Daggaolie lyk byna soos lynsaadolie wat geoksideer en gomagtig geword het.

Papier van 'n baie hoë kwaliteit word van dagga gemaak. Dit word ook gebruik vir isolasiemateriaal in geboue, vir plafonne, as klankteëls in ateljees, en so meer.

Waarom is cannabis dan nie heeltemal wettig in Suid-Afrika nie? Daar bestaan tog variëteite van die plant waarin geen dwelmmiddel voorkom nie. Hierdie "neutrale" dagga groei teen 'n verstommende tempo en dit benodig min water en byna geen voedingstowwe nie. Dit is 'n pionierplant wat floreer in plekke soos dongas waar die grond byna alles weggespoel het.

Daggasade kan gebruik word om biobrandstof te vervaardig. Die vesels kan saamgepers word om saaghout of planke van te maak. 'n Hele gebou, behalwe die dak en die toilet, sal van dié vesels gebou kon word.

In 'n land soos Frankryk vind daar massiewe produksie van hierdie "neutrale" daggaplante plaas. Omdat die plantasies baie water gebruik, het die Franse regering jare gelede die totale plantasies tot 2,2 miljoen hektaar beperk. Op 'n kontinent soos Afrika, waar 'n skaarste aan boumateriaal is, kan dagga met vrug verbou word.

Sterk dagga is 'n effektiewe medisyne om kankerpasiënte se pyn te verlig. Dit is ook baie effektief in die behandeling van gloukoom. Wanneer dit deur gloukoomlyers gebruik word, word die druk op die oogbal feitlik onmiddellik verlig. Onder toesig is dagga dus 'n baie heilsame plant.

Dagga is 'n wondervesel waarvan die verbouing in Suid-Afrika ernstig oorweeg moet word. Dié plant het soveel heilsame elemente dat dit byna onweerstaanbaar is.

Dave Pepler

78. Hoe word 'n voël se sig beïnvloed deur die feit dat sy oë weerskante van sy kop sit?

'n Oog is 'n orgaan wat lig opvang en dit dan in elektrochemiese impulse omskep. Hierdie impulse bereik die brein via die oogsenuwee, waar dit verwerk word. Wat die mens waarneem, is streng genome chemiese impulse. Om te sê dat 'n mens 'n voorwerp "sien", is eintlik 'n veel meer komplekse saak as wat dit op die oog af lyk.

Daar kan onderskei word tussen eenvoudige en komplekse tipes oë. Eenvoudige oë, soos by mikro-organismes, kan slegs lig en donker registreer. Komplekse oë sien vorm en kleur en bestaan uit 'n iris, horingvlies, retina en 'n lens wat kan vervorm. Dit het ook 'n bal gevul met vloeistof.

Tydens 'n onlangse eksperiment is waargeneem hoe 'n spinnekop stip na 'n vorm ('n swart blokkie) sit en staar. Wanneer die blokkie aangepas word om die vorm van 'n vlieg aan te neem, spring die spinnekoppie om dit te vang. Dié onderskeidingsvermoë geld uiteraard vir baie insekte.

Verkleurmannetjies het komplekse sig-organe. As 'n vlieg nader gebring word, fokus die oë stip, afstand word bepaal, die krag en afstand waarmee die tong uitgeskiet moet word, word bereken – alles aspekte wat krities bepaal moet word om die prooi suksesvol te vang.

Anders as voëls het insekte saamgestelde oë wat tot 28 000 fasette in elke oog het. Naaldekokers se oë is byvoorbeeld geweldig kompleks en dié insekte het byna 360-grade-sig.

Verskillende oogvorms word ook by voëls aangetref. Uile het die klassieke vorm waar die oë reguit na vore kyk. Hulle is gespesialiseerde jagters wat hoofsaaklik in die nag bedrywig is. Vir uile is dit van kritieke belang dat hulle in baie slegte lig die presiese afstand na die prooi wat hulle wil vang moet kan bepaal.

Visarende, met hulle oë wat langs die kop sit, moet vir die refraksie van die water kompenseer om suksesvol vis te vang. Groot African Grey-papegaaie kyk eers met die een oog en dan met die ander na die grondboontjie voordat hulle dit met die poot op die grond raak vat. Dié voël maak gewoonlik op sy geheue staat voordat die aksie uitgevoer word, vandaar die spel wat eers met die een oog, dan met die ander oog voltrek word. Daar word eers 'n berekening of besluit in die brein gemaak voordat die poot en die bek daarna by die aksie betrek word. Om kos raak te vat word nie noodwendig as gevolg van 'n direkte prikkel wat deur die oog ingeneem word, bepaal nie.

Binne die evolusionêre rekord is die oog ontsaglik oud. Fossiele wat 540 miljoen jaar oud is, dra tekens van oogkolletjies. Sedert die oomblik toe die eerste ligsensitiewe sel per toeval ontwikkel het, en agterna as gevolg van seleksie behoue gebly het, het oë snel ontwikkel. Daarna het 'n kuiltjie ontwikkel, 'n oogholte, waarin die selle gelê het. Die hoek wat die inval van die lig bepaal het, het toe ontwikkel.

Daar is grade van oorvleueling in die sig van voëls. Die meeste voëls het effense oorvleueling na voor. Duiwe, met monokulêre sig, kan wel na voor sien, alhoewel hulle dikwels teen ruite vasvlieg, maar die meeste voëls beskik oor binokulêre sig.

Monokulêre sig, soos by duiwe, is voldoende in funksionaliteit. Duiwe se bekke is byvoorbeeld baie na aan die grond en hulle kan fyn saadjies raaksien en oppik. Om afstand te kan skat is dus nie vir hulle van die grootste belang nie.

Dieselfde geld vir 'n hele aantal voëls waarvan die oë langs die kant van die kop sit, soos papegaaie. Hulle moet eers eenkant toe kyk en dan na die ander kant, en dan 'n berekening in die brein maak om by hulle kos of 'n voorwerp uit te kom.

By roofvoëls is binokulêre sig baie belangrik, want hulle moet lang afstande akkuraat kan skat. Wanneer roofvoëls afduik en nie die afstand na benede korrek skat nie, sal hulle hulle te pletter val.

Die rede waarom sommige voëls se oë langs die kante van die kop sit, het moontlik daarmee te make dat hulle op die uitkyk vir predatore moet wees. Hulle sig moet daarom die grootste moontlike veld om hulle dek.

'n Mens kan sê die vere maak die voël, maar insgelyks maak die oog ook die voël.

Dave Pepler

79. Wat is die funksie van 'n sebra se strepe?

Oor hierdie vraag is al baie gespekuleer en daar is verskeie teorieë oor wat die funksie van sebras se strepe is. In die natuur is die interaksie tussen prooi en roofdier intens en kamoeflering deur middel van kleurpatrone, strepe en kolle – of dit nou kripties is en of dit is om die beeld te breek – speel 'n groot rol.

Daar is al voorgestel dat 'n moontlike funksie van die sebra se strepe mag wees om roofdiere te verwar. Dit kan wees dat die strepe die beeld of buitelyn van die sebra verbreek sodat roofdiere dit dan nie maklik kan raaksien nie.

Nog 'n hipotese is dat die strepe individuele sebras help om mekaar uit te ken, veral die vulletjies wat hul ma's aan die streeppatrone kan herken. Hierdie hipotese het maar min aanhang omdat reuk, en nie kleur nie, so 'n oorheersende rol by soogdiere speel as dit by die uitkenning van individue kom.

'n Verdere hipotese, wat ook onaanneemlik klink, het met die tsetse-vlieg te doen. Volgens sekere natuurwetenskaplikes verhoed die strepe dat sebras gebyt word, want die strepe verwar glo die tsetsevlieg.

Die interessantste hipotese is dat die strepe sebras help om mekaar veral in die nag te kan sien. Wanneer hulle deur 'n leeu of 'n ander roofdier aangeval word, is dit belangrik vir sebras om in 'n digte bondel van die leeus af te vlug, ook in die nag. Sodra die leeus daarin slaag om een sebra van die groep te isoleer, val hulle daardie sebra aan. Indien sebras vaal was, sou die stof wat tydens die jaagtog opgeskop word, dit vir hulle moeilik gemaak het om mekaar te sien om in 'n digte bondel te bly.

Soos die meeste ander lede van die perdfamilie vorm sebras harems. 'n Tipiese harem bestaan uit 'n hings, 'n paar merries en die klomp vulletjies. Wanneer die diere in 'n digte bondel vir roofdiere vlug, sal die hings altyd agter hardloop. Sy skop is so kragtig dat dit 'n roofdier kan dood.

??

Dit klink na 'n meer aanneembare hipotese dat die funksie van die swart en wit strepe nie vir kamoeflering is nie, maar eerder om sigbaarheid te verbeter. Hierdie hipotese word ondersteun deur die ooreenkoms wat dit het met die gebruik van kontrasterende swart-en-wit kleure by sommige ander nagdiere. Die ystervark, die stinkmuishond en die ratel gebruik almal swart-en-wit kleure. By dié diere funksioneer die kleure nie as kamoeflering nie, maar wel as waarskuwingskleure. Dit verhoog sigbaarheid en roofdiere leer waarskynlik mettertyd om liefs diere met swart-en-wit kleure te vermy.

Le Fras Mouton

---

80. Waarom is daar altyd wind by die see?

By die see kan 'n mens altyd wind te wagte wees.

Die wind om Suid-Afrika se kus en in die binneland naby die kus, word deur 'n aantal permanente of semipermanente stelsels beïnvloed. In die Suid-Atlantiese Oseaan is daar 'n semipermanente hoogdrukstelsel, en aan die ooskus van die land, in die Suid-Indiese Oseaan, lê ook een. 'n Derde stel stelsels wat by Suid-Afrika verbybeweeg, is die sogenaamde middelbreedte-laagdrukstelsels waaraan die land se kouefronte gekoppel is. Die vierde stelsel wat ook 'n invloed op die land se windpatrone langs die kus het, is die sogenaamde kuslaagdrukstelsel wat langs die weskus ontwikkel en dan afwaarts migreer, om die Kaap verby, al langs die suidkus verder, en uiteindelik aan die ooskus verdwyn. Dit is 'n baie kleiner stelsel as al die ander, maar het tog 'n beduidende effek op windrigting en -snelheid. Dit kan ook mistigheid en misreën veroorsaak.

Ongeveer ses of sewe van dié kuslaagdrukstelsels beweeg elke maand om die weskus na die ooskus. Die wind wat hiermee gepaardgaan, kan baie gou van rigting verander. Die een oomblik kan dit aflandig wees en 'n paar uur later aanlandig.

In die Albertinia-omgewing, waar dekriet geplant word vir gebruik by grasdakhuise, het 'n boer eenkeer sy veld aan die brand gesteek op grond van die windrigting wat geheers het. Min het hy geweet dat die windrigting binne 'n uur of twee totaal sou verander en die vuur na sy buurman se dekrietland sou aanjaag. Dit het tot 'n hofsaak gelei met slegte gevolge vir die man wat die vuur aangesteek het.

Wanneer die laagdrukstelsels met hul kouefronte van wes na oos – binne die middelbreedte-westewindgordel – beweeg, sleep daardie westewinde die kouefronte van wes na oos. Daarom kom die land se kouefronte altyd eers by die Kaap voordat hulle verbyskuif. Agter hierdie kouefronte of laagdrukstelsels wig die hoogdrukstelsel van die Suid-Atlantiese Oseaan in en dit stoot as 't ware die kouefronte aan. Namate die hoog- of die laagdrukstelsel verbyskuif, verander die windrigting. Met die laagdrukstelsel beweeg die wind gewoonlik kloksgewys en by die hoogdrukstelsel, wat ook as 'n antisikloon bekendstaan, is die windrigting antikloksgewys.

Die een oomblik kan 'n suidoostewind voorkom wanneer die hoogdrukstelsel verbyskuif. Maar die deel van die hoogdrukstelsel wat agter die laagdrukstelsel inwig, sluit weer aan by die Suid-Indiese Oseaan se hoogdrukstelsel. Afhangende van hoe naby die kouefront aan die suidkus kom, kan die windrigting baie vinnig noordwes draai.

Soos wat die windrigting in die Kaap verander, sal dit aan die suidkus ook verander na suidwes, suid en suidoos namate daardie stelsel verbybeweeg. Wanneer 'n laagdrukstelsel suid van die land verbybeweeg, kan die lug as gevolg van die lugdrukverskille, veral in die aand wanneer die binneland afgekoel het en daar relatiewe hoogdruktoestande oor die binneland ontwikkel het, as 't ware van die land af na die kus toe trek. Dit verklaar hoekom noordwestewinde laatnag by Stormsriviermond ontwikkel. Die landoppervlak het lank genoeg tyd gehad om sodanig af te koel dat daar 'n hoogdrukstelsel ontwikkel. Dit is nie net die hoogdrukstelsels en laagdrukstelsels wat om die kus voorkom en Suid-Afrika se weer beïnvloed nie, maar daar heers ook in die binneland sulke hoogdrukstelsels en laagdrukstelsels deur die loop van die jaar.

By die see sal die wind baie dikwels waai. In Desember en Januarie is die kouefronte steeds daar, maar hulle trek net verder suid van die land

??

verby, omdat al hierdie lugdrukstelsels deur die loop van die jaar agter die loodregte strale van die son aan migreer.

Piet Eloff

81. Hoe kan die mensebevolking in toom gehou word en met die bestaande hulpbronne gebalanseer word?

Na aanleiding van die uitdunning van robbe aan die Namibiese kus (hoofstuk 86), is die opmerking gemaak dat ook die menslike bevolking uitgedun moet word. Daar was natuurlik skerp reaksie op dié uitspraak en baie mense het beweer dit het genoside goedgepraat. Die wetenskaplike se taak is om objektief na kwessies soos hierdie te kyk en op grond van wetenskaplike data afleidings te maak.

Genoside beteken dat 'n spesie se getalle deur dieselfde spesie verminder word. Dit het byvoorbeeld tydens die twee wêreldoorloë gebeur toe mense deur mense uitgeroei is. Die Eerste Wêreldoorlog het 21 miljoen menselewens in net vier jaar geëis.

Uitdunning is wanneer een spesie 'n ander spesie se getalle verminder. Die Spaanse griep het in die eerste vier maande van 1918 nagenoeg 100 miljoen mense uitgeroei. Op sekere plekke kan die mensebevolking so dig wees dat enige aansteeklike siekte wat deur 'n virus of bakterie veroorsaak word, 'n enorme effek kan hê. Dit is wat bedoel word met die uitdunning van mense.

Malaria dood jaarliks 2 miljoen mense in Afrika. Net soos die Spaanse griep is MIV en vigs, Ebola- en Lassakoors siektes wat deur ander spesies veroorsaak word en die mensebevolking minder maak.

Die Brit Thomas Robert Malthus (1766–1834) skryf reeds in die agttiende eeu oor die toename in die mensebevolking. Sy kommer was dat die toename in mense geometries is, terwyl die toename in voedselproduksie rekenkundig is. "Geometries" verwys na 'n tipe gemiddeld wat 'n sentrale neiging of tipiese waarde aandui. Die toename van mense geskied volgens 'n gemiddelde aanwas. "Rekenkundig" verwys na 'n numeriese uitdrukking, 'n wiskundige stelling wat slegs syfers gebruik. Voedselproduksie is 'n syferaangeleentheid en werk nie met gemiddeldes nie. In een of ander stadium gaan die aarde se hulpbronne, wat voedsel insluit, uitgeput raak as die getal mense aanhou toeneem. Vanuit 'n kil ekologies-wetenskaplike oogpunt beskou, is die mens se getalle eenvoudig net te veel.

Reeds in voorbybelse tye in Mesopotamië, waar die eerste beskawings gevestig is, was die mense te veel en is 'n ganse beskawing op sy knieë gedwing omdat die voedselbronne uitgeput geraak het.

Vandag kan kos wêreldwyd aan mense gelewer word; daarom word die meeste bevolkings kunsmatig aan die lewe gehou deur kos wat nie uit hul eie gebied kom nie. Indien die voedselverspreiding gestaak sou word, sal miljoene mense oornag sterf.

Tot dusver kon die mens nie daarin slaag om bevolkingsgetalle en die proses van aanwas te beheer nie. Die wêreld het 'n natuurlike manier om die oorbevolking te tem – deur siektes en oorloë.

Henk Geertsema, Dave Pepler en Le Fras Mouton

---

82. Wat is die grootste dinosourus wat ooit geleef het?

Argentinosaurus wat deur Guillermo Heredia in Argentinië ontdek is, was die grootste en swaarste landdier wat ooit geleef het en het tussen 80 en 100 ton geweeg. Dit is in 1993 deur twee Argentynse paleontoloë, J. Bonaparte en F. Coria, beskryf.

Hierdie diere se groottes is verbysterend. *Argentinosaurus* kon tot 40 meter lank wees, en sy hoogte was 21 meter – nagenoeg ses verdiepings.

Ander bekende dinosourusse soos die *Brachiosaurus* kon platvoet staan en bo-oor die dak van 'n vierverdiepinggebou kyk. *Argentinosaurus* is natuurlik nie die enigste groot dinosourus nie, maar daar word vermoed dat dit waarskynlik die grootste dinosourus is wat tot nog toe ontdek is. Heelwat ander voorbeelde van groot dinosourusse is ook al gekry, maar dit was net gedeeltes van die geraamte, soos 'n bladbeen of 'n werwel. Van dié wat in Amerika ontdek is, is nog nie beskryf nie, maar hulle het intussen gewone name gekry om hulle te onderskei, soos *Supersaurus*, *Ultrasaurus* en *Seismosaurus*. 'n Rugwerwel van 'n baie groot dinosourus, wat *Amphicoelias* heet, is 2,4 meter lank.

Dinosourusse in die algemeen het ongeveer 210 miljoen jaar gelede, in die Triastydperk, ontstaan. Aanvanklik was hulle redelik klein maar hulle het gedurende die volgende periode, die Juratydperk, sowat 200 tot 135 miljoen jaar gelede, gedy. Daarna het die Kryttydperk gevolg, 135 tot 65 miljoen jaar gelede, waarin die groot dinosourusse daadwerklik 'n opbloei beleef het. Aan die einde van die Kryttydperk het hulle egter uitgesterf.

Vir min of meer 140 miljoen jaar het dinosourusse dus die aarde oorheers. In dié tydperk was daar 'n geleidelike toename in hul grootte en 'n geweldige groot toename in diversiteit. Hulle het tot velerlei vorms en groottes ontwikkel en uiteindelik oorsprong gegee aan die voëls. Lank voor daar mense was, was hulle dus die dominante werweldiere op aarde.

Dinosourusse word breedweg in twee groot groepe verdeel, op grond van die anatomie van die bekkengordel. Die rangskikking van die bekkengordel, die heupbeen (ilium), die sitbeen (ischium) en die skaambeen (pubis), bepaal die groepe waarin die dinosourusse verdeel word. Indien die skaambeen vorentoe uitstaan, kry 'n mens byvoorbeeld een soort dinosourus, en as die skaambeen na agter uitstaan en ondertoe gebuig is sodat dit byna parallel met die sitbeen is, het 'n mens weer met die ander groep te make. Hierdie twee groepe dinosourusse word die Ornithischia (voëlbekken) en die Saurischia (reptielbekken) genoem. Dié groepe het gelyktydig geleef, en voëls het uit die Saurischia ontwikkel.

Argentinosaurus is een van 'n groep baie groot dinosourusse waarvan fossiele in Patagonië, Argentinië, voorkom. Hierdie reusagtige viervoetige diere met die familienaam Titanosauridae, se voete het 'n interessante bou gehad omdat die diere so geweldig swaar was. Die bou herinner sterk aan die voete van olifante. Mense loop deur die hak eerste neer te sit, daarna die bal van die voet neer te sit en met die groottoon vorentoe te druk. Die liggaam is in die loopaksie gedurig besig om op en af te beweeg. Olifante het aan die agterkant van die voet 'n wigvormige kussing van veselagtige weefsel. Dit skep die effek dat dié diere loop asof hulle skoene met hakke aanhet. Die hak word gelig, en dit maak dit makliker vir die swaar diere om te loop. Patagonië se dinosourusse het volgens die anatomie van die voet dieselfde meganika gehad – met 'n kussing onder die hak van die voet.

Trouens, dit verklaar waarom die mens makliker loop as skoene met 'n effense hak gedra word: Sodoende word minder energie verbruik.

Jurie van den Heever

---

83. Word visse dors, en hoekom smaak seevisse nie sout nie?

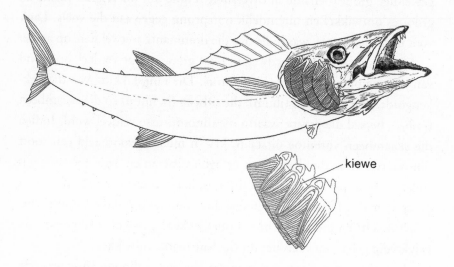

kiewe

Mense en diere op land verloor voortdurend water. Net deur asem te haal verloor landwerweldiere baie water. Wanneer 'n mens teen 'n spieël blaas of op 'n bril se lense om dit skoon te maak, kan onmiddellik gesien word hoe die vog op dié oppervlakke kondenseer. Sommige soogdierspesies wat die vermoë het om te sweet, verloor ook baie vog deur te sweet in 'n poging om oorverhitting tydens oefening of warm weerstoestande te oorkom. Water bly ook in die slag wanneer diere urineer om van giftige stikstofafvalprodukte ontslae te raak.

Dit is te verstane dat mense sal dink dat visse minder van 'n waterprobleem sal hê as landdiere, gegewe dat, alhoewel hulle ook water sal verloor wanneer hulle urineer, hulle nie sweet nie en ook nie water tydens respirasie (asemhaling) verloor nie. Dit is egter allesbehalwe die waarheid. Visse het net so 'n waterprobleem soos landdiere.

Om die antwoord op die vraag te verstaan moet 'n mens weet wat die proses van osmose behels. Osmose beteken dat water altyd deur 'n semideurlaatbare membraan sal beweeg van die kant waar die soutkonsentrasie laag is na waar die soutkonsentrasie hoog is. Hierdie sterk krag wat die water laat beweeg staan bekend as osmotiese druk.

In die see is die soutkonsentrasie in 'n vis gewoonlik 'n derde van die soutkonsentrasie in die omringende seewater. 'n Osmotiese krag laat die water vanuit die vis se liggaam beweeg om die soutkonsentrasie in die see te verdun. Hierdie proses geskied oor die kiewe van die vis. Wanneer die water oor die kiewe gepomp word tydens respirasie, verloor die vis se liggaam heeltyd water in 'n poging om die twee soutkonsentrasies dieselfde te kry – iets wat natuurlik nooit gebeur nie.

Die vis moet dus water drink om die water wat via die kiewe verloor word, te vervang.

'n Vis se mond gaan heeltyd oop en toe en water vloei oor die kiewe sodat die suurstof in die water opgeneem kan word. Daarna vloei die water deur die kiefopeninge na buite. Die water vloei egter nie heeltyd in die vis se spysverteringstelsel in nie, want die slukderm is afgesluit. Wanneer die vis water wil drink of kos wil eet, gaan die slukderm oop.

Soos wat die vis water drink, kom baie sout sy liggaam binne. Dit help nie die vis probeer om die sout via urine uit te skei nie, want om dit te kan doen moet die niere die urine konsentreer – iets waartoe soutwatervisse se niere nie in staat is nie. Dit sal dus nie help die vis drink water nie, want dit sou net hierdie water moet gebruik om die oortollige soute in die vorm van verdunde urine uit te skei.

Visse het egter 'n ander manier ontwikkel om van die soute ontslae te raak en dit gebeur ook by die kiewe. By die kiewe is daar 'n aktiewe proses, wat energie vereis, waar sout uit die bloed of uit die weefsel onttrek word en in die omringende water vrygestel word. Ons noem hierdie meganisme 'n soutpomp en soos genoem, is dit 'n proses wat energie vereis. Die vis raak op hierdie manier van die soute wat deur die soutwater ingekry is, ontslae. Dit verklaar ook waarom 'n vis nie sout smaak nie. 'n Vis het baie min sout in sy lyf, selfs al bly dit in die seewater. Visse skei voortdurend die oortollige soute via die soutpompe uit.

Dus, seevisse verloor voortdurend water by die kiewe deurdat water uit die dier na die omringende seewater beweeg as gevolg van osmotiese drukverskille. Dit is suiwer water wat uitbeweeg; die soute bly in die liggaam agter. Om vir die verlies aan water te kompenseer, moet die vis water drink, dit wil sê die slukdermopening moet oopgemaak word sodat die vis water kan sluk. Saam met die water kry die vis dan oortollige soute in wat dan weer deur 'n aktiewe soutpomp by die kiewe na buite uitgeskei word.

In vars water vind die omgekeerde proses plaas. Omdat die varswatervis 'n hoër interne soutkonsentrasie as die omringende water het – behalwe as dit in 'n totale brakwateromgewing lewe – sal water voortdurend uit die omgewing na binne die vis beweeg as gevolg van osmose. Die inbeweging van water vind hoofsaaklik by die kiewe plaas.

So ver dit water aangaan, het varswatervisse nie so 'n groot probleem soos seevisse nie. Die oortollige water wat voortdurend die liggaam binnekom, kan doeltreffend deur die niere as verdunde urine uitgeskei word. Dit beteken dat varswatervisse nie water hoef te drink nie. Die water vloei heeltyd vanself in oor die kiewe. Die probleem is eerder om van die oortollige water ontslae te raak en dit word doeltreffend deur die niere gedoen.

Aangesien visse in vars water voortdurend water uitskei, verloor hulle in die proses 'n redelike hoeveelheid soute saam met die urine. By varswatervisse kry 'n mens dus weer 'n aktiewe opname van soute uit die omgewing om die soute wat uitgeskei is, te vervang. Dit vind ook by die kiewe plaas.

Haaie, wat kraakbeenvisse is, het 'n unieke meganisme ontwikkel sodat hulle nie water deur osmose verloor nie. Hulle stoor 'n stikstofafvalproduk, ureum, in hul weefselvloeistowwe. Dit verhoog dan die soutkonsentrasie of die osmolariteit van dié diere se interne vloeistowwe tot op 'n vlak baie na aan dié van die omringende seewater. Water vloei dus nie uit hulle ligame deur osmose soos in die geval van die gewone beenvisse nie.

Wanneer 'n mens haaivleis of enige van die kraakbeenvisse eet, proe die vleis vreemd omdat die weefsel vol ureum is. Volgens 'n boereraat moet kraakbeenvisse se vleis in 'n ligte asynoplossing geweek word om die smaak van die ureum te neutraliseer. Die asyn maak die vleis effens wit buiteom, maar dit raak smaakliker.

Visse wat in modder- of troebel water leef, hoef soos die varswatervisse nie baie water te drink nie. Hulle kry egter steeds water in wanneer hulle eet. Daardie water beland in die spysverteringskanaal. Die modder word saam met die ontlasting uitgeskei en nie in die bloedstroom opgeneem nie. Dit is egter algemeen bekend dat moddervisse 'n moddersmaak het, wat daarop dui dat die proses nie heeltemal so goed werk nie. 'n Ligte asynoplossing waarin die vis geweek word, sal ook die moddersmaak help neutraliseer.

Paddas wat in vars water lewe het dieselfde probleme as varswatervisse. Hulle drink nie water nie, maar water vloei heeltyd in en dan moet hulle ook daardie water uitskei. Paddas wat in droë omstandighede buite water leef, het 'n unieke manier waarop hulle water drink. Om vog uit klam grond te kry, gaan sit hulle met hul klam velle op die klam grond. Die water beweeg dan deur die proses van osmose uit die grond deur die vel na binne. Hulle drink dus water met hulle vel.

Om op te som: Visse wat in seewater leef, raak wel dors en drink aktief seewater. Oortollige soute word dan deur soutpompe by die kiewe uitgeskei, 'n proses wat energie vereis. Varswatervisse drink nie aktief water nie, maar die water word deur hulle vel en kiewe geabsorbeer, waaroor hulle geen beheer het nie. Die varswatervisse moet dan van die water ontslae raak deurdat hulle niere 'n verdunde urine uitskei. Daar is 'n verlies aan soute via die urine en die soutbalans word weer herstel deur by die kiewe aktief soute uit die omringende water op te neem.

Le Fras Mouton

84. Indien 'n mens op die Noordpool staan, waar is suid, oos en wes, om nie van noord te praat nie?

'n Ou raaisel lui: 'n Jagter stap 'n kilometer suid, dan 'n kilometer oos en daarna 'n kilometer noord. Hy kom dan by dieselfde plek uit waar hy begin het. Hy skiet 'n beer. Wat is die kleur van die beer?

Die antwoord is wit, en die rede daarvoor, het die oorspronklike formuleerder van die raaisel gedink, is dat daar net een plek op die aardbol is wat aan die beskrywing in die raaisel voldoen, en waar 'n mens 'n kilometer suid, 'n kilometer oos en 'n kilometer noord kan loop voordat 'n mens weer op dieselfde plek uitkom. Die plek is die Noordpool en die enigste bere in daardie omgewing is wit.

As 'n mens op die Noordpool staan en praat in terme van geografiese rigtings, is alle rigtings van daar af suid. Een tree verder, en 'n mens is in die normale situasie waar noord, suid, wes en oos gedefinieer is.

By die Noordpool self bestaan noord nie meer nie en alle rigtings is suid.

Verrassend genoeg het die ou stapinstruksies 'n oneindige aantal antwoorde, almal met 'n beginpunt naby die Suidpool (waar daar natuurlik geen (ys-) bere voorkom nie!). 'n Mens kan dit redelik maklik insien deur aan 'n lasso te dink wat 'n sirkelgedeelte 1 kilometer lank het en 'n stert (of "handvatsel"), ook 1 kilometer lank. As hierdie tou nou naby die Suidpool op die aardoppervlak neergelê word sodat die sirkelgedeelte die pool "omsingel" en die stert verder weg (noordwaarts) lê, kan die stapinstruksies uitgevoer word. Begin op die punt van die stert en stap 1 kilometer suid, wat jou presies by die sirkel uitbring. 'n Kilometer se stap oos van hier af beteken dat 'n mens dan presies die sirkel voltooi, om dan weer op jou eie spore langs die stert 1 kilometer noord te stap om te eindig waar jy begin het. Natuurlik kan mens die lasso op oneindig baie maniere so neerlê, en ook met lasso-sirkels werk wat 'n halwe kilometer lank is (wat beteken 'n mens moet twee keer om die sirkel stap), ensovoorts – inderdaad oneindig baie maniere!

Hendrik Geyer

85. Waar kom die peperaroma in shiraz-rooiwyn vandaan?

Shiraz word gemaak van die Franse druifvariëteit syrah, wat goed in 'n baie koel klimaat groei. Dié wyn word veral in die noordelike Rhône-gebied in Frankryk en in die Berossa-vallei naby Adelaide in Australië gemaak.

Wynkenners herken die swartpeperaroma as die definiërende boeket van shiraz-wyne. Soms word dit as 'n gebranderubberreuk beskryf. Vir shiraz-produsente is dit uiteraard moeilik om te voorspel of hul wyne wel dié spesifieke geur gaan hê en hoe sterk dit sal wees. Die Australiese Wyn-navorsingsinstituut het probeer vasstel of daar 'n spesifieke molekule is wat vir hierdie aroma verantwoordelik is.

'n Analise van shiraz-wyne het aangedui dat daar wel 'n molekule teenwoordig is wat 'n peperkenmerk het, maar die konsentrasie was nie hoog genoeg om die molekule te kon identifiseer nie. Navorsers het hulle toe na peper – hulle het gemaalde witpeper gebruik – gewend en genoeg van dieselfde molekule gevind om dit as rotundoon te kon identifiseer.

Rotundoon is 'n verbinding wat lankal bekend was en is in die 1960's deur chemici in Indië in die plant *Cyperus rotundus* (neutgras) ontdek. Die rotundoon kom in redelik lae konsentrasies in die knolle van dié plant voor.

Niemand het tevore opgemerk dat dit in peper teenwoordig is nie, alhoewel die meeste mense dit kan ruik. Dit is verreweg die mees potente komponent in peper en 'n baie belangrike bydraer tot die aroma van shiraz-wyne. As 'n mens hierdie verbinding teen hoë konsentrasies in water oplos, ruik die water of dit gebrand is.

Wanneer shiraz-wyne beoordeel word, kan 20 persent van die beoordelaars gewoonlik nie die rotundoon in die wyn proe nie. Verskillende mense ervaar dus 'n shiraz op verskillende maniere. Blykbaar is daar 'n beduidende gedeelte van die menslike bevolking wat nie die reseptore op die tong het wat spesifiek dié verbinding kan identifiseer nie. Die verbinding kon dus glad nie waargeneem word deur daardie mense aan wie shirazmonsters met vlakke van 4 000 nanogram per liter ('n baie hoë konsentrasie) gegee is om te proe nie.

Rotundoon kom in wit- en swartpeper voor, wat blykbaar in elk geval van dieselfde peperkorrels gemaak word. Swartpeper is ongefermenteerde peperkorrels waar die saadjie nog om die vrugliggaam sit en dit word net gedroog. Witpeper word vir tot twee weke in water gefermenteer, wat die vrugtelagie op die korrel verwyder. Net die gefermenteerde saad bly oor en word as witpeper fyngemaal.

Wanneer te veel swartpeper in kos beland, kry 'n mens 'n té sterk pepersmaak, maar as te veel witpeper bygevoeg word, lei dit tot 'n baie slegte smaak. 'n Koskenner vertel dat hy in 'n deftige Franse restaurant aartappels in 'n bottersousie gekry het, maar toe hy dit eet het dit na "band aid" geproe. Dit was omdat daar te veel witpeper in die kos was en die sjef wat dit moes proe, waarskynlik nie die peper kon ruik nie – hy was miskien een van die 20 persent mense wat nie daardie spesifieke verbinding kan waarneem nie.

Die peperaroma van die shiraz is inherent in die spesifieke kultivar. Noudat ons weet watter verbinding dit veroorsaak, kan ons deur seleksie van die druiwe of selfs deur molekulêre tegnieke die metaboliese pad wat na die verbinding rotundoon lei, manipuleer en sodoende die vlak op- of afskuif. So kan ons dalk in die toekoms shiraz maak vir diegene wat nie van die pepersmaak in die shiraz hou nie.

Jannie Hofmeyr

---

86. Waarom kan robbe nie vir hulle vleis, pelse en olie geoes word nie?

Die uitdunning van robbe is 'n sensitiewe onderwerp waaroor daar elke jaar sensasionele beriggewing in die media verskyn. Aktiviste aan die ander kant van die draad is egter van mening dat die mensdom prakties oor dié aangeleentheid moet begin dink.

??

Waarom kan robbe nie in Suider-Afrika geoes word vir hulle vleis, pelse en olie soos in Skandinawiese lande, Groenland en Ysland nie? Dit word immers al eeue lank in daardie lande gedoen. By Kaap Kruis in Namibië is daar al 'n paar honderdduisend robbe op een slag op die strand waargeneem. 'n Aktivis sê die tyd vir die Save the Seals-veldtog is verby en dat daar eerder begin dink moet word aan veldtogte soos "Save the people" en "Save the penguins".

Antwoorde moet gevind word op die vraag hoeveel vis 'n rob op 'n dag eet, en hoe ver 'n rob moet swem om sy prooi te vang. Dit is egter moeilik om te bepaal hoeveel vis 'n rob op 'n dag eet, omdat hulle dit ver van die kus af verorber en dit moeilik is om hulle waar te neem. Studies wat onder pelsrobbe in die wêreld gedoen is, wys dat hulle binne twee dae tot 350 kilometer kan swem van die plekke waar die kleintjies lê, en dan weer terug. Robbe dra nie vis terug na hul kleintjies toe nie.

Die omgewing, die broeisiklus en die geslag het 'n invloed op hoeveel 'n rob op 'n dag sal eet. Hoeveel robbe eet, hang af van 'n hele aantal faktore, onder andere die temperatuur van die water waarin hulle jag. In tropiese water sal 'n rob byvoorbeeld baie minder eet as wanneer Arktiese toestande geld. 'n Verdere faktor is waar hulle hulle in die broeisiklus bevind, en of dit 'n mannetjie of 'n wyfie is. Mannetjies kan nie die kleintjies grootmaak nie omdat die kleintjies nie aan hulle kan drink nie. Wyfies moet vetbelaaide melk vir die kleintjies hê en daarom genoeg kos vind.

Kaapse pelsrobbe het 'n baie breë voedingsbasis en vreet feitlik alles – nie net vis nie, maar ook krewe, krappe en mossels. Hulle is baie sigbaar vir die mens wanneer hulle vis vreet omdat hulle om die vissersbote swem.

Emosionele aspekte lê ten grondslag van argumente oor die benutting van robbe. Die stories oor Rakkertjie Rob met sy mooi nat ogies is alombekend. Sirkusrobbe wat hulle pootjies klap en 'n bal op die neus balanseer, het diep in menseharte gekruip. Mense het bepaald nie dieselfde emosionele aanklank met 'n hoender of skaap wat geëet word as met 'n rob nie. Robbe word nie deur die mens geproduseer en geteel soos wat skape en hoenders geproduseer word nie. Die opsigtelik wreedaardige manier waarop robbe met 'n knuppel of byl doodgeslaan word, tesame met beelde van bloed op die sneeu en op rotse, dra nie veel by tot objektiwiteit omtrent die aangeleentheid nie.

Tog is daar parallelle en 'n mens kan die argument verder reduseer tot die oes van springbokke, die benutting van kangaroes vir vleis, die vang van tuna – wat 'n gevorderde dier is – ensovoorts. Robbe mag dalk vir die mens pragtig wees, maar hulle is gevaarlik. 'n Paar jaar gelede is 'n vrou wat dit te naby 'n rob op 'n strand in die Suid-Kaap gewaag het, se neus afgebyt.

Daar bestaan historiese getuienis oor die benutting van robbe. In 1601 het James Lancaster (1554–1618), 'n Engelse seevaarder, Robbeneiland besoek. Sy opmerking was dat daar robbe "in unspeakable numbers" was – die eiland was absoluut oortrek met robbe.

Tussen April en Oktober in 1610 het slegs die Hollanders aan die Kaap 45 000 robbe vir hulle velle geslag. Die benutting van die robbe gebeur al die afgelope 400 tot 500 jaar.

Jaarliks veroorsaak die slagting van robbe in Namibië verontwaardiging en heers daar groot mediabelangstelling. Die Namibiërs beweer dat hulle visbronne deur die robbe bedreig word. Dit is egter nie waar nie omdat die Namibiese visbron al die afgelope 20 jaar oorbenut is. Die plundering van visbronne aan die Namibiese kus met treilervangste is wêreldwyd ongeëwenaard, behalwe in Peru en Chili waar presies dieselfde 20 jaar gelede gebeur het. Visbronne in dié gebiede is so uitgeroei dat jellievisse in die plek van sardyne en ansjovis voorkom.

Omvangryke sake word gedoen uit die benutting van robbe. Hulle karkasse word onder andere benut vir die hoëkwaliteitpels, en die vet word as olie en gesondheidsaanvullings gebruik. In die penis van die rob is daar 'n bakulum, 'n been, wat in die Ooste ten duurste as 'n seksstimulant verkoop word. Jaarliks word nagenoeg 80 000 robbe in Namibië uitgedun, wat geweldige finansiële voordele vir die land bring.

Dit is onbillik om die robbe te blameer vir die uitroeiing van visbronne. 'n Gebalanseerde benadering sou wees om die robbe te benut indien nodig, maar die ware redes vir die uitdunning van die visbronne moet verskaf word.

Dave Pepler

87. Hoe kry katte dit reg om wanneer hulle val op hul bene te land?

Katte word wel soms beseer wanneer hulle val, want hulle land nie werklik elke keer op hul pote nie. Volgens veeartse is beserings dikwels 'n probleem in hoëdigtheidsgebiede waar mense katte in woonstelle aanhou. Katte, wat lief is om in vensters te sit, val blykbaar gereeld uit die wolkekrabbers van New York. As hulle nie te ver val nie, land hulle op hulle pote, maar wanneer hulle van hoër as 'n sekere hoogte afval, kan hulle ernstige beserings opdoen, gewoonlik aan hulle koppe.

Die verste gemete afstand wat 'n kat al geval en oorleef het, was in Amerika uit 'n boom van 80 voet (24,3 meter).

Dat katte wel minder as mense beseer word, is waar, want in die eerste plek is katte baie ligter as mense. Katte se geraamtes is so ontwikkel dat hulle nie maklik seerkry tydens 'n val nie. Hulle het byvoorbeeld nie sleutelbene wat die skouergewrig tot 'n redelike mate fikseer nie, sodat die nek en die voorpote baie meer beweeglik as by die mens is.

Verder het katte baie goed ontwikkelde binneore, waarin daar, soos by alle soogdiere, drie halfsirkelvormige kanale waarin vloeistof is, geleë is. Die kanale is in drie rigtings georiënteer sodat wanneer die kop gedraai word of die dier omgedop word, hy dadelik weet waar bo en waar onder is. By katte vind dié oriëntasieproses blykbaar vinnig plaas. Wanneer katte val, is die eerste ding wat hulle doen om hul kop reg te draai. Wanneer die kop georiënteer is, draai die lyf reg. Aangesien daar nie 'n sleutelbeen is nie, vind die proses makliker plaas.

Katte het vyf meer werwels as mense, wat hulle ruggraat baie soepel maak. Die soepel bewegings wat katte kan maak, help hulle om redelik vinnig hulle liggaam met die pote na onder te oriënteer.

Mense is relatief gesproke baie swaarder vir hul grootte as wat katte is. Wanneer katte val, strek hulle hul pote na buite sodat 'n valskerm-effek bereik word met die hulp van hul hare en danksy die ligter gewig. Mense kan dit nie doen nie. Wanneer soldate met valskerms uit vliegtuie spring, moet hulle, wanneer hulle op die grond kom, hulle bene baie vinnig buig en hulle lywe op die grond rol, anders word hulle beseer. Met die valskerm-effek land katte dadelik op hul pote en met die ligte gewig op vier pote is die impak per poot uiteraard minder as wanneer 'n mens se val deur twee bene geabsorbeer word.

Hoe kry 'n kat dit hoegenaamd reg om om te draai as hy rugkant eerste begin val? As 'n mens uit die behoud van draaimomentum na die gegewe kyk, is daar nie 'n eksterne wringkrag wat op die kat uitgeoefen word nie. Katte het skynbaar geleer om die voor- en die agterkant van die lyf verskil-lend in te span wanneer hulle val. Die voorpote word eers ingetrek, terwyl die agterpote uitgestrek word. Dit beteken dat die traagheidsmoment van die voorkant anders as die agterkant is. Deur hierdie twee dele in verskil-lende rigtings te roteer, sal die een vinniger roteer as die ander. Dit is soos wanneer 'n ysskaatser wat in die rondte tol die toltempo beïnvloed deur sy liggaamsgewig met behulp van uitgespreide arms te versprei. Katte het skynbaar aangepas en geleer om hul liggaamsoriëntasie stapsgewys te verander deur van dié fisika gebruik te maak sonder om behoud van draaimomentum omver te gooi.

Hierdie aanpassing wat katte het, help hulle om wanneer hulle uit redelik hoë geboue of bome val, te oorleef. In New York gebeur dit glo so dikwels dat die veeartse van die hoëgebousindroom by katte praat.

Jurie van den Heever en Hendrik Geyer

---

88. Hoe word sonsopkoms- en sonsondergangtye bepaal?

Sonsopkomstye en sonsondergangtye kan akkuraat bereken word. Daar is heelwat kalenders beskikbaar, veral op die internet. Hierdie tye hou alles met die son se invalshoek verband. Die invalshoeke vir verskillende tye van die jaar kan met behulp van 'n diagram bepaal word.

Baie mense dink dat wanneer die son sak, is dit dadelik donker. Dit is nie so nie, want daar is eers 'n skemerperiode, wat in drie skemertye geklassifiseer word. In Engels word dit "astronomical twilight", "nautical twilight" en "civil twilight" genoem. Dit is daardie tyd wanneer die son reeds agter die horison verdwyn het, of die periode in die oggend voor die son opkom. Tydens skemer is daar steeds lig wat 'n mens in staat stel om te sien.

Partikels in die atmosfeer verstrooi en weerkaats die inkomende sonstrale tydens die skemerperiodes soggens en saans, en dit verklaar waarom daar nog lig is sonder dat 'n mens die son fisies kan sien.

Die astronomiese skemerte is die periode waartydens 'n gloed in die lig gesien kan word, en dit duur gewoonlik voort totdat die son ongeveer agttien grade onderkant die horison is. Die skeepskemer duur voort totdat die son ongeveer 12 grade onderkant die horison is. Dan is die algemene buitelyne van voorwerpe nog sigbaar, en al die sterre wat vir navigasie geraadpleeg word, is dan reeds sigbaar. Die periode waartydens normale buitemuurse aktiwiteite nog kan plaasvind sonder dat ligte aangeskakel hoef te word, heet die burgerlike skemer. Dit duur gewoonlik totdat die son sowat ses grade onderkant die horison is. Sonsopkoms en sonsondergang vind dus op vaste tye plaas en kan vooraf bepaal word.

In 1957 het 'n publikasie van die Unie van Suid-Afrika verskyn waarin al die tye vir sonsopkoms en sonsondergang op elke dag van die jaar vir enige plek in Suid-Afrika aangedui is. 'n Mens kan op grond van die lengteligging en die son se invalshoek op 'n spesifieke dag die sonsopkomstye en sonsondergangtye op die tabel aflees.

Dit is voor die hand liggend dat wanneer 'n mens bo-op 'n berg staan en die sonsopkoms sien, iemand wat in 'n vallei staan, nog in die skadu sal wees. Tydens sonsondergang sal die vallei uiteraard eerste in skadu gehul wees.

Piet Eloff

89. Waarom het sekere ou beskawings uitgesterf en hoekom het die Balkan-state in ontwikkeling agtergebly?

Om te verklaar hoe beskawings ontstaan het, moet 'n mens op Suid-Afrika fokus, want Suid-Afrika (of eerder Afrika) staan as die wieg van die mensdom bekend danksy die fossiele wat hier gekry is.

Al die soorte mense wat in ons geskiedenis voorgekom het, die bekende *Australopithecus africanus*, *Homo habilis*, *Homo erectus* en so meer, het in Afrika ontwikkel en uit Afrika gemigreer. *Homo erectus* was van die eerste mensvorme wat Afrika verlaat het en vandag is *Homo erectus*-fossiele in China te vinde. Voorheen het dit as die Pekingmens bekendgestaan. Die ou beskawings het dus almal uit Afrika ontwikkel.

Aanvanklik is bepaalde dinge of toestande nodig om 'n beskawing te bou soos wat die Chinese en Japannese gedoen het. Mense moet in 'n omgewing bly waar hulle genoegsaam afgesonder is sodat hulle 'n eiesoortigheid kan ontwikkel. Die Chinese was so sterk op hulle afgesonderdheid ingestel dat hulle die Groot Muur gebou het om ander mense uit te hou.

Kulture ontwikkel wanneer daar 'n sterk ekonomiese inslag is. Nederland is 'n voorbeeld van 'n suksesvolle beskawing wat gevestig is deur die Oos-Indiese Kompanjie se geweldige groot ekonomie. Hierdie ekonomie het 'n beduidende invloed op die kunste en die wetenskap gehad.

Dit is interessant om vas te stel hoekom so 'n beskawing uiteindelik te gronde gaan. Die Griekse beskawing, wat 'n geweldige sterk kultuur gehad het, het verdwyn. Die Romeinse wêreld met sy indrukwekkende militêre kultuur wat baie wyd gestrek het, se val is bewerkstellig deur mense wat deur die Romeine as hul minderes beskou is, naamlik die Hunne, Vandale en Gote. Van die Hunne is Attila die bekende leier. Hy het van 434 tot 453 regeer. Hy het so sterk teen die Romeinse Ryk opgetree dat hy as die "Flagellum Dei", die "Sweep van God" bekendgestaan het.

Die Balkan-state wat lande soos Kroasië, Serwië, Roemenië en basies Suidoos-Europa insluit, het ook uit 'n baie ou beskawing gegroei. Artefakte en kultuurgoed wat ongeveer 6 500 jaar oud is, is daar ontdek. Voorwerpe wat daarop dui dat industrieë in die gebied gevestig was, is uitgegrawe. Tablette met 'n soort protoskrif is ontdek. Skrif en die wiel het in die Nabye Ooste in die Vrugbare Driehoek ontstaan, wat plekke soos Irak, Sirië, Libanon, Israel, Jordanië en Koeweit insluit. Spore van dié uitvindings, wat dateer van 8 000 jaar gelede, word ook in Suidoos-Europa opgemerk.

Suidoos-Europa is egter 'n gebied wat dikwels van heersers verwissel het. Dit is 'n bergagtige streek wat 'n ongunstige effek op die ekonomiese ontwikkeling gehad het. Met verloop van tyd het baie omwentelings in hierdie streek plaasgevind waarvan die mislukte Kommunistiese bewind 'n meer onlangse voorbeeld is. 'n Kultuur wat aan dié faktore onderworpe is, kan nie kers vashou by sekere Westerse kulture wat op 'n sterk ekonomie en 'n beter politiese bedeling geskoei is nie.

Die oorspronklike inwoners (Aborigines) van Australië het ongeveer 50 000 jaar gelede voet aan wal gesit en het in daardie tyd oor die beste tegnologie op aarde beskik. Hulle kon byvoorbeeld vaartuie maak waarmee oseane oorgesteek is. Al daardie tegnologie het egter tot niet gegaan en vandag is hulle nie 'n kultuur wat enigsins kompeteer met enige ander kultuur in die wêreld nie.

Jared Diamond het 'n insiggewende boek, *Guns, Germs and Steel: The Fates of Human Societies*, geskryf. Dit handel oor die ou beskawings en hoe dit deur gewere (aggressie, militêre aanslae, politiek), kieme (oordrag van siektes en die effek daarvan) en staal (die industrieë) ontwikkel het. Een van die interessante temas van Diamond se boek is die rol wat kontingente situasies in die ontwikkeling van samelewings gespeel het. Iets wat hy sterk beklemtoon is die beskikbaarheid van diere wat potensieel mak gemaak kon word. In sekere wêrelddele was die voorouers van wat vandag skape, beeste en perde is, teenwoordig, en in ander dele van die wêreld was diere weer nie geskik om mak gemaak te word nie. Dit het 'n baie groot rol in die ekonomiese sukses van sekere samelewings gespeel.

Die wilde diere in Suid-Afrika soos olifante, renosters en buffels kon nie mak gemaak word nie. Sebras en kwaggas kon plaaslik ook nooit die rol van perde vervul nie.

Afrika is 'n goeie voorbeeld van die rol wat voedselplante speel in die ekonomiese sukses van sekere samelewings. Al die voedselplante soos mielies en koring is ingevoer. Sorghum wat eie aan die kontinent is, kan egter nie die massas voed nie. Dit is feitlik onmoontlik om voedselplante van die Noordelike Halfrond natuurlikerwys na die Suidelike Halfrond te laat migreer. 'n Plant wat in die noorde by sekere toestande aangepas is, moet dan natuurlikerwys oor die Sahara-woestyn tot in die matige klimaat van Suider-Afrika kan migreer. Dit kan egter nie gebeur nie. Die natuurlike verspreiding van plante vind dus nie in 'n noord-suid-rigting plaas nie, maar wel in 'n oos-wes-rigting.

Beskawings sal altyd ontstaan, bestaan, maar dan ook uiteindelik vergaan.

Jurie van den Heever

---

90. Hoe bepaal skeepsbouers die gewig van baie groot skepe?

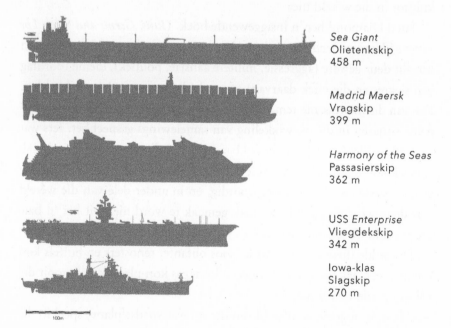

Sea Giant
Olietenkskip
458 m

Madrid Maersk
Vragskip
399 m

Harmony of the Seas
Passasierskip
362 m

USS *Enterprise*
Vliegdekskip
342 m

Iowa-klas
Slagskip
270 m

100m

'n Mens sou verwag dat daar na groot tenk- of passasierskepe se gewig in tonnemaat verwys word. Hoe weeg skeepsbouers sulke groot skepe? Hulle kan tog nie tydens die bou van so 'n skip elke onderdeel weeg en daarvan boekhou nie? Die verrassing is dat tonnemaat by skepe nie 'n aanduiding van massa of gewig is nie, maar op die vragvolume van 'n skip gebaseer is.

In die vroeë dae van skeepshandel, toe daar nog net seilskepe was, is die belasting op vaatjies wyn in Engels "tonnage" genoem, want in daardie stadium is na 'n vaatjie wyn as 'n "tun" verwys. Dit was in Engelse terme 250 gelling wyn met 'n gewig van 2 240 pond. Later is 'n gewigsmaatstaf ('n mens hoef nie die onderskeid tussen gewig en massa hier te noukeurig te tref nie) bygevoeg. In dieselfde konteks het die konsep van 'n "long ton" (2 240 pond, 1 016,05 kilogram) ontstaan. Dit blyk ook dat die twee verwysings na volume en gewig dieselfde woordoorsprong het. Hierdie verwarring geld vandag nog: 'n Mens sou dink dat tonnemaat na 'n skip se gewig verwys, terwyl dit nie die geval is nie.

Kwessies soos belasting op skeepsvrag en tariewe wat skepe moes betaal om van hawegeriewe gebruik te maak, is vandag nog ter sprake. In 1720 is 'n nuwe maatstaf aanvaar om hierdie saak meer sistematies te hanteer, en dit was op die "dooie gewig" van 'n skip gebaseer. "Dooie gewig" is veronderstel om die verskil tussen die skip sonder vrag en die skip met vrag te wees.

Hierdie sisteem is eenvoudig gebaseer op 'n volume wat bepaal is deur die lengte en die maksimum wydte van die skip te meet. Oor die diepte van die skip is gewoon 'n tipiese aanname gemaak na aanleiding van die skip se lengte en breedte. Uiteraard was dit nie 'n baie akkurate manier om die berekening te maak nie.

In die dae van seilskepe het eienaars dikwels die skepe so oorlaai om die grootste moontlike hoeveelheid vrag te kon dra, dat daar dikwels ongelukke op see was en skepe gesink het. Die vrag was moontlik verseker en skeepseienaars kon hul geld terugkry, maar baie matrose het gesterf. Daar is toe besluit om 'n merk op die romp van 'n drywende skip aan te bring, die Plimsoll-lyn. Dit is 'n verwysingsmerk op die romp wat aandui tot watter maksimum diepte die skip veilig gedompel kan word wanneer dit met vrag gelaai is. Vandag nog is hierdie lyn op skepe sigbaar.

Net meer as 100 jaar later, in 1854, het ene George Moorsom, wat met die Britse handel en nywerheid te doen gehad het, met 'n nuwe voorstel vorendag gekom wat suiwer op volume gebaseer was. Dit het egter lastig begin raak toe stoomskepe hul verskyning gemaak het en op groot skaal steenkool as brandstof gebruik het. Hierdie steenkool moes saam vervoer word en nie al die volume van die skip kon gebruik word om vrag te vervoer nie. Die algemene uitgangspunt was dat die belasting nie net op die skip se volume nie, maar op die vrag se volume gebaseer moes word. Dit was die tyd toe eenvoudige reëls gegeld het en mense eenvoudige reëls probeer opstel het om die kwessie op te los.

In 1969 is die tonnemaat-maatstaf vir skepe by 'n internasionale konvensie vasgestel en dit is tans van toepassing op alle skepe wat na Julie 1982 gebou is. Hierdie "gross tonnage" of bruto tonnemaat is letterlik 'n syfer sonder enige eenhede, maar dit is op volume gebaseer. Letterlik beteken dit dat daar ooreengekom is om 'n sekere formule as maatstaf te gebruik. Dit vermenigvuldig die volume van die skip – met veral die moderne ontwerptegnologie is die berekening van die totale volume van 'n skip redelik eenvoudig – met 'n ander numeriese faktor. 'n Voorskrif wat nie ingewikkeld is nie, bepaal hoe dit gedoen word om dan uiteindelik 'n numeriese syfer te genereer wat as die bruto tonnemaat van 'n gegewe skip bekendstaan. Daardie syfer word gebruik in allerhande statutêre bepalings ten opsigte van veiligheidsaspekte en die getal bemanningslede wat voorgeskryf word.

Tonnemaat verwys dus nie letterlik na gewig nie; dit is eintlik 'n volumemaatstaf. Dit is ook nie 'n eenvoudige volumeberekening nie, maar 'n afgeleide volumeberekening wat met skeepsontwerp te make het om 'n regverdige uitgangspunt ten opsigte van al die oorwegings rondom belasting, hawegeriewe, ensovoorts, te bewerkstellig.

Hendrik Geyer

91. Waarom word die syfer 4 op horlosiewyserplate met Romeinse syfers met vier ene geskryf en nie met "IV" nie?

Op die hoogaangeskrewe Switserse polshorlosie, Rolex, is Romeinse syfers op die horlosiewyserplaat met vier ene vir die syfer 4. Dit strook met die aanspraak dat sulke wyserplate vier ene na mekaar vir 'n 4 gebruik, met ander woorde "IIII" in plaas van "IV".

Die hipotese dat alle horlosiewyserplate wat van Romeinse syfers gebruik maak in hierdie patroon inpas, is egter nie waar nie. Daar is minstens een uitsondering, die Big Ben in Londen, waar die "4" met "IV" aangedui word. Uit 'n wetenskaplike oogpunt weet 'n mens dat 'n hipotese nooit waar bewys kan word deur telkens waarnemings te maak wat met die hipotese strook nie. 'n Mens kan dit egter onwaar bewys deur net een uitsondering te kry. Die Big Ben is hier so 'n uitsondering, maar is dit meer as net 'n geval van 'n lukrake keuse?

Dit wil voorkom of tot soveel as 90 persent van horlosiewyserplate met Romeinse syfers van die vier ene gebruik maak. Romeinse syfers was lank in gebruik voordat horlosies bestaan het. Dit kan wees dat die gebruik van vier ene verder terug in die geskiedenis ontstaan het. Een van die redes wat aangevoer word, is dat "IV" eintlik die eerste letters in Latyn van die Romeinse god Jupiter se naam is. In ou Latynse skrif lees "IV" eintlik "IU", en daar was moontlik 'n sensitiwiteit om nie die god Jupiter se naam in versyfering te gebruik nie.

In vroeë geskrifte is daar nie 'n eenduidige gebruikspatroon nie. Eers in die veertiende eeu het 'n geneigdheid ontstaan om van "IV" gebruik te maak, alhoewel dit nie met sekerheid bevestig kan word nie.

Op alle horlosies word die "9" as "IX", met ander woorde een voor tien, aangedui, en nie op 'n ander manier nie. Op verskillende vlakke is daar 'n aanduiding van 'n mengsel van die notasie, wat as 'n aftreknotasie beskryf kan word. Dit het sy oorsprong in die manier waarop die Romeinse telling plaasvind; 18 is letterlik "twee voor 20" en 19 is "een voor 20". Soos met baie gebruike was daar nie 'n spesifieke dag en datum waarop een gebruik uiteindelik die normale geword het nie.

Daar is interessante idees waarom hierdie gebruik spesifiek op horlosies ontstaan het. Een goed gedokumenteerde verduideliking verwys na die feit dat die Franse koning, Lodewyk XIV, wat van 1643 tot 1715 regeer het, sy horlosiemakers beveel het om vier ene in plaas van "IV" te gebruik. Hierdie wilsbesluit van een persoon met mag kon 'n beduidende invloed op die vroeë geskiedenis van die vervaardiging van horlosies gehad het.

'n Ander verklaring hou verband met die vervaardiging van die horlosies met Romeinse wyserplate. Met vier ene om vier voor te stel, word 20 I's, vier V's en vier X'e benodig om een tot 12 voor te stel. 'n Mens sou 'n enkele gietvorm kon gebruik om byvoorbeeld in volgorde een V, vyf ene en een X te maak, wat dan met verskillende skeidings tussen die simbole herhaaldelik in groepe gebruik kon word om die benodigde syfers vir 'n horlosiewyserplaat te maak.

Nie alle horlosies met Romeinse syfers gebruik dus vier ene in plaas van "IV" nie. Daar is waarskynlik geskiedkundige inligting wat die rede hiervoor sou kon help verklaar, maar dit lyk nie of daar 'n enkele verklaring is wat deurslaggewend is en as argument gebruik kan word nie. Verder is daar goeie teenvoorbeelde en 'n mens het nie 'n groter teenvoorbeeld as die Big Ben self nodig nie.

Hendrik Geyer

---

92. Hoe word muile geteel?

Die tradisionele manier om 'n muil te teel is om 'n perdemerrie met 'n donkiehings te kruis.

Muile word al baie lank deur die mens as trekdiere en plaasdiere geteel. Indien 'n muil as trekdier ingespan gaan word, wil die eienaar die grootste moontlike dier hê. Die grootte van die nageslag word in hierdie geval deur die grootte van die ma, met ander woorde die grootte van die baarmoeder en die geboortekanaal, bepaal. Daarom word die muil uit die perdemerrie, wat groter as die donkiemerrie is, gebore.

Sover dit die uitwendige anatomie betref, het hingste en merries onder die muile normale geslagsorgane. 'n Mens kry muile wat kan paar, maar hulle is in die meeste gevalle nie vrugbaar nie. Hingsmuile word gewoonlik gekastreer want hulle is wild en bronstig, en as trekdier moet hulle liefs geduldig en hanteerbaar wees.

Alhoewel muile gewoonlik onvrugbaar is, is daar aangetekende gevalle waar muilmerries 'n nageslag geproduseer het. Hingsmuile is in staat om te paar, maar die sperm wat geproduseer word, is nie lewensvatbaar nie. Indien 'n muilmerrie met 'n volbloedhingsperd geteel word, sal die muil-nageslag wel vrugbaar wees.

Dikwels paar 'n hingsperd met 'n donkiemerrie. In Afrikaans bestaan daar 'n verskeidenheid terme waarmee hierdie nageslag beskryf word. In die Bybel word verwys na 'n esel, wat waarskynlik op 'n donkie dui. Die nageslag van 'n donkiemerrie en 'n hingsperd word in Engels 'n "hinny" genoem. Die woordeboek gee "hinny" as 'n muilesel aan, maar 'n perde-kenner beveel aan dat daar liewer van 'n donkie-esel gepraat word, want dié kruising vind baie minder algemeen plaas. Dié nageslag is dikwels onvrugbaar en die donkie-esel se kop en kleurpatroon lyk dikwels meer soos dié van 'n perd. Hierdie diere is nie baie gesog as trekdiere nie.

Muile word gewoonlik van die grootste perde geteel, byvoorbeeld van die Belgiese trekperd, die Percheron-perderas en die Clydesdale-ras. Die grootste merrieperd word dan met 'n donkiehings gekruis om die muile te teel. Genetika kan egter problematies wees aangesien donkies 62 chromosome het, terwyl 'n perd 64 het. As hierdie twee paar, word 'n dier met 63 chromosome wat gewoonlik steriel is, gebore.

Merriemuile ovuleer wel, want hulle kan 'n nageslag met 'n perd voortbring. Die hingsmuile raak bronstig wanneer die merriemuile op hitte is en feromone afskei. Omdat hulle in dié periode kwaai, onbeheerbaar en bronstig is, word hulle dikwels gekastreer.

In die biologie van perde, muile en donkies word gekyk na maniere om die nageslag te beperk, maar nie om paring te verhoed nie. Wanneer 'n sperm en 'n eiersel versmelt, staan daardie embrio in sy beginfase as 'n sigoot bekend. Indien diere evolusionêr ver genoeg van mekaar af is en die sperm nie die eiersel kan bevrug nie, en 'n sigoot dus nie gevorm kan word nie, praat 'n mens van 'n presigotiese manier om die nageslag te beheer. In die geval van manlike muile is dit die geval, want die sperm is nie vrugbaar nie. Wanneer 'n muilmerrie wel met 'n perd paar en 'n nageslag kan lewer, maar die nageslag is steriel, verwys 'n mens na 'n postsigotiese meganisme om voortplanting te beheer. Die nageslag kan dus ontwikkel, maar is onvrugbaar.

Perde, donkies en muile word op evolusionêre manier van mekaar geskei, maar hulle is nog naby verwant genoeg om 'n nageslag te lewer – 'n nageslag wat meestal onvrugbaar is.

Jurie van den Heever

---

93. Wat is lugdruk en tot hoe ver strek die atmosfeer?

Lugdruk is die druk wat lug op die aardoppervlak uitoefen. 'n Mens kan dit soos volg skets: Dit is die kolom lug wat op 'n mens se skouers druk. By seevlak is daardie lugdruk ongeveer 1 013 millibar, maar op die bopunt van berg Everest is dit slegs ongeveer 314 millibar. Die kolom lug wat bokant die berg Everest is, is baie korter en daar is minder lug wat op 'n mens sal druk.

Vyftig persent van die aarde se atmosfeer lê onder 5,6 kilometer die lug in op. As 'n mens in die atmosfeer sou opstyg, sal jy op die hoogte van 16 kilometer al deur ongeveer 90 persent van die atmosfeer beweeg het. Verder hoër op raak die atmosfeer baie dun.

Lugdruk bestaan omdat lug onderhewig aan swaartekrag is en daarom gewig het. Die druk wat 'n kolom lug op 'n lessenaar, 50 sentimeter by 100 sentimeter, uitoefen, is in die omgewing van 50 ton. Die rede waarom die lessenaar nie inmekaarval nie, is dat lugdruk met dieselfde gewig in alle rigtings uitgeoefen word – ook van onder die lessenaar af na bo.

???

Gewoonlik word die atmosfeer vertikaal in vier lae verdeel. Die onderste laag, die troposfeer, strek ongeveer 10 kilometer die lug in op. Hoe hoër 'n mens in die lug opgaan, hoe laer is die temperatuur – ongeveer 0,65 °C vir elke 100 meter. Die resultaat hiervan is dat daar 'n interessante anomalie by die grens van die troposfeer voorkom, want die troposfeer is nie oral oor die aarde ewe dik nie. By die ewenaar waar dit warmer is, is die troposfeer se grens aansienlik verder van die aardoppervlak as wat dit by die pole is waar die lug digter is. Die anomalie is dat alhoewel hoër temperature by die ewenaar voorkom, en die pole laer temperature het, dit by die grens van die troposfeer kouer bokant die ewenaar is as wat dit by die pole is. Die rede hiervoor is dat daar 'n langer temperatuurafname by die pole is omdat die atmosfeerlaag daar dikker is.

Die tweede vlak is die stratosfeer en strek vanaf 10 kilometer tot by ongeveer 50 kilometer die lug in op. Hier neem die temperatuur in die bolug toe. Dit is die sone waar osoon voorkom en waar baie van die ultravioletstrale van die son geabsorbeer word.

Die derde vlak, die mesosfeer, is van 50 kilometer tot ongeveer 80 kilometer die lug in op, waar die temperatuur weer tot -90 °C afneem.

By die vierde vlak, die termosfeer, neem die temperatuur weer tot baie hoog toe.

Verder word die atmosfeer op grond van die verskillende samestellings van gasse verdeel in die homosfeer en die hetrosfeer. Die homosfeer is die onderste gedeelte waar al die gasse as 't ware in 'n gelyke hoeveelheid vermeng is. In die hetrosfeer is daar vier lae. Die eerste laag bevat molekulêre stikstof, die tweede laag bevat hoofsaaklik suurstofatome, die derde bevat heliumatome en in die verste laag kom waterstofatome voor.

Indien 'n mens reeds op 'n hoogte van 16 kilometer deur 90 persent van die atmosfeer beweeg het, raak die gasse baie yl en kan aanvaar word dat die rand van die buitenste ruim betree word.

Die aarde se atmosfeer kan gesien word as 'n dun skilletjie om die planeet. Dit is daardie skilletjie wat baie goed beskerm moet word sodat dit lewe op aarde kan bevoordeel.

Piet Eloff

94. Kom pikkewyne net in die Suidpoolstreke van Antarktika en in die Suidelike Halfrond voor?

Pikkewyne kom byna uitsluitlik in die Suidelike Halfrond voor. Daar bestaan 17 of 20 spesies, afhangende van wetenskaplikes se voorkeur in klassifisering.

Hierdie voëls is almal akwaties, dit wil sê watergebonde. Alhoewel die swemaksie van pikkewyne onder water eintlik 'n vliegaksie is, kan dié voëls nie vlieg nie.

Byna alle pikkewyne is wit-en-swart en dié kleurkombinasie verskaf uitstekende kamoeflering. Wanneer die pikkewyn swem en 'n predator kyk van diep onder die water na bo, verskaf die pikkewyn se wit maag goeie kamoeflering teen die bleek agtergrond van die lug. 'n Predator wat van bo af uit die lug kyk, sien die swart rug van die pikkewyn teen die donker agtergrond van óf die oop oseaan óf rotse.

Baie min pikkewyne kom uitsluitlik in die Suidpool voor. Hulle leef op eilande en in meer gematigde gebiede. 'n Pikkewyn is selfs al in die Galapagos-eilande, drie grade suid van die ewenaar, opgemerk.

Een uit 50 000 pikkewyne van alle spesies is asvaal en bruin. Hulle word Isabellynse pikkewyne genoem, 'n verwante vorm van albinisme. Die oorsprong van die naam stam uit 'n gruwelike geskiedenis: Isabella van Oostenryk was met Christiaan II van Denemarke getroud. Sy het volgens oorlewering vir hom gesê dat sy nie skoon onderklere sal aantrek totdat hy die Lae Lande verenig het nie. Dit het drie jaar geneem om dié lande te verenig! Hierdie vaal voëls is dus vernoem na die onderklere en kardoesbroek van Isabella van Oostenryk.

Daar word algemeen aanvaar dat pikkewyne in die Suidelike Halfrond ontwikkel het. Van die vroegste vorme van die dier is in Nieu-Seeland ontdek. Hulle het spesifiek in die tyd van Pangea — 'n superkontinent in die vroeë geologiese tyd wat byna al die landmassas van die aarde ingesluit het — ontwikkel.

Pikkewyne het heel moontlik as gevolg van die verdigting van krewels en visspesies ontwikkel wat in merkwaardige getalle in die suidelike oseane voorkom. Indien 'n kolonie pikkewyne na Groenland geneem sou word, sal hulle nie langer as drie weke oorleef nie. Almal sal opgevreet word. Die pikkewyne se nis in Groenland is reeds beset deur soortgelyke voëls wat in die noorde ontwikkel het, die "puffins" en "auks" (hulle het nie Afrikaanse name nie). Hierdie voëls lyk byna soos pikkewyne en leef ook van vissies wat in skole voorkom. "Puffins" en "auks" kan vlieg en in die water duik op soek na voedsel, maar hulle kan nie swem nie.

Anders as in die suide, is daar groot landgebonde predatore in die noorde, soos Arktiese vosse en ysbere. Predatore in die suide, robbe en moordvisse, is seegebonde. Die twee hemisfere het hul eiesoortige voëls wat eintlik dieselfde ekologiese nis vul deur hoofsaaklik oppervlakvissies te vreet wat in hierdie koue gebiede voorkom.

Dave Pepler

---

95. Hoe vinnig draai die aarde werklik en wat is die effek op vliegtuie as dit saam of teen die draai van die aarde vlieg?

Daar kan op verskillende maniere na die snelheid waarteen die aarde draai gekyk word.

Eerstens kan 'n mens van die aarde se hoeksnelheid praat. Dit verwys na die feit dat die aarde een keer in 24 uur om sy as draai. Die hoeksnelheid word verkry wanneer 360 grade deur 24 uur gedeel word.

Tweedens kan gekyk word na die snelheid van 'n voorwerp op die aardoppervlak as gevolg van hierdie draaiing. Dit hang af van presies waar op die aardoppervlak die voorwerp is. As die voorwerp op die ewenaar is en 'n mens in ag neem dat die aarde se omtrek by die ewenaar 40 000 kilometer is, beteken dit een omwenteling van 40 000 kilometer in 24 uur. In standaardterme is dit 'n snelheid van 1 700 kilometer per uur.

Namate 'n mens na die pole beweeg, neem die spoed as gevolg van die aarde se draaiing af tot 0 by die pole. As 'n voorwerp 1 meter van 'n pool neergesit sou word, sal daardie voorwerp 'n snelheid van ongeveer $2\varpi \times 1$, dit wil sê ongeveer 6,3 meter per 24 uur, hê. Dit kan met die spoed op die ewenaar gekontrasteer word.

Daar is ook ander bewegings waaraan die planeet onderworpe is. Die aarde beweeg een keer per jaar in sy baan om die son en die gemiddelde afstand tussen die aarde en die son is 150 miljoen kilometer. Die tempo waarteen die aarde om die son beweeg is dus ongeveer 107 000 kilometer per uur. Boonop beweeg die son relatief tot ander sterre in die melkwegstelsel.

Die rotasie van die aarde alleen beïnvloed nie die vliegtye van vliegtuie nie. As daar geen winde sou wees nie, sou dit geen effek op die vliegtye hê nie, want die aarde se atmosfeer draai natuurlik saam met die aarde. Daarom sal iemand by die ewenaar nie 'n wind van 1 700 kilometer per uur ondervind as gevolg van die draaiing van die aarde nie. Die aarde en sy atmosfeer roteer as 'n geheel en omdat 'n vliegtuig relatief tot die lug vlieg, sou dit nie saak maak of dit teen of saam met die rotasie van die aarde is nie.

In die praktyk bring die stelsel van oseane, kontinente en die temperatuurverspreiding tussen die ewenaar en die pole egter mee dat daar globaal gesproke drie tipes heersende winde is. By die pole is daar oostewinde, en rondom die ewenaar waai daar ook oostewinde, die passaatwinde. Verder weg, in 'n gordel tussen die 30ste en 60ste breedtegrade, heers die westewinde.

Afhangende van waar 'n mens vlieg, sal hierdie heersende winde beslis 'n invloed op die vliegtyd hê. Die gemiddelde tydsduur van 'n vlug tussen Perth en Johannesburg is ongeveer elf uur en van Johannesburg terug na Perth ongeveer nege uur. Dit beteken daardie vlugroete moet hoofsaaklik deur die heersende westewinde beïnvloed word. Die onderskeie liggings van dié stede is net suid genoeg dat die vliegtyd weswaarts voordeel uit die westewinde kan trek.

Vir die meeste kontinente geld dieselfde toedrag van sake – ook in Amerika is die oos-wes-vlug 'n bietjie korter as die wes-oos-vlug.

Hendrik Geyer

---

96. Neem dit werklik sewe jaar vir peper om in die liggaam te verteer?

Die idee dat dit sewe jaar duur voordat peper deur die mens se liggaam verteer word, is hoogs waarskynlik 'n ouvroustorie, net soos die opvatting dat peper aambeie veroorsaak. Hoe kan 'n mens dié bewerings toets? Waarskynlik deur 'n eksperiment waarvolgens 'n mens slegs 'n spesifieke soort peper oor 'n tydperk van sewe jaar eet, en dan monitor of die liggaam dit verteer het of nie.

Om die waarheid te sê, as ons belangstel of voedselsoorte verteer word of nie, moet dié eksperiment vir alle voedselstowwe uitgevoer word. Daar is nog nooit sulke eksperimente onderneem nie en dus kan 'n mens nie die vraag met sekerheid beantwoord nie.

Peper word egter soos enige ander voedselsoort deur die spysvertering-stelsel hanteer. 'n Peperkorrel is 'n vrug en bestaan uit baie verbindings. Die spysverteringsisteem breek die harde vruggie of korrels op en sekere van die verbindings word geabsorbeer. Wat nie geabsorbeer en verteer word nie, word uitgeskei. Daar is geen rede om te aanvaar dat peper enigsins anders hanteer word as enige ander voedselsoort wat deur die mens inge-neem word nie.

Indien peper wel sewe jaar lank in die liggaam agterbly, waar bly dit? Watter gedeelte van die peper bly in die liggaam? Is dit die korrels? As die korrels nie verteer word nie, gaan dit tog dwarsdeur die spysverteringska-naal. Daar is nie 'n manier waar hulle iewers kan vassit nie, en as hulle iewers gaan vassit, hoekom sit al die ander speserye soos naeltjies of karwysaad ook nie daar vas nie? As spesifiek peper iewers in die liggaam sou vassit, is dit onwaarskynlik dat daar geen eksperimentele getuienis daarvoor bestaan nie.

Peper blyk goed en gesond vir 'n mens te wees. Dit is 'n uitstekende bron van die spoorelement mangaan wat die liggaam benodig, en dit is ryk aan vitamien K en yster. Hierdie spesery verskaf ook goeie dieetvesel en dit is een van die speserye wat nie allergieë veroorsaak nie. Oor die wêreld heen het dit 'n terapeutiese nut. In die Weste word dit gebruik om spysvertering aan te help, want die stimulering van die reseptore in die mond (deur die peper) help die afskeiding van soutsuur in die maag, wat weer met die verteringsproses help. Peper help ook met die verligting van winderigheid. In Chinese medisyne word dit wyd gebruik vir die behandeling van voedselvergiftiging, maagpyn, cholera en disenterie. In Ayurvediese medisyne in Indië word dit gebruik vir naarheid, swak eetlus en ander spysverteringsprobleme bekend as dispepsie.

'n Mens kan dus maar die pepermeul draai, dit gaan beslis nie sewe jaar lank in die liggaam vassit nie.

Jannie Hofmeyr

Leeslys

Hoofstuk 1 | Hoe het mense in antieke tye datums en tyd bepaal?

Anoniem, "History of timekeeping devices", ongedateer, beskikbaar op
https://en.wikipedia.org/wiki/History_of_timekeeping_devices (Mei
2017 laas toegang verkry).

Betsy Maestro, *The Story of Clocks and Calendars* (HarperCollins, 2004).

Lorna Simmons, 1999, beskikbaar op https://www.umich.edu/~lowbrows/
reflections/1999/lsimmons.2.html (Mei 2017 laas toegang verkry).

Hoofstuk 2 | Wat is 'n sweepspinnekop?

Ansie Dippenaar-Schoeman, *Field Guide to the Spiders of South Africa.*
(LAPA, 2014).

Astri en John Leroy, *Spiders of Southern Africa* (Struik, 2003).

J.H. Yates, *Spiders of Southern Africa* (Books of Africa, 1968).

Sien ook vir spinnekoppe in die algemeen: http://www.mieliestronk.com/
spinkop.html.

**Hoofstuk 3 | Wat is die verskil tussen weerverskynsels soos tropiese
siklone, tifone, tornado's en orkane?**

Anoniem, "What is the difference between a hurricane, a cyclone, and a
typhoon?", ongedateer, beskikbaar op http://oceanservice.noaa.gov/
facts/cyclone.html (Mei 2017 laas toegang verkry).

David Longshore, *Encyclopaedia of Hurricanes, Typhoons, and Cyclones*
(Checkmark Books, 2008).

Dennis Mersereau, "What is the difference between a cyclone, typhoon,
and hurricane?", Julie 2014, beskikbaar op http://thevane.gawker.com/
what-is-the-difference-between-a-cyclone-typhoon-and-1617803648
(Mei 2017 laas toegang verkry).

Hoofstuk 4 | Is dit waar dat braaivleis vinnig teen 'n hoë hitte verseël moet word om te verhoed dat die sappigheid tydens die gaarmaakproses verlore gaan?

Alison Spiegel, "Meat myth. Searing meat does not actually lock in juices", Februarie 2016, beskikbaar op https://www.tastingtable.com/cook/ national/why-sear-meat-locking-in-juices-food-myths (Mei 2017 laas toegang verkry).

Christine Gallary, "Does searing meat really seal in the juices?", April 2015, beskikbaar op http://www.thekitchn.com/does-searing-meat-really-seal-in-the-juices-food-science-218211 (Mei 2017 laas toegang verkry).

Harold McGee, *On Food and Cooking: The science and lore of the kitchen*, (Scribner, 2004).

Hoofstuk 5 | Hoekom buig 'n perd se knieë agtertoe en sy elmboë vorentoe? En wat is die verskil tussen 'n esel en 'n donkie?

Anoniem, "Die donkie… wat 'n wonderlike ding!", ongedateer, beskikbaarop http://www.mieliestronk.com/donkie.html (Mei 2017 laas toegang verkry).

C.S. Purdy, *The Equine Legacy: How horses, mules, and donkeys shaped America*, (Mozaic Press, 2016).

Flossie Sellers, "Horse leg anatomy – Form and function", October 2009, beskikbaar op http://equimed.com/health-centers/lameness/articles/ horse-leg-anatomy-form-and-function (Mei 2017 laas toegang verkry).

Hoofstuk 6 | Hoekom het windturbines net drie vinne, terwyl windpompe 'n hele wiel vol vinne het?

Anoniem, "Windpump", ongedateer, beskikbaar op https://en.wikipedia. org/wiki/Windpump (Mei 2017 laas toegang verkry).

Anoniem, "Wind turbine", ongedateer, beskikbaar op https://en.wikipedia. org/wiki/Wind_turbine (Mei 2017 laas toegang verkry).

Martin Watts, *Water and Wind Power* (Shire Publications, 2000).

Hoofstuk 7 | Hoe word sement vervaardig en hoe verskil dit van vulkaniese as?

Anoniem, "How cement is made", ongedateer, beskikbaar op http://www. cement.org/cement-concrete-basics/how-cement-is-made (Mei 2017 laas toegang verkry).

The Pergamon materials engineering practice series: Portland cement: composition, production and properties (Pergamon Practice, 1983).

Hoofstuk 8 | **Hoe oud word albatrosse?**
National Geographic Society, "Albatross Diomedeidae", ongedateer, beskikbaar op http://animals.nationalgeographic.com/animals/birds/albatross/ (Mei 2017 laas toegang verkry).

Tui Roy, Mark Jones en Julian Fritter, *Albatross: Their world, their ways* (Firefly Books, 2008).

Hoofstuk 9 | **Kan 'n lieweheersbesie (ladybird) 'n mens byt?**
Anoniem, "Amazing facts about the ladybird", ongedateer, beskikbaar op https://onekind.org/animal/ladybird/ (Mei 2017 laas toegang verkry).

R. Stals en G. Prinsloo, 2007. "Discovery of an alien invasive predatory insect in South Africa: the multi-coloured Asian ladybird beetle, *Harmonia axyridis* (Pallas) (Coleoptera: Coccinellidae)". *South African Journal of Science* 103: 123–126.

Hoofstuk 10 | **Hoekom kan Birmese kiaathout vir lang tye in die water lê sonder om iets oor te kom?**
Anoniem, "Teak", ongedateer, beskikbaar op https://en.wikipedia.org/wiki/Teak (Mei 2017 laas toegang verkry).

Country Woods 2017, "Burmese Teak (*Tectona grandis*)", ongedateer, beskikbaar op http://www.countrywoods.co.za/Default.asp?Page=51 (Mei 2017 laas toegang verkry).

Hoofstuk 11 | **Hoe vorm sinkplaatriwwe op 'n grondpad?**
Anoniem, "What really causes washboard road?", Oktober 2012, beskikbaar op http://www.quirkyscience.com/washboard-road/ (Mei 2017 laas toegang verkry).

Jason, "Corrugated roads", Julie 2001, beskikbaar op http://www.expedition360.com/australia_lessons_science/2001/07/corrugated_roads.html (Mei 2017 laas toegang verkry).

Hoofstuk 12 | **Hoekom vries water in 'n dam van bo en nie van onder af nie?**

Anoniem, "Why is it that water freezes on the surface of a lake but not below it?", ongedateer, beskikbaar op http://scienceline.ucsb.edu/getkey.php?key=418 (Mei 2017 laas toegang verkry).

Camper English, "How water freezes", Januarie 2012, beskikbaar op http://www.alcademics.com/2012/01/how-water-freezes.html (Mei 2017 laas toegang verkry).

Hoofstuk 13 | **Hoekom steek eekhorings en ander diere kos weg?**

eMammal, "Gray squirrels and scatter hoarding", September 2013, beskikbaar op https://emammal.wordpress.com/2013/09/24/gray-squirrels-and-scatter-hoarding/ (Mei 2017 laas toegang verkry).

Pat Morris, "How do squirrels find their nuts?", November 2015, beskikbaar op http://www.discoverwildlife.com/british-wildlife/how-do-squirrels-find-their-nuts (Mei 2017 laas toegang verkry).

Hoofstuk 14 | **Hoe word daar van rioolafval in die internasionale ruimtestasie ontslae geraak?**

Anoniem, "Taking out the trash: International Space Station unloads 1.5 tons of garbage into orbit", Februarie 2016, beskikbaar op https://www.rt.com/usa/333031-space-station-trash-ejection/ (Mei 2017 laas toegang verkry).

Clayton C. Anderson, "How does the human waste removal system on the ISS work?", Oktober 2014, beskikbaar op https://www.quora.com/How-does-the-human-waste-removal-system-on-the-ISS-work (Mei 2017 laas toegang verkry).

David Baker, *International Space Station* (Haynes Publishing, 2016).

Hoofstuk 15 | **Wat is 'n Jerusalem-kriek?**

Anoniem, "Jerusalem crickets", ongedateer, beskikbaar op http://www.orkin.com/other/jerusalem-crickets/ (Mei 2017 laas toegang verkry).

M. Picker, C. Griffiths en A. Weaving, *Field Guide to Insects of South Africa* (Struik, 2004).

Hoofstuk 16 | Hoe groot word 'n likkewaan en wat is die verskil tussen 'n water- en 'n veldlikkewaan?

Gerhard Potgieter, "Uit die natuur – Likkewane", ongedateer, beskikbaar op http://www.woes.co.za/bydrae/druk/artikel/uit-die-natuur-likke-wane-2013 (Mei 2017 laas toegang verkry).

Oom Paul se eie Veldwagter, "Likkewane", ongedateer, beskikbaar op http://www.oompaulsepark.co.za/likkewane (Mei 2017 laas toegang verkry).

Hoofstuk 17 | Hoekom traan 'n mens se oë as jy uie sny?

Anoniem, "Why does chopping an onion make you cry?", ongedateer, beskikbaar op https://www.loc.gov/rr/scitech/mysteries/onion.html (Mei 2017 laas toegang verkry).

Eric Block, *Garlic and other alliums: The lore and the science* (Royal Society of Chemistry, 2010).

Hoofstuk 18 | Hoekom het olifante vandag so min hare, terwyl mammoete 'n digte pels gehad het?

Christopher Intagliata, "Why did the elephant have thin hair?", Oktober 2012, beskikbaar op https://www.scientificamerican.com/podcast/episode/why-did-the-elephant-have-thin-hair-12-10-12/ (Mei 2017 laas toegang verkry).

Laura Smith-Spark, "Why do elephants have hair on their heads?", Oktober 2012, beskikbaar op http://edition.cnn.com/2012/10/18/us/elephant-hair/ (Mei 2017 laas toegang verkry).

Lawrence Anthony en Graham Spence, *The Elephant Whisperer: My life with the herd in the African wild* (St. Martin's Griffin, 2012).

Hoofstuk 19 | Maak die lang paringsproses van soogdiere soos wildehonde hulle nie kwesbaar vir aanvalle deur ander roofdiere nie?

Anoniem, "Canine reproduction", ongedateer, beskikbaar op https://en.wikipedia.org/wiki/Canine_reproduction (Mei 2017 laas toegang verkry).

Anoniem, "African wild dog facts", ongedateer, beskikbaar op http://www.africanwilddogssp.com/about/facts.htm (Mei 2017 laas toegang verkry).

Anoniem, "Natural history", ongedateer, beskikbaar op http://www. awdconservancy.org/natural%20history.html (Mei 2017 laas toegang verkry).

Bjorn Carey, "The painful realities of hyena sex", April 2006, beskikbaar op http://www.livescience.com/699-painful-realities-hyena-sex.html (Mei 2017 laas toegang verkry).

Scott Creel en Nancy Creel, *The African Wild Dog: Behavior, ecology, and conservation (Monographs in behavior and ecology)* (2002).

Hoofstuk 20 | Hoe word interessante rotsformasies soos die sogenaamde Wave Rock in Australië gevorm?

Anoniem, "Wave Rock", ongedateer, beskikbaar op https://en.wikipedia. org/wiki/Wave_Rock (Mei 2017 laas toegang verkry).

C.R. Twidale, "Origin of Wave Rock, Hyden", *Transactions of the Royal Academy of South Australia*, 1968, vol. 92, pp. 115–124.

Hoofstuk 21 | Hoe werk die Richter-skaal?

Anoniem, "How does the Richter scale work?", ongedateer, beskikbaar op https://www.reference.com/science/richter-scale-work-991827aa52327429 (Mei 2017 laas toegang verkry).

Susan Zannos, *Charles Richter and the story of the Richter Scale* (Mitchell Lane Publishers, 2003).

William Spence, Stuart A. Sipkin en George L. Choy "Measuring the size of an earthquake", 1989, beskikbaar op https://earthquake.usgs.gov/ learn/topics/measure.php (Mei 2017 laas toegang verkry).

Hoofstuk 22 | Wie en wat is die Florisbadmens?

Anoniem, "Florisbad man", ongedateer, beskikbaar op http://www. digitalcollections.lib.uct.ac.za/florisbad-man (Mei 2017 laas toegang verkry).

Anoniem, "Florisbad Museum and Research Centre, Soutpan", Desember 2012, beskikbaar op http://showme.co.za/tourism/florisbad-museum-and-research-centre-soutpan/ (Mei 2017 laas toegang verkry).

Hoofstuk 23 | Hoe kry 'n kruipmol met so 'n klein lyfie dit reg om 'n tonnel deur harde grond en plantwortels te stoot?

Anoniem, "How to get rid of moles", ongedateer, beskikbaar op http://www.bhg.com/gardening/pests/animal/get-rid-of-moles/ (Mei 2017 laas toegang verkry).

Paul W. Sherman en Jennifer U.M. Jarvis, *The Biology of the Naked Mole-rat: (Monographs in behavior and ecology)* (Princeton University Press, 2017).

Hoofstuk 24 | Hoe kry 'n vlieg dit reg om onderstebo teen 'n plafon te sit?

Anoniem, "Vlieg weg, klein verpesting!", ongedateer, beskikbaar op http://www.mieliestronk.com/vlieg.html (Mei 2017 laas toegang verkry).

Martin Walters, *The Illustrated World Encyclopedia of Insects: A natural history and identification guide* (Lorenz Books, 2011).

Stephen Marshall, *Flies: The natural history and diversity of diptera* (Firefly Books, 2012).

Hoofstuk 25 | Wat veroorsaak dat daar 'n besondere groen ronde kol op 'n grasperk is, terwyl die res van die gras nie baie goed lyk nie?

Anoniem, "Fairy ring", ongedateer, beskikbaar op https://en.wikipedia.org/wiki/Fairy_ring (Mei 2017 laas toegang verkry).

Anoniem, "What causes big dark green circles in your lawn?", ongedateer, beskikbaar op http://homeguides.sfgate.com/causes-big-dark-green-circles-lawn-35293.html (Mei 2017 laas toegang verkry).

Hoofstuk 26 | Kan die lastige gejeuk van 'n bytplek van 'n myt afkomstig wees?

Mark Weakland, *Gut Bugs, Dust Mites, and other Microorganisms you can't live without* (Capstone Press, 2011).

Sunelle Strydom, "Myte en luise in honde en katte", Januarie 2011, beskikbaar op http://www.landbou.com/kundiges/vra-vir-faffa/myte-en-luise-in-honde-en-katte/ (Mei 2017 laas toegang verkry).

Hoofstuk 27 | Waarom borrel water as dit kook, en hoekom sal dit langer neem om eiers bo-op Everest te kook as aan die voet van die berg?

Anoniem, "How does water boil?", ongedateer, beskikbaar op https://www.reference.com/science/water-boil-3be21fae506fe1c (Mei 2017 laas toegang verkry).

Anoniem, "What makes water boil?", September 2012, beskikbaar op http://physics.stackexchange.com/questions/37838/what-makes-water-boil (Mei 2017 laas toegang verkry).

Hoofstuk 28 | As die mens oor 'n tydperk van 80 000 jaar uit *Homo erectus* ontwikkel het, moes daar mos vandag baie meer mense op aarde gewees het?

Colin McEvedy en Richard Jones, *Atlas of World Population History* (Penguin, 1978).

Scott Manning, "Year-by-Year world population estimates: 10,000 B.C. to 2007 A.D.", Januarie 2008, beskikbaar op http://www.scottmanning.com/content/year-by-year-world-population-estimates/ (Mei 2017 laas toegang verkry).

Hoofstuk 29 | Watter proses word gevolg om vegvliegtuie feitlik onsigbaar vir radar te maak?

Anoniem, "Explained: How stealth technology works", Januarie 2015, beskikbaar op https://defencyclopedia.com/2015/01/11/explained-how-stealth-technology-works/ (Mei 2017 laas toegang verkry).

Chris Woodford, "Radar", Julie 2016, beskikbaar op http://www.explainthatstuff.com/radar.html (Mei 2017 laas toegang verkry).

Kenton Zale, *Stealth Aircraft Technology* (CreateSpace Independent Publishing Platform, 2016).

Hoofstuk 30 | Wat is die lewensiklus van 'n muskiet en kom malaria in Australië voor?

Andrew Spielman en Michael D'Antonio, *Mosquito: A natural history of our most persistent and deadly foe* (Hyperion, 2001).

Anoniem, "Life cycle", 2014, beskikbaar op http://www.mosquito.org/life-cycle (Mei 2017 laas toegang verkry).

Anoniem, "Mosquito life cycle", ongedateer, beskikbaar op https://www.epa.gov/mosquitocontrol/mosquito-life-cycle (Mei 2017 laas toegang verkry).

Hoofstuk 31 | Hoekom rys brooddeeg in die yskas?
Charles van Over, *The Best Bread Ever* (Broadway Books, 1997).

Hoofstuk 32 | Hoekom praat papegaaie en hoe doen hulle dit?
Anoniem, "Revealed: The secret to how parrots talk", Junie 2015, beskikbaar op http://www.telegraph.co.uk/news/earth/wildlife/11695970/Revealed-The-secret-to-how-parrots-talk.html (Mei 2017 laas toegang verkry).

Anoniem, "Understanding why parrots talk", ongedateer, beskikbaar op http://www.dummies.com/pets/birds/understanding-why-parrots-talk/ (Mei 2017 laas toegang verkry).

Henry Bates en Robert Busenbark, *Parrots and Related Birds* (Tfh Pubns, 1978).

Hoofstuk 33 | Hoe vind maansverduistering in die dag plaas?
Anoniem, "Maan se fases en beweging", ongedateer, beskikbaar op http://www.mieliestronk.com/ruimte/mielstk/maan2.html (Mei 2017 laas toegang verkry).

Kim Long, *The Moon Book: Fascinating facts about the magnificent mysterious moon* (Johnson Books, 1998).

Hoofstuk 34 | Hoe het die seksuele aspek van die mens evolusionêr ontwikkel?
Louise Campbell, "Comparison of the sexuality of humans, common chimpanzees and bonobos." Junie 2009, beskikbaar op http://darwin-students.blogspot.co.za/2009/06/comparison-of-sexuality-of-humans.html (Mei 2017 laas toegang verkry).

Hoofstuk 35 | Hoekom het skilpaaie so baie bosluise en hoe verloop die lewensiklus van 'n bosluis?
Daniel E. Sonenshine en R. Michael Roe (reds.), *Biology of Ticks Volume 1* (Oxford University Press, 2013).

Daniel E. Sonenshine en R. Michael Roe (reds.), *Biology of Ticks Volume 2* (Oxford University Press, 2014).

Larisa Vredevoe, "Background information on the biology of ticks", ongedateer, beskikbaar op http://entomology.ucdavis.edu/Faculty/ Robert_B_Kimsey/Kimsey_Research/Tick_Biology/ (Mei 2017 laas toegang verkry).

Hoofstuk 36 | Hoe bepaal 'n mens of oënskynlike oerspore eg is?

Anoniem, "Fossil footprints", ongedateer, beskikbaar op http://www. genesispark.com/exhibits/evidence/paleontological/footprints/ (Mei 2017 laas toegang verkry).

Anoniem, "Fossil footprints tell stories of ancient life", ongedateer, beskikbaar op http://www.sciencebuzz.org/museum/object/2007_11_tracks/ stories (Mei 2017 laas toegang verkry).

Helen Briggs, "Fossil footprints tell story of human origins", Desember 2016, beskikbaar op http://www.bbc.com/news/science-environ-ment-38289960 (Mei 2017 laas toegang verkry).

Martin Lockley, *A Guide to the Fossil Footprints of the World* (Lockley Peterson Publications, 2003).

Hoofstuk 37 | Hoe is dit moontlik dat die fossiel-menshare van ongeveer 200 000 jaar oud, wat by die Wieg van die Mensdom gevind is, so lank behoue kon bly?

Charles Q. Choi, "Oldest human hair found in hyena poop fossil?", Februarie 2009, beskikbaar op http://news.nationalgeographic.com/news/ 2009/02/090206-oldest-hair-hyenas.html (Mei 2017 laas toegang verkry).

Hoofstuk 38 | Moet 'n mens kalkklippe in 'n reënwatertenk sit om die kalsiuminhoud van die water te verhoog?

Anoniem, "Is calcium in water bad for you?", ongedateer, beskikbaar op http://www.cheap-health-revolution.com/is-calcium-in-spring-water-bad.html (Mei 2017 laas toegang verkry).

Anoniem, "What are the effects of calcium in drinking water?", ongedateer, beskikbaar op https://www.reference.com/health/effects-calcium-drinking-water-846c82d513aa3644 (Mei 2017 laas toegang verkry).

Hoofstuk 39 | Wat is die verskil tussen mis en wolke?

David Hitt, "What are clouds?", Februarie 2014, beskikbaar op https://
www.nasa.gov/audience/forstudents/k-4/stories/nasa-knows/what-are-
clouds-k4.html (Mei 2017 laas toegang verkry).

Stephanie Vardavas, "How different are clouds from fog & mist?", Januarie
2015, beskikbaar op https://www.quora.com/How-different-are-clouds-
from-fog-mist (Mei 2017 laas toegang verkry).

Steven A. Ackerman en John A. Knox, *Meteorology: Understanding the
atmosphere* (Brooks Cole Pub, 2007).

Hoofstuk 40 | Hoekom kry 'n walvis nie borrelsiekte soos die mens
wanneer dit diep duik nie? Is dit die gevolg van evolusie?

Arnoldus Schytte Blix, Lars Walløe en Edward B. Messelt, "On how whales
avoid decompression sickness and why they sometimes strand", 2013,
beskikbaar op http://jeb.biologists.org/content/216/18/3385 (Mei
2017 laas toegang verkry).

Mark Carwardine, *Whales, Dolphins and Porpoises* (Dorling Kindersley, 2002).

Rachel A. Becker, "Do whales get the bends?", Augustus 2015, beskik-
baar op http://news.nationalgeographic.com/2015/08/150819-
whales-dolphins-bends-decompression-sickness/ (Mei 2017 laas
toegang verkry).

Hoofstuk 41 | Waarom brand die son nie uit nie?

Anoniem, "The sun will not die for 5 billion years, so why do humans have
only 1 billion years left on Earth?", Februarie 2015, beskikbaar op http://
theconversation.com/the-sun-wont-die-for-5-billion-years-so-why-do-
humans-have-only-1-billion-years-left-on-earth-37379 (Mei 2017 laas
toegang verkry).

Dermott J. Mullan, *Physics of the Sun: A first course* (Chapman and Hall/
CRC, 2009).

Hoofstuk 42 | Kan vlekvrye staal help om slaai vars en bros te hou?

Anoniem, "How to keep salad fresh", ongedateer, beskikbaar op http://
www.wikihow.com/Keep-Salad-Fresh (Mei 2017 laas toegang verkry).

Patrick Allan, "Keep leafy greens fresh longer by storing them right in the
salad spinner", Augustus 2015, beskikbaar op http://lifehacker.com/

keep-leafy-greens-fresh-longer-by-storing-them-right-in-1729410260
(Mei 2017 laas toegang verkry).

Hoofstuk 43 | Wanneer begin slange hiberneer?
Johan Marais, *A Complete Guide to Snakes of Southern Africa* (Struik, 2005).
Johan Marais, *Snakes and Snakebite in Southern Africa* (Struik, 2014).

Hoofstuk 44 | Hoe het die migrasie van die mens uit Afrika na Europa, Asië, Australië en Suid-Amerika plaasgevind?
Anoniem, "Early human migrations", ongedateer, beskikbaar op https://en.
wikipedia.org/wiki/Early_human_migrations (Mei 2017 laas toegang
verkry).
Peter Bellwood, *First Migrants: Ancient migration in global perspective*
(Wiley-Blackwell, 2013).
Suzanne Marie Sullivan, "Why did early humans migrate from Africa?",
Februarie 2015, beskikbaar op https://www.quora.com/Why-did-early-
humans-migrate-from-Africa (Mei 2017 laas toegang verkry).

Hoofstuk 45 | Is die genetiese kode ook 'n kode soos die morsekode?
Anoniem, "The genetic code", ongedateer, beskikbaar op https://www.
khanacademy.org/science/biology/gene-expression-central-dogma/
central-dogma-transcription/a/the-genetic-code-discovery-and-proper-
ties (Mei 2017 laas toegang verkry).
Tara Rodden Robinson, *Genetics for Dummies* (For Dummies, 2010).

Hoofstuk 46 | Hoekom is die hart links in die borskas geleë?
Alexandra Sifferlin, "Left-handed? That may have happened in the womb",
September 2013, beskikbaar op http://healthland.time.
com/2013/09/12/first-genes-tied-to-left-or-right-handedness/
(Mei 2017 laas toegang verkry).
Anoniem, "New study shows dexterity largely determined by genetics",
September 2013, beskikbaar op https://www.geneticliteracyproject.
org/2013/09/13/new-study-shows-dexterity-largely-determined-by-
genetics/ (Mei 2017 laas toegang verkry).
Nicholai A. Bernstein, *Dexterity and its Development* (Psychology Press, 2015).

Hoofstuk 47 | Hoe skadelik is gifstowwe in plante vir die mens?

Anoniem, "Median lethal dose", ongedateer, beskikbaar op https://en. wikipedia.org/wiki/Median_lethal_dose (Mei 2017 laas toegang verkry).

Hoofstuk 48 | Hoe bepaal 'n mens hoe sterk gifstowwe in plante is?

Ernst van Jaarsveld, "Hyaenanche globose", Februarie 2011, beskikbaar op https://www.plantzafrica.com/planthij/hyaenancheglob.htm (Mei 2017 laas toegang verkry).

Hoofstuk 49 | Hoekom flikker stadsliggies net soos die sterre as 'n mens van ver af daarna kyk?

Deborah Byrd, "Why stars twinkle, but planets don't", November 2016, beskikbaar op http://earthsky.org/space/why-dont-planets-twinkle-as-stars-do (Mei 2017 laas toegang verkry).

Maria Temming, "Why do stars twinkle?", Julie 2014, beskikbaar op http://www.skyandtelescope.com/astronomy-resources/why-do-stars-twinkle/ (Mei 2017 laas toegang verkry).

Hoofstuk 50 | Hoekom word troetelvoëls en pluimvee se vlerke gepen en hoe word dit gedoen?

Dorianne Elliot, "Pinioning and wing clipping: How, why and when", September 2014, beskikbaar op http://vet360.vetlink.co.za/pinioning-wing-clipping/ (Mei 2017 laas toegang verkry).

Sang-im Lee, Jooha Kim, Hyungmin Park, Piotr G. Jablonski en Haecheon Choi, "The function of the alula in avian flight", Mei 2015, beskikbaar op http://www.nature.com/articles/srep09914 (Mei 2017 laas toegang verkry).

Hoofstuk 51 | Kan die kole van wingerdstokke wat met onkruid- en insekdoder behandel is, skadelik wees as 'n mens daarmee vleis braai?

Jean Nick, "9 Kinds of wood you should NEVER burn", Desember 2015, beskikbaar op http://www.rodalesorganiclife.com/home/9-kinds-of-wood-you-should-never-burn (Mei 2017 laas toegang verkry).

Hoofstuk 52 | Hoekom hoor 'n mens nooit van hartkanker nie?

Anoniem, "Can you get heart cancer?", ongedateer, beskikbaar op https://
health.clevelandclinic.org/2012/11/can-you-get-heart-cancer/ (Mei
2017 laas toegang verkry).

Anoniem, "Matters of the heart: Why are cardiac tumors so rare?", Februarie
2009, beskikbaar op https://www.cancer.gov/types/metastatic-cancer/
research/cardiac-tumors (Mei 2017 laas toegang verkry).

Hoofstuk 53 | Waar kom die see aan sy sout?

Anoniem, "Why is the ocean salty?", ongedateer, beskikbaar op http://
oceanservice.noaa.gov/facts/whysalty.html (Mei 2017 laas toegang
verkry).

Anoniem, "Why is the sea salty?", ongedateer, beskikbaar op https://www.
utdallas.edu/~pujana/oceans/why.html (Mei 2017 laas toegang verkry).

Hoofstuk 54 | Hoekom kan 'n mens met minder water meer eiers in 'n
outomatiese eierkoker kook?

ElggDK, "The egg boiler mystery ... or maybe not!", 2013, beskikbaar op
https://www.englishforum.ch/general-off-topic/179989-egg-boiler-
mystery-maybe-not.html (Mei 2017 laas toegang verkry).

Hoofstuk 55 | Watter bestanddeel in kattekruid maak katte so uitgelate?

Anoniem, "Catnip (*Nepeta cataria*) – Everything you need to know about
catnip!" Februarie 2017, beskikbaar op http://www.cat-world.com.au/
all-about-catnip (Mei 2017 laas toegang verkry).

Ramona Turner, "How does catnip work its magic on cats?", ongedateer,
beskikbaar op https://www.scientificamerican.com/article/experts-how-
does-catnip-work-on-cats/ (Mei 2017 laas toegang verkry).

Hoofstuk 56 | Sal die seevlak tussen die twee oseane tot 'n natuurlike
watervlak herstel as die mensgemaakte strukture in die Panamakanaal
verwoes word?

Anoniem, "Panama Canal", ongedateer, beskikbaar op http://www.history.
com/topics/panama-canal (Mei 2017 laas toegang verkry).

William Friar, *Portrait of the Panama Canal: Celebrating its history and
expansion* (Graphic Arts Books, 2016).

Hoofstuk 57 | Hoe beland 'n wurm in 'n nuwe blok sjokolade?

Anoniem, "How do worms get in chocolate?", ongedateer, beskikbaar op https://answers.yahoo.com/question/index?qid=20090723154703AAnitYU (Mei 2017 laas toegang verkry).

Eesha Deshpande, "How do worms and maggots get inside wrapped chocolate bars?", Januarie 2013, beskikbaar op https://www.quora.com/How-do-worms-and-maggots-get-inside-wrapped-chocolate-bars (Mei 2017 laas toegang verkry).

Hoofstuk 58 | Is dit waar dat die menslike liggaam onmiddellik na die dood 'n geringe gewigsverlies ondergaan?

Alex Grey, "Can the human soul be weighed?", ongedateer, beskikbaar op http://www.learning-mind.com/can-the-human-soul-be-weighed/ (Mei 2017 laas toegang verkry).

Jim H, "Weighing human souls – The 21 grams theory", Januarie 2010, beskikbaar op http://www.historisentimeterysteries.com/the-21-gram-soul-theory/ (Mei 2017 laas toegang verkry).

Hoofstuk 59 | Hoekom word groot oliebronne juis onder die sandwoestyne in die Midde-Ooste aangetref?

Brian Viner, "Why the world isn't running out of oil", Februarie 2013, beskikbaar op http://www.telegraph.co.uk/news/earth/energy/oil/9867659/Why-the-world-isnt-running-out-of-oil.html (Mei 2017 laas toegang verkry).

Rasoul Sorkhabi, "Why so much oil in the Middle East?", ongedateer, beskikbaar op http://www.geoexpro.com/articles/2010/01/why-so-much-oil-in-the-middle-east-cd8a38e3-b5f5-462e-979e-2b3bb804dcee (Mei 2017 laas toegang verkry).

Vaclav Smil, *Oil: A beginner's guide* (Oneworld Publications, 2008).

Hoofstuk 60 | Waar op aarde word die grootste temperatuurspeling tussen winter en somer ondervind en watter plek is die droogste?

Shea Gunther, "8 of the coldest places in the world to live", Oktober 2016, beskikbaar op http://www.mnn.com/earth-matters/climate-weather/photos/7-of-the-coldest-places-in-the-world-to-live/yakutsk-russia (Mei 2017 laas toegang verkry).

Steeve Iuncker, "Yakutsk: The coldest city on earth", April 2013, beskik-baar op http://time.com/3798383/yakutsk-the-coldest-city-on-earth/ (Mei 2017 laas toegang verkry).

Hoofstuk 61 | Kan 'n mens oornag grys word?

Anne Marie Helmenstine, "Can hair turn white overnight?", Maart 2017, beskikbaar op https://www.thoughtco.com/can-hair-turn-white-over-night-604317 (Mei 2017 laas toegang verkry).

Anoniem, "What you need to know about alopecia areata", ongedateer, beskikbaar op https://www.naaf.org/alopecia-areata (Mei 2017 laas toegang verkry).

Claudia Hammond, "Can stress turn your hair grey overnight?", Oktober 2012, beskikbaar op http://www.bbc.com/future/story/20121016-can-stress-turn-your-hair-grey (Mei 2017 laas toegang verkry).

Michael Nahm, Alexander A. Navarini en Emily Williams Kelly, "Canities Subita: A reappraisal of evidence based on 196 case reports published in the medical literature", Junie 2013, beskikbaar op https://www.ncbi.nlm.nih.gov/pmc/articles/PMC3877474/ (Mei 2017 laas toegang verkry).

Hoofstuk 62 | Hoekom het verkleurmannetjies nie uitwendige ooropeninge nie?

Anoniem, "Anatomy of a chameleon", ongedateer, beskikbaar op http://mypetchameleon.com/general/anatomy-of-a-chameleon/ (Mei 2017 laas toegang verkry).

Anoniem, "Chameleon", ongedateer, beskikbaar op https://en.wikipedia.org/wiki/Chameleon (Mei 2017 laas toegang verkry).

David Haggett, *Exotic Chameleons in South Africa: Their care and breeding* (CreateSpace Independent Publishing Platform, 2014).

Hoofstuk 63 | Hoe kry 'n verkleurmannetjie dit reg om van kleur te verander?

Anoniem, "How and why do chameleons change colour?", Mei 2010, beskikbaar op https://www.thenakedscientists.com/articles/questions/how-and-why-do-chameleons-change-colour (Mei 2017 laas toegang verkry).

David Haggett, *Exotic Chameleons in South Africa: Their care and breeding* (CreateSpace Independent Publishing Platform, 2014).

V. Gelfand en S. Rogers, "Melanophores", Augustus 2006, beskikbaar op https://labs.cellbio.duke.edu/kinesin/Melanophore.html (Mei 2017 laas toegang verkry).

Hoofstuk 64 | Hoe word 'n spinnekop se sy vervaardig en hoekom sit 'n spinnekop nie in sy eie web vas nie?

Andrew Liszewski, "Why Spiders Don't Stick To Their Own Webs", Maart 2012, beskikbaar op http://gizmodo.com/5893545/why-spiders-dont-stick-to-their-own-webs (Mei 2017 laas toegang verkry).

Elliot Brennan, "Why spiders don't stick to their webs?", Junie 2014, beskikbaar op http://www.australiangeographic.com.au/topics/wildlife/2014/06/why-spiders-dont-stick-to-their-webs (Mei 2017 laas toegang verkry).

Martin R. Fulmer, *Filmer's Spiders: An identification guide to Southern Africa* (Struik Nature, 2010).

Hoofstuk 65 | Waarom wil mense altyd vreemde disse eet?

ListAKA, "Top 10 exotic foods from around the world", 2015, beskikbaar op https://listaka.com/top-10-exotic-foods-from-around-the-world/ (Mei 2017 laas toegang verkry).

Propel Steps, "Exotic food humans eat: have you tried any of these?", 2013, beskikbaar op https://propelsteps.wordpress.com/2013/08/20/exotic-food-humans-eat-have-you-tried-any-of-these/ (Mei 2017 laas toegang verkry).

Hoofstuk 66 | Waarom koel vloeistof of kos wat in 'n mikrogolfoond verhit is vinniger af as wanneer dit in 'n konvensionele termiese oond verhit word?

Anoniem, "Why does microwaved food get cold faster", April 2011, beskikbaar op http://physics.stackexchange.com/questions/8282/why-does-microwaved-food-get-cold-faster (Mei 2017 laas toegang verkry).

Elizabeth Gunnison Dunn, "Why does food heated in a microwave cool faster?", Mei 2013, beskikbaar op http://www.esquire.com/food-drink/a22692/why-does-microwaved-food-cool-faster-15498643/ (Mei 2017 laas toegang verkry).

Hoofstuk 67 | Wat is die naam van die komeet wat in 1965 oënskynlik baie naby aan die aarde verbybeweeg het?

David J. Eicher, *Comets!: Visitors from deep space* (Cambridge University Press, 2013).

Gary W. Kronk, "Ikeya-Seki", ongedateer, beskikbaar op http://cometography.com/lcomets/1965s1.html (Mei 2017 laas toegang verkry).

Joe Rao, "40 Years Ago: A Great Comet", Oktober 2005, beskikbaar op http://www.space.com/1692-40-years-great-comet.html (Mei 2017 laas toegang verkry).

Karl Tate, "Sungrazing comets: How they dive-bomb the sun (Infographic)", September 2015, beskikbaar op http://www.space.com/30315-sungrazing-comets-soho-sun-observatory-infographic.html (Mei 2017 laas toegang verkry).

Hoofstuk 68 | Wat is die verskil tussen konyne en hase?

Anoniem, "Hare vs. rabbit", ongedateer, beskikbaar op http://www.diffen.com/difference/Hare_vs_Rabbit (Mei 2017 laas toegang verkry).

Chris Stuart, *Pocket Guide Mammals of Southern Africa* (Struik Nature, 2012).

Liz Langley, "What's the difference between rabbits and hares?", Desember 2014, beskikbaar op http://news.nationalgeographic.com/news/2014/12/141219-rabbits-hares-animals-science-mating-courtship/ (Mei 2017 laas toegang verkry).

Hoofstuk 69 | Is 'n gewone sonsondergang nie ook maar 'n sonsverduistering nie?

Anoniem, "What are solar eclipses?", ongedateer, beskikbaar op https://www.timeanddate.com/eclipse/solar-eclipse-frequency.html (Mei 2017 laas toegang verkry).

Hoofstuk 70 | Wat gebeur wanneer 'n mens se ore toeslaan?

Andrew Tarantola, "Why your ears pop (And what to do if they don't)",

Mei 2013, beskikbaar op http://gizmodo.com/why-your-ears-pop-and-what-to-do-if-they-dont-505598950 (Mei 2017 laas toegang verkry).

R. Kent Dyer en John T. McElveen, "The patulous eustachian tube: Management options," ongedateer, beskikbaar op http://journals.sagepub.com/doi/pdf/10.1177/019459989110500610 (Mei 2017 laas toegang verkry).

Hoofstuk 71 | Wat is builepes en kan 'n mens dit in Suid-Afrika opdoen?

Henry Freeman, *The Black Death: History's most effective killer* (CreateSpace Independent Publishing Platform, 2016).

Melissa Conrad Stöppler, "Medical definition of bubonic plague", Augustus 2015, beskikbaar op http://www.medicinenet.com/script/main/art.asp?articlekey=2544 (Mei 2017 laas toegang verkry).

Ole Jørgen Benedictow, *The Black Death, 1346–1353. The Complete History* (Boydell & Brewer, 2004).

Hoofstuk 72 | Hoe gebeur dit dat sommige mense oë van verskillende kleure het?

Gary Heiting, "Heterochromia: Why do some people have two different colored eyes?", Desember 2016, beskikbaar op http://www.allaboutvision.com/conditions/heterochromia.htm (Mei 2017 laas toegang verkry).

Remy Melina, "Why do some people have differently colored eyes?", Januarie 2011, beskikbaar op http://www.livescience.com/32954-why-do-some-people-have-differently-colored-eyes.html (Mei 2017 laas toegang verkry).

Hoofstuk 73 | Hoekom beweeg die borrels in 'n lagerbier na bo, terwyl die borrels in 'n swartbier of stout na onder beweeg?

Anoniem, "'Fizzics' of bubble growth in beer and champagne", ongedateer, beskikbaar op http://www-personal.umich.edu/~youxue/publications/Zhang2008Elements.pdf (Mei 2017 laas toegang verkry).

Lisa Zyga, "Irish mathematicians explain why Guinness bubbles sink", Mei 2012, beskikbaar op https://phys.org/news/2012-05-irish-mathematicians-guinness-video.html (Mei 2017 laas toegang verkry).

Hoofstuk 74 | Hoekom hardloop baanatlete antikloksgewys om die baan?

Kathryn Westcott, Lucy Townsend, Melissa Hogenboom, Tom de Castella en Finlo Rohrer, "London 2012: 20 lesser-spotted things of the Olympics so far", Augustus 2012, beskikbaar op http://www.bbc.com/news/magazine-19047586 (Junie 2017 laas toegang verkry).

Mohammad Hadi Tavakkoli, "The reason why do athletes run around the track counter-clockwise?", 2013, beskikbaar op http://www.academia.edu/7928163/The_Reason_Why_Do_Athletes_Run_Around_the_Track_Counter-Clockwise (Junie 2017 laas toegang verkry).

Hoofstuk 75 | Hoekom word 'n mens soggens wakker net voordat die wekker lui?

Alice G. Walton, "Your body's internal clock and how it affects your overall health", Maart 2012, beskikbaar op https://www.theatlantic.com/health/archive/2012/03/your-bodys-internal-clock-and-how-it-affects-your-overall-health/254518/ (Junie 2017 laas toegang verkry).

Lucas Reilly, "Why do I wake up right before my alarm goes off?", ongedateer, beskikbaar op http://mentalfloss.com/article/53710/why-do-i-always-wake-5-minutes-my-alarm-goes (Junie 2017 laas toegang verkry).

Hoofstuk 76 | Hoe lank neem dit vir plastiek om tot niet te gaan?

Anoniem, "Plastic grocery bags: How long until they decompose?", September 2010, beskikbaar op http://business-ethics.com/2010/09/17/4918-plastic-grocery-bags-how-long-until-they-decompose/ (Junie 2017 laas toegang verkry).

William Harris, "How long does it take for plastics to biodegrade?", ongedateer, beskikbaar op http://science.howstuffworks.com/science-vs-myth/everyday-myths/how-long-does-it-take-for-plastics-to-biodegrade.htm (Junie 2017 laas toegang verkry).

Hoofstuk 77 | Waarom word dagga in sommige lande gekweek vir die vervaardiging van vesel, biobrandstof en boumateriaal, maar nie in Suid-Afrika nie?

S.T. Oner, *Cannabis Sativa: The essential guide to the world's finest marijuana strains* (Green Candy Press, 2013)

Zach Reichard, "A brief overview of Cannabis Sativa strains", ongedateer, beskikbaar op https://www.medicaljane.com/2013/07/22/cannabis-sativa-as-explained-by-medical-jane/ (Mei 2017 laas toegang verkry).

Hoofstuk 78 | Hoe word 'n voël se sig beïnvloed deur die feit dat sy oë weerskante van sy kop sit?

Giorgio Vallortigara, Claudio Cozzutti, Luca Tommasi en Lesley J. Rogers, "How birds use their eyes: Opposite left-right specialization for the lateral and frontal visual hemifield in the domestic chick", Januarie 2001, beskikbaar op http://www.sciencedirect.com/science/article/pii/S0960982200000270 (Junie 2017 laas toegang verkry).

Melissa Hogenboom, "How birds see straight", Augustus 2015, beskikbaar op http://www.bbc.com/earth/story/20150826-how-birds-see-straight (Junie 2017 laas toegang verkry).

Hoofstuk 79 | Wat is die funksie van 'n sebra se strepe?

Laura Poppick, "Why do zebras have stripes? It's not for camouflage", Januarie 2015, beskikbaar op http://www.livescience.com/49447-zebras-stripes-cooling.html (Junie 2017 laas toegang verkry).

Tim Caro, *Zebra stripes* (University of Chicago Press, 2017).

Tim Caro, Amanda Izzo, Robert C. Reiner Jr., Hannah Walker en Theodore Stankowich, "The function of zebra stripes", April 2014, beskikbaar op http://www.nature.com/articles/ncomms4535 (Junie 2017 laas toegang verkry).

Hoofstuk 80 | Waarom is daar altyd wind by die see?

F.K. Hare, *The Restless Atmosphere* (Ulan Press, 2012).

sharkwave93, "Why is it always windy at the seaside?", Januarie 2013, beskikbaar op https://whotaughtyouscience.wordpress.com/2013/01/17/why-is-it-always-windy-at-the-seaside/ (Junie 2017 laas toegang verkry).

Hoofstuk 81 | Hoe kan die mensebevolking in toom gehou word en met die bestaande hulpbronne gebalanseer word?

George Gao, "Scientists more worried than public about world's growing population", Junie 2015, beskikbaar op http://www.pewresearch.org/

fact-tank/2015/06/08/scientists-more-worried-than-public-about-worlds-growing-population/ (Junie 2017 laas toegang verkry).

Hannah Barnes, "Is population growth out of control?", September 2013, beskikbaar op http://www.bbc.com/news/magazine-24303537 (Junie 2017 laas toegang verkry).

Hoofstuk 82 | Wat is die grootste dinosourus wat ooit geleef het?

Anoniem, "Argentinosaurus", ongedateer, beskikbaar op http://www.bbcearth.com/walking-with-dinosaurs/modal/argentinosaurus/ (Junie 2017 laas toegang verkry).

Bob Strauss, "10 Facts About Argentinosaurus", April 2017, beskikbaar op https://www.thoughtco.com/things-to-know-argentinosaurus-1093775 (Junie 2017 laas toegang verkry).

Hoofstuk 83 | Word visse dors, en hoekom smaak seevisse nie sout nie?

Ashish, "Do fish get thirsty?", 2016, beskikbaar op https://www.scienceabc.com/eyeopeners/do-fish-ever-get-thirsty-do-fish-drink-water.html (Mei 2017 laas toegang verkry).

Jonathan Balcombe, *What a Fish Knows: The inner lives of our underwater cousins* (Oneworld Publications, 2016).

Max Gray, "Do fish get thirsty?", Junie 2015, beskikbaar op https://www.thenakedscientists.com/articles/questions/do-fish-get-thirsty (Mei 2017 laas toegang verkry).

Hoofstuk 84 | Indien 'n mens op die Noordpool staan, waar is suid, oos en wes, om nie van noord te praat nie?

Anoniem, "At the northpole, which way is east?", 2015, beskikbaar op http://gis.stackexchange.com/questions/60848/at-the-northpole-which-way-is-east (Junie 2017 laas toegang verkry).

MJD, "Why does every direction at the north pole point south?", ongedateer, beskikbaar op http://math.stackexchange.com/questions/141926/why-does-every-direction-at-the-north-pole-point-south (Junie 2017 laas toegang verkry).

Hoofstuk 85 | Waar kom die peperaroma in shiraz-rooiwyn vandaan?

Harold McGee, *On Food and Cooking: The science and lore of the kitchen* (Scribner, 2004).

Harold McGee, "What's the peppery note in those shirazes?", Junie 2008, beskikbaar op http://www.curiouscook.com/site/2008/06/whats-the-peppery-note-in-those-shirazes.html (Junie 2017 laas toegang verkry).

Hoofstuk 86 | Waarom kan robbe nie vir hulle vleis, pelse en olie geoes word nie?

Ikey Greene, "5 Reasons seals should not be hunted", Januarie 2014, beskikbaar op http://www.onegreenplanet.org/animalsandnature/5-reasons-seals-should-not-be-hunted/ (Junie 2017 laas toegang verkry).

Melissa Cronin, "7 Reasons why Canada's brutal seal hunt needs to end now", Mei 2014, beskikbaar op https://www.thedodo.com/7-reasons-why-canadas-brutal-s-548558738.html (Junie 2017 laas toegang verkry).

Hoofstuk 87 | Hoe kry katte dit reg om wanneer hulle val op hul bene te land?

Anoniem, "How do cats always land on their feet?", April 2016, beskikbaar op http://www.bbc.com/earth/story/20160401-how-do-cats-always-land-on-their-feet (Junie 2017 laas toegang verkry).

Anoniem, "Why do cats land on their feet?", September 2012, beskikbaar op http://www.livescience.com/32117-why-do-cats-land-on-their-feet.html (Junie 2017 laas toegang verkry).

Hoofstuk 88 | Hoe word sonsopkoms- en sonsondergangtye bepaal?

Anoniem, "Sunset and sunrise times", ongedateer, beskikbaar op https://sunrise-sunset.org/ (Junie 2017 laas toegang verkry).

Karen Masters, "How is the time of sunrise calculated?", Junie 2015, beskikbaar op http://curious.astro.cornell.edu/about-us/161-our-solar-system/the-earth/day-night-cycle/185-how-is-the-time-of-sunrise-calculated-intermediate (Junie 2017 laas toegang verkry).

Hoofstuk 89 | Waarom het sekere ou beskawings uitgesterf en hoekom het die Balkan-state in ontwikkeling agtergebly?

Charles Keith Maisels, *Early civilizations of the Old World: The formative histories of Egypt, the Levant, Mesopotamia, India and China* (Routledge, 1999).

Jared Diamond, *Guns, Germs, and Steel: The fates of human societies* (W.W. Norton & Company, 2017).

Robert Lamb, "Why do civilizations collapse?", ongedateer, beskikbaar op http://science.howstuffworks.com/environmental/green-science/civilizations-collapse.htm (Junie 2017 laas toegang verkry).

Subhrojyoti Sarkar, "What is the oldest civilization on Earth?", Junie 2013, beskikbaar op https://www.quora.com/What-is-the-oldest-civilization-on-Earth (Junie 2017 laas toegang verkry).

Hoofstuk 90 | Hoe bepaal skeepsbouers die gewig van baie groot skepe?

Anoniem, "Tonnage guide 1", ongedateer, beskikbaar op https://www.uscg.mil/hq/msc/tonnage/docs/TG-1_Current.pdf (Junie 2017 laas toegang verkry).

Paul Bruno, "What is gross tonnage?", Maart 2016, beskikbaar op https://www.thoughtco.com/what-is-gross-tonnage-2292983 (Junie 2017 laas toegang verkry).

Ramanath Iyer, "How are gigantic ships weighed?", Augustus 2013, beskikbaar op https://www.quora.com/How-are-gigantic-ships-weighed (Junie 2017 laas toegang verkry).

Hoofstuk 91 | Waarom word die syfer 4 op horlosiewyserplate met Romeinse syfers met vier ene geskryf en nie met "IV" nie?

Dylan Fagan, "Why do watches use Roman numeral "IIII" instead of "IV"?", Desember 2016, beskikbaar op https://steampunkutopia.com/blogs/news/why-do-watches-use-roman-numeral-iiii-instead-of-iv (Junie 2017 laas toegang verkry).

Matt Soniak, "Why do some clocks use Roman numeral IIII?", ongedateer, beskikbaar op http://mentalfloss.com/article/24578/why-do-some-clocks-use-roman-numeral-iiii (Junie 2017 laas toegang verkry).

Hoofstuk 92 | Hoe word muile geteel?

C.S. Purdy, *The Equine Legacy: How horses, mules, and donkeys shaped America* (Mozaic Press, 2016).

Monica Rodriguez, "Why can't mules breed? I understand that a horse and a donkey make a mule but why can't 2 mules have a baby mule?", Junie 2007, beskikbaar op http://genetics.thetech.org/ask/ask225 (Junie 2017 laas toegang verkry).

Hoofstuk 93 | Wat is lugdruk en tot hoe ver strek die atmosfeer?

Anoniem, "What is atmospheric pressure?", 2002, beskikbaar op https://www.nasa.gov/audience/foreducators/topnav/materials/listbytype/What_is_Atmospheric_Pressure.html (Junie 2017 laas toegang verkry).

Joe Rao, "Atmospheric pressure: Definition & facts", Augustus 2013, beskikbaar op http://www.livescience.com/39315-atmospheric-pressure.html (Junie 2017 laas toegang verkry).

Pail I. Palmer, *The atmosphere: A very short introduction* (OUP Oxford, 2017).

Hoofstuk 94 | Kom pikkewyne net in die Suidpoolstreke van Antarktika en in die Suidelike Halfrond voor?

Alina Bradford, "Penguin facts: Species & habitat", September 2014, beskikbaar op http://www.livescience.com/27434-penguin-facts.html (Junie 2017 laas toegang verkry).

Anoniem, "Where do penguins live?", ongedateer, beskikbaar op http://www.penguins-world.com/where-do-penguins-live/ (Junie 2017 laas toegang verkry).

Lloyds S. Davis, *Penguin Biology* (Academic Press, 2016).

Hoofstuk 95 | Hoe vinnig draai die aarde werklik en wat is die effek op vliegtuie as dit saam of teen die draai van die aarde vlieg?

Anoniem, "Does earth's rotation affect flight times?", Augustus 2011, beskikbaar op https://www.thenakedscientists.com/articles/questions/does-earths-rotation-affect-flight-times (Junie 2017 laas toegang verkry).

Anoniem, "Does the earth's rotation factor into flight time?", 2013, beskikbaar op https://www.quora.com/Does-the-earths-rotation-factor-into-flight-time (Junie 2017 laas toegang verkry).

Anoniem, "Why doesn't an airplane traveling in the opposite direction of the Earth's rotation move faster than one traveling in the same direction of the Earth's rotation?", 2015, beskikbaar op https://www.quora.com/Why-doesnt-an-airplane-traveling-in-the-opposite-direction-of-the-Earths-rotation-move-faster-than-one-traveling-in-the-same-direction-of-the-Earths-rotation (Junie 2017 laas toegang verkry).

Elizabeth Howell, "How fast is earth moving?", Julie 2016, beskikbaar op http://www.space.com/33527-how-fast-is-earth-moving.html (Junie 2017 laas toegang verkry).

Hoofstuk 96 | Neem dit werklik sewe jaar vir peper om in die liggaam te verteer?

Anoniem, "I've heard that black pepper stays in our body for many years and is a health hazard. Is that true?", ongedateer, beskikbaar op http://www.worldshealthiestfoods.net/genpage.php?dbid=205&tname=dailytip (Junie 2017 laas toegang verkry).

Joel le Blanc, "Black Pepper & Digestion," Desember 2015, beskikbaar op http://www.livestrong.com/article/507857-black-pepper-digestion/ (Junie 2017 laas toegang verkry).

Erkennings

Dankie aan:

- RSG
- Magdaleen Krüger, stasiebestuurder van RSG.
- Medewerkers van die radioprogram, van wie bydraes in hierdie uitgawe opgeneem is: Hendrik Geyer, Jurie van den Heever, Henk Geertsema, Bennie Schloms, Le Fras Mouton, Piet Eloff, Jannie Hofmeyr en Dave Pepler.
- RSG-luisteraars wat die radioprogram ondersteun met die interessantste vrae onder die son.